# 《广东省地理标志条例》
## 实用指南

孙 娟 马志达 刘金华 ◎ 主 编

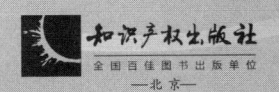

知识产权出版社
全国百佳图书出版单位
— 北京 —

图书在版编目（CIP）数据

《广东省地理标志条例》实用指南/孙娟，马志达，刘金华主编. —北京：知识产权出版社，2024.6
ISBN 978－7－5130－9362－0

Ⅰ.①广… Ⅱ.①孙… ②马… ③刘… Ⅲ.①地理—标志—条例—广东—学习参考资料 Ⅳ.①D923.434

中国国家版本馆 CIP 数据核字（2024）第 095046 号

### 内容提要

本书根据地理标志制度的理论以及工作实践，结合立法背景和立法原意，系统地解读广东省地理标志工作中涉及的基本制度。体例上，本书采取逐条解读的方式对法规条文进行释义，以国家、广东省法律法规以及有关政策为依据，分析《广东省地理标志条例》实施的具体对策或路径，帮助读者更好地落实和运用该条例。内容上，本书作为地方性法规条文适用工具类图书，力求突出应用性和可操作性，以期为从事地理标志工作的单位或人员提供参考。

| 责任编辑：张利萍 | 责任校对：潘凤越 |
|---|---|
| 封面设计：杨杨工作室·张冀 | 责任印制：刘译文 |

### 《广东省地理标志条例》实用指南

孙 娟 马志达 刘金华 主编

| 出版发行：知识产权出版社有限责任公司 | 网　　址：http://www.ipph.cn |
|---|---|
| 社　　址：北京市海淀区气象路 50 号院 | 邮　　编：100081 |
| 责编电话：010－82000860 转 8387 | 责编邮箱：65109211@qq.com |
| 发行电话：010－82000860 转 8101/8102 | 发行传真：010－82000893/82005070/82000270 |
| 印　　刷：三河市国英印务有限公司 | 经　　销：新华书店、各大网上书店及相关专业书店 |
| 开　　本：720mm×1000mm　1/16 | 印　　张：16 |
| 版　　次：2024 年 6 月第 1 版 | 印　　次：2024 年 6 月第 1 次印刷 |
| 字　　数：279 千字 | 定　　价：89.00 元 |
| ISBN 978－7－5130－9362－0 | |

出版权专有　侵权必究
如有印装质量问题，本社负责调换。

# 编委会

**主　编**：孙　娟　马志达　刘金华
**副主编**：黎碧瑜　刘　浩　王　戈
**成　员**：李　鹏　袁致春　陈彬彬　何佳瑶
　　　　　　李　静　朱东阳　任　艳　耿丹丹
　　　　　　周　舟　杨艳芹　周　坤　李　佳
　　　　　　徐雨娴　孙欣怡　李金惠　徐坤宇

# 序 一

在2021年国庆节前后,为把《广东省地理标志条例》(以下简称《条例》)地方性立法列入广东省人大2022年立法计划,广东省市场监管局(知识产权局)党组把《条例》的前期调研和文稿起草工作交由广东省知识产权保护中心承担。接到这一颇具挑战性的任务,我们既兴奋又有压力,兴奋源于其具有开创性,机会难得,压力来自于时间短、任务重,必须全力以赴。保护中心有几支善于钻研、勇挑重担的工作团队,能够承担知识产权急难重活,这次担当起《广东省地理标志条例》立法调研和文稿起草的重要责任,在省局的指导支持下圆满完成了任务。

地理标志是一种特殊的知识产权门类。每一个地理标志都饱含着不同区域地理的、人文的丰厚底蕴,彰显着各地的经济特色和文化价值。每一个地理标志产品都是区域经济一块靓丽的金字招牌,是品质的体现、质量的保障。每一个地理标志更代表着一种精神,凝结着一个地区一代人甚至几代人对产品品质精益求精的不懈追求,对区域文化传承和创新的不懈追求。《知识产权强国建设纲要(2021—2035年)》前后9次论及地理标志,要求探索制定地理标志等专门法律法规。通过加强地理标志知识产权创造、运用、保护,可以有力推动区域特色产业转型升级和标准化,提升地理标志产品品质和附加值,打造区域特色产业品牌经济,树立自主品牌消费信心,满足人们更高层次的物质文化需求。地理标志工作的重要性可想而知。

广东独特而优渥的岭南文化和热带、亚热带自然地理,孕育了丰富的地理标志资源。广东在地理标志事业发展中进行了很多探索和尝试。广东省被国家知识产权局确定为地理标志产品专用标志使用核准改革试点,其工作经验被评为国家知识产权局第一批改革试点典型经验做法;举办粤港澳大湾区知识产权交易博览会暨中国(国际)地理标志产品交易博览会,打造立足湾区、辐射全球的国际性知识产权业界权威品牌活动,鼓励企业、行业协会、服务机构等参与地理标志互认互保交流合作；中新广州知识城探索建设互联互通的全球地理标志"数据＋产品＋交易"资源聚合运营平台，致力于建设中国地理标志产品进入粤港澳大湾区和走向海外的交易枢纽，以及海外地理标志产品进入中国市场的贸易港；成立全省性、专业性、非营利性社会团体法人广东省地理标志协会，会员覆盖用标企业、行业协会、服务机构、科研机构以及相关各类专家，全链条支撑服务广东省地理标志产业发展。

广东的地理标志工作得到广东省委、省政府以及社会各界的关心和支持。黄坤明书记对于知识产权工作的第一个批示就是，"地理标志是金字招牌、无形资产，要久久为功、深耕细作"。当前，广东省正大力推进实施"百县千镇万村高质量发展工程"，高水平谋划推进城乡区域协调发展，大力推进强县促镇带村，推动城乡区域协调发展向着更高水平和更高质量迈进。这一工程为地理标志工作提供了新的机遇和空间。我觉得，要大力推进地理标志产品培育，为百县千镇万村工程贴上地理标志金字招牌；要大力推进地理标志产业运营，用地理标志的深耕细作赋能百县千镇万村工程；要加强地理标志的使用管理，用地理标志的久久为功推进百县千镇万村高质量发展；要加强地理标志的保护，确保百县千镇万村工程的地理标志金字招牌经久不衰；要深化地理标志国际交流合作，用地理标志支持百县千镇万村区域经济走向世界；要全面优化地理标志的服务，为打造百县千镇万村工程地理标志金字招牌提供支撑。

2022年11月30日，广东省第十三届人民代表大会常务委员会第四十七次会议审议通过《广东省地理标志条例》这部全国首部综合性地理标志的地方性法规，受到国家知识产权局和全国各方面的关注。我个人觉得，《条例》有不少特点，首先，这是全国第一部综合性地理标志地方性法规，国家的法律法规尚未出台，也没有兄弟省市区的先例可循，从体例框架到条款内容甚至是表述方式都要自行设计和认真谋划；其次，《条例》以创造、运用、保护、管理、服务为主要脉络，体现了与其他门类知识产权工作的统一，这与以往各部门的地理标志行政规章多偏重于程序性的过程管理大有不同；再次，《条例》明确了知识产权部门对地理标志工作统筹管理，贯彻了《知识产权强国建设纲要（2021—2035年）》的要求；最后，《条例》从提议到通过，用了一年多的时间，省人大常委会两次审议通过，凝结了各方面太多人的心血，国家知识产权局有关部门提出了很多好的建议，省人大领导亲自率队调研，深入一线掌握实情谋划良策，为《条例》顺利出台夯实了基础。

为更好推动《条例》贯彻实施，立法调研和文稿起草团队组织编撰此书，是值得庆贺的事。孙娟同志嘱我为书稿写序，我诚惶诚恐！看了书稿，我很有收获，写着写着就多了，有些言不及义，权以为序。

马宪民

2024 年 5 月

# 序 二

地理标志事关地方特色产业发展、生态文明建设、历史文化传承以及乡村振兴，日益受到地方政府的重视，成为经济、社会工作的重要抓手。为用好、管好地理标志，充分发挥地理标志的经济、社会效益，对我国地理标志立法制度作细化解读，增补其未言而应有之义，构建更具可操作性的规则，以呼应、解决地方实践中的具体问题，是地方性立法应承担的任务与使命。《广东省地理标志条例》作为全国首部综合性地理标志地方性法规，在地方立法权限下，针对地理标志工作实践中的具体问题，结合广东实际，细化适用规则，在地理标志资源普查、产业发展规划、市场推广、质量监管、标准制定与执行、违法行为认定及其责任、公共服务等方面作出了具体规定。这些规定中有不少是国家立法制度中尚未有明文的先行先试之法，此先行先试之地方性立法，不仅要合乎地理标志的属性和法理，而且要因应实践需求，为地理标志保护和执法提供明确的规则依据。本书通过对《广东省地理标志条例》条文的释义，对条例的立法意图、地理标志保护实践需求、实施路径作了细致、全面、深入的阐释，不仅具有立法和执法上的参考指引价值，也具有法理上的检验参证意义。

从地理标志的属性和法理来看，地理标志产品作为劳动群众对地方特色自然条件开发利用的成果，是群体性智力成果，是地方公共产品，与专利、商标、著作权等传统私法意义上的知识产权有明显区别。虽然《与贸易有关的知识产权协定》（以下简称《TRIPs协定》）将地理标志宣示为私权，但包括我国在内的诸多国家之地理标志立法、执法、司法实践与私法的法理逻辑并不完全相融。从地理标志保护的历史演变和法理演绎来看，地理标志并非全然地发源于私法或工业产权领域，其主要渊源来自法国等部分欧洲国家对酒类等特定产品所实施的质量控制，源于公法领域。而以美国为代表的盎格鲁-撒克逊移民国家大多把地理标志作为证明、集体商标保护，将之纳入私权领域，是《TRIPs 协定》所主张的地理标志私权说的主要渊源。因此，地理标志保护的公、私法属性应依据不同国家之实定法，参照其产业国情和制度历史作具体判断。我国也应当从本国国情和需求出发，以我为主并参酌域外经验进行制度定位和规则设计。

我国的两种地理标志专门制度——《地理标志产品保护办法》和《农产品地理标志管理办法》将产品质量法、标准化法、农产品质量安全法等产品质量控制的法律作为立法依据，采用产品质量控制的规则机制。在我国商标制度中，地理标志证明、集体商标的注册审查也对产品质量特性及产地归因性给予了特别关注，使此类商标的注册保护不再是单纯的标记保护，而是兼及产品质量控制。这使地理标志证明、集体商标成为一种不同于其他商标的特殊类型商标，具有了特殊的复杂性。

如何将两种专门制度保护与地理标志商标保护相协调，避免彼此之间的矛盾冲突，是地方性地理标志立法面临的重要问题。《广东省地理标志条例》通过对我国现行三种地理标志保护制度的统筹规划管理，从满足实践需求出发，在地方立法权限内探索三种保护制度的适用空间，在甄别三种不同制度之概念术语及其制度语境的基础上统筹协调，有效规避了三种不同制度下地理标志保护的属性冲突。这一系统统筹安排为其他地方性立法提供了参照，也为国家层面的立法设计提供了地方经验。本书对《广东省地理标志条例》各条款的具体内涵、法律法规依据、省情、国情乃至国际背景都作了细致深入的解释说明，并辅以丰富的实例佐证，使人不仅知其然，亦可知其所以然，有利于建立对条例条文内涵乃至整体制度设计立意的全方位认知。这对于条例的顺利实施将起到重要促进作用。

相信本书的出版将为地理标志保护实践和立法提供经验和参考，也为学理研究提供丰富有益的实证素材。

王笑冰<br>
2024 年 5 月于济南

# 前　言

2022年11月，《广东省地理标志条例》（以下简称《条例》）经广东省第十三届人民代表大会常务委员会第四十七次会议审议通过，自2023年1月1日起施行。

地理标志是知识产权的重要类型，是促进区域特色经济发展的有效载体，是推进乡村振兴的有力支撑，是推动外贸外交的重要领域，是保护和传承优秀传统文化的鲜活载体，也是企业参与市场竞争的重要资源。2020年11月，习近平总书记在《全面加强知识产权保护工作　激发创新活力推动构建新发展格局》中强调，要提高知识产权保护工作法治化水平，加强地理标志、商业秘密等领域立法。《知识产权强国建设纲要（2021—2035年）》明确提出开展地理标志等领域立法。

《条例》作为我国首部地理标志保护地方性法规，是广东省贯彻落实党中央、国务院决策部署，加强知识产权顶层设计，完善知识产权工作机制，适应经济发展对知识产权保护的要求，推进地理标志领域治理体系和治理能力现代化的重要举措，为我国建立完善地理标志保护制度提供了先行先试的实践经验。《条例》共二十八条，以高水平保护、高质量发展、高标准建设、高效益运用为主线，分别对地理标志的保护、运用、质量监管、品牌建设、公共服务等内容进行了规定，以推动地理标志与特色产业发展、生态文明建设、历史文化传承和乡村振兴有机融合，发挥地理标志促进区域经济高质量发展的重要作用。

为贯彻落实《条例》，配合促进《条例》的学习，帮助广大读者理解把握《条例》的立法本意和主要内容，我们组织长期从事立法工作、司法实务、理论研究以及地理标志实践工作的同志进行研究分析后，编写了本书。本书根据地理标志制度的理论以及工作实践，结合立法背景和立法原意，系统地解读了广东省地理标志工作中涉及的基本制度。在体例上，本书采取逐条解读的方式对法规条文进行释义，以国家、广东省法律法规以及有关政策为依据，分析《条例》实施的具体对策或路径，帮助读者更好地落实和运用《条例》。在内容上，本书作为地方性法规条文适用工具类图书，力求突出应用性和可操作性，以期为从事地理标志工作的单位或人员提供参考。

本书得到广东省知识产权专项资金项目"2023年《广东省地理标志条例》释义及宣教项目"的资助，在此表示衷心感谢！北京大学国际知识产权研究中心易继明教授团队承担了《条例》研究支撑项目课题，参与了《条例》立法工作，给予了本书指导和支持。本书在写作过程中得到广东省人大常委会法工委、广东省司法厅、广东省市场监管局（知识产权局）、广东省农业农村厅、广东省知识产权保护中心等相关单位领导和专家的悉心指导，以及暨南大学法学院、山东大学法学院、广西民族大学法学院等专家学者的大力支持，在此一并表示感谢！

由于研究水平和时间有限，书中难免存在不足和疏漏之处，敬请广大读者批评指正。

作　者

2024年6月

# 目 录

第一部分　导　读 / 1

第二部分　释　义 / 7
 第一条【立法目的】…………………………………………… 9
 第二条【适用范围及定义】…………………………………… 17
 第三条【政府职责】…………………………………………… 24
 第四条【部门职责】…………………………………………… 26
 第五条【资源普查和保护】…………………………………… 28
 第六条【产业发展规划与扶持政策】………………………… 41
 第七条【宣传推介与品牌创建】……………………………… 45
 第八条【产业技术创新】……………………………………… 48
 第九条【产业化经营】………………………………………… 52
 第十条【产业融合发展】……………………………………… 56
 第十一条【产品贸易】………………………………………… 60
 第十二条【金融支持】………………………………………… 64
 第十三条【国际合作】………………………………………… 67
 第十四条【质量管控】………………………………………… 70
 第十五条【监督管理】………………………………………… 75
 第十六条【标准管理】………………………………………… 80
 第十七条【信用管理】………………………………………… 87
 第十八条【地理标志管理人的管理责任】…………………… 89
 第十九条【生产经营者责任】………………………………… 98
 第二十条【禁止行为】………………………………………… 101
 第二十一条【信息公共服务与档案管理】…………………… 107

  第二十二条【生产指导和技术服务】 ………………… 108
  第二十三条【社会服务】 ……………………………… 109
  第二十四条【地理标志产业统计、监测和研究】 …… 113
  第二十五条【人才培养】 ……………………………… 114
  第二十六条【法律责任】 ……………………………… 116
  第二十七条【公益诉讼】 ……………………………… 117
  第二十八条【施行日期】 ……………………………… 122
  附　表　广东地理标志名录 …………………………… 123

## 第三部分　法律法规政策 / 133

  地理标志产品保护办法 ………………………………… 135
  地理标志产品保护工作细则 …………………………… 142
  地理标志专用标志使用管理办法（试行） …………… 149
  集体商标、证明商标注册和管理规定 ………………… 152
  农产品地理标志管理办法 ……………………………… 157
  中华人民共和国产品质量法 …………………………… 161
  中华人民共和国标准化法 ……………………………… 172
  地理标志保护和运用"十四五"规划 ………………… 179
  国家知识产权局　国家市场监督管理总局关于进一步
    加强地理标志保护的指导意见 …………………… 190
  国家知识产权局关于组织开展地理标志助力乡村振兴行动的通知 … 196
  地理标志运用促进工程实施方案 ……………………… 202
  地理标志保护工程实施方案 …………………………… 208
  广东省发展地理标志产业实施方案 …………………… 212
  广东省知识产权保护条例 ……………………………… 223

## 参考文献 / 232

# 第一部分 导读

地理标志是重要的知识产权类型，是促进区域特色经济发展的有效载体，是推进乡村振兴的有力支撑，是推动外贸外交的重要领域，是保护和传承优秀传统文化的鲜活载体，也是企业参与市场竞争的重要资源。党的十八大以来，以习近平同志为核心的党中央高度重视知识产权工作，对知识产权的创造、运用和保护作出了一系列重大决策部署。2020年11月，习近平总书记在《全面加强知识产权保护工作 激发创新活力推动构建新发展格局》中强调，要提高知识产权保护工作法治化水平，加强地理标志等领域立法。为深入贯彻习近平总书记对知识产权工作部署要求，适应新时代地理标志工作新要求，广东开展了地理标志立法工作。2022年11月，《条例》经省十三届人大常委会第四十七次会议审议通过，自2023年1月1日起施行。

《条例》的出台，是广东推动地理标志领域治理体系和治理能力现代化的重要举措。通过地方立法，加强地理标志保护和运用，为广东加快建设知识产权强省和高质量发展提供有力支撑。

为了便于广大读者更好地理解本条例，现将《条例》的出台背景、特色、主要内容等简单介绍如下。

## 一、《条例》出台的背景

### （一）贯彻落实国家关于知识产权工作的部署和要求

习近平总书记在党的二十大报告中强调，加强知识产权法治保障，形成支持全面创新的基础制度。2020年，习近平总书记在对知识产权保护重要论述中，明确要加强地理标志等领域立法。《关于强化知识产权保护的意见》《知识产权强国建设纲要（2021—2035年）》《"十四五"国家知识产权保护和运用规划》《地理标志保护和运用"十四五"规划》等系列政策文件都明确提出要积极推动地理标志专门立法工作。为全面贯彻习近平总书记的重要讲话精神，贯彻落实党中央、国务院决策部署，深入实施创新驱动发展战略和知识产权强国战略，广东省积极开展地理标志立法调研论证工作，加快立法步伐,及时出台全国首部地理标志保护地方性法规,探索构建与国家规定相衔接的地理标志保护体制机制。

### (二) 着力解决地理标志工作中的突出问题

地理标志是一项重要的知识产权类型,但不同于专利、商标、著作权等知识产权,地理标志缺少专门法律法规的支撑,这使得地理标志工作中的深层次问题不能得以解决。例如,实际工作中存在的"重申报轻运用"、地理标志保护和产品质量管控力度不够、冒用地理标志和专用标志、消费者识别地理标志产品较难、地理标志品牌知名度和产品市场竞争力不足等问题。通过制定实施《条例》,明确各级政府、地理标志管理机关的职责和相关市场主体的权利义务,完善地理标志运用、保护、管理和服务相关工作机制,为地理标志工作提供法治支撑。

### (三) 满足广东地理标志工作的新形势、新要求

习近平总书记强调,发展特色产业是地方做实做强做优实体经济的一大实招,要结合自身条件和优势,推动高质量发展。因地制宜选择发展特色产业,是实现脱贫的根本之策,也是乡村振兴的关键之举。地理标志作为区域资源和公共品牌,发展标准化、规模化和品牌化的地理标志产业,有利于促进区域经济高质量发展,传承和弘扬中华优秀传统文化,带动农民融入现代农业产业价值链,实现联农带农富农。广东地理标志资源丰富,通过制定实施《条例》,全面推进乡村振兴战略实施,引导各地立足发展基础和资源禀赋,发展壮大县域经济,走特色发展之路,破解城乡区域发展不平衡难题。

## 二、《条例》的特色

《条例》对地理标志的立法目的、基本概念、思路定位、工作重点等方面作出规定,探索构建与国家规定相衔接的地理标志保护体制机制,覆盖地理标志工作全过程,以高水平保护、高质量发展、高标准建设、高效益运用为主线,进一步完善地理标志保护和运用体系,推动地理标志与特色产业发展、生态文明建设、历史文化传承和乡村振兴有机融合。

一是注重与国家相关规定的协调性。根据国家部委职责调整方向,明确广东地理标志工作部门职责分工,对于地理标志的申请、登记或者注册、变

更、撤销以及地理标志专用标志使用的申请等属于国家事权的事项按照国家现行规定执行。

二是强化全链条保护。明确资源普查和保护、产品质量管控、信用管理、管理人管理责任、生产经营者责任、禁止行为、法律责任等，为地理标志提供全链条保护。

三是聚焦产业发展。明确地理标志品牌创建、产业化经营、产业融合发展等方面任务。突出广东特色，发挥外贸、展会和区位优势，在产品贸易、宣传推介、金融支持、国际合作等方面作出规定，支持地理标志产业发展。

## 三、《条例》的主要内容

《条例》共二十八条，主要包括以下四个方面内容。

一是探索建立地理标志保护管理的基础法规制度。《条例》立足于加强地理标志保护工作，着力健全地理标志保护管理制度，提高地理标志保护的法治化水平。《条例》明确了地理标志管理机构的监管职责和相关市场主体的权利义务，夯实了地理标志保护制度基础。针对在对地理标志违法行为执法时，因缺少直接的法律法规依据，影响执法力度与效果的情况，《条例》对地理标志违法行为的法律责任作出了明确规定，从而增强了对地理标志违法行为的震慑作用。地理标志代表公共利益，针对保护不到位的问题，探索推动地理标志领域相关公益诉讼制度。

二是着力推动地理标志产业发展。《条例》致力于推动地理标志产业发展，多措并举完善地理标志工作制度体系，规定地方政府组织开展地理标志资源普查工作，建立部门工作协调机制，推动更多资源获得地理标志保护，制定地理标志相关产业发展规划，明确发展目标和产业布局，与互联网、电子商务、文化创意、生态旅游等产业融合发展，以特色产业发展推动区域经济协调发展，助力乡村振兴战略实施。规定地方政府培育、规范地理标志产品交易市场，加强宣传推介，完善储藏、加工、运输、销售保障，支持产业技术创新和国际交流合作，鼓励金融机构研发适合地理标志产业发展特点的金融产品和融资模式，鼓励龙头企业发挥带动作用，鼓励行业协会发挥管理、自律作用，共同促进地理标志产业规模化、集约化和品牌化发展。

三是切实保障地理标志产品质量特色。地理标志标识产品来源于某一特定区域，产品质量、特色和声誉主要由产地的自然、历史人文因素决定。产品品质的优异性、特殊性是地理标志产品的重要特征，是地理标志良好的质量信誉和商业价值的基石。《条例》重视对地理标志产品的质量管理，从质量管控、监督管理、标准管理、信用管理等方面作出了规定，并明确政府监管职责、地理标志管理人的管理责任、生产经营者的市场主体责任，构建政府监管、行业管理、生产者自律的质量保证体系，确保产品品质稳定，维护公平竞争的市场秩序和地理标志声誉，保护产区生产经营者集体利益以及消费者权益。

四是积极构建地理标志公共服务体系。建设便民利民的知识产权公共服务体系是党中央、国务院为加强知识产权强国建设部署的重要任务。地理标志是基于产地的自然条件，由产地生产者的集体智慧形成的一种标志，是产地生产者和经营者集体共同享有的权利，地理标志产品生产涉及较多农户和中小微企业，对地理标志公共服务提出了迫切需求。《条例》对地理标志信息公共服务、生产指导和技术服务、社会服务、统计监测和人才培养等方面作出了具体规定，进一步完善了地理标志服务体系，并为推动地理标志保护、运用和产业发展提供有力支撑。

# 第二部分 释义

## 第一条【立法目的】

为了加强地理标志运用、保护、管理和服务，保证地理标志产品质量和特色，促进地理标志产业发展，助力乡村振兴，根据有关法律、行政法规，结合本省实际，制定本条例。

**【本条主旨】**
本条是关于《条例》立法目的的规定。

**【本条释义】**
地理标志是标识产品源自某一特定地域的标志，该产品具有可归因于该地域自然和人文因素的特定质量、声誉或其他特征。从本质上来讲，地理标志是一种商业标识，起到识别产品来源地和品质的作用。

《条例》立法的根本目的主要体现在四个方面：一是加强地理标志运用、保护、管理和服务，进一步夯实地理标志工作基础；二是保证地理标志产品质量和特色，维护产品品质优异性、特殊性、稳定性，提升地理标志价值；三是促进地理标志产业发展，推动打造规模化、集约化和品牌化发展的地理标志产业；四是助力乡村振兴，充分发挥知识产权制度优势，发展区域特色经济，实现联动带农富农。

### 一、夯实地理标志工作基础

知识产权制度是保障创新发展、高质量发展、可持续发展的基础制度，习近平总书记在党的二十大报告中强调，要加强知识产权法治保障，形成支持全面创新的基础制度。《中华人民共和国民法典》第一百二十三条规定："民事主体依法享有知识产权。知识产权是权利人依法就下列客体享有的专有的权利：（一）作品；（二）发明、实用新型、外观设计；（三）商标；（四）地理标志；（五）商业秘密；（六）集成电路布图设计；（七）植物新品种；（八）法律规定的其他客体。"

地理标志是重要的知识产权类型，党和国家极为重视发挥地理标志制度在促进经济社会高质量发展、乡村振兴等方面的作用。《知识产权强国建设纲要（2021—2035年）》要求推动地理标志与特色产业发展、生态文明建设、历史文化传承以及乡村振兴有机融合，提升地理标志品牌影响力和产品附加值。目前，我国国家层面尚未出台关于地理标志的专门法律、行政法规。依据《集体商标、证明商标注册和管理办法》（2003年原国家工商行政管理总局发布）、《地理标志产品保护规定》（2005年原国家质量监督检验检疫总局发布）和《农产品地理标志管理办法》（2007年原农业部发布，2019年农业农村部修订）三部国家部门规章，原国家质量监督检验检疫总局、原国家工商行政管理总局、原农业部分别建立地理标志产品、以地理标志注册的集体商标和证明商标、农产品地理标志三种地理标志保护制度，形成了"将地理标志纳入集体商标和证明商标体系"的商标法保护以及"以地理标志产品保护和农产品地理标志登记"的行政专门法保护两种保护模式。经过2018年国家机构改革，国家知识产权局负责地理标志、商标等知识产权工作，加快推进地理标志统一立法。鉴于在立法论证调研中社会各界希望通过先行完善《地理标志产品保护规定》等部门规章以在一定程度上解决实践中突出问题的呼声较高，国家知识产权局在推进地理标志统一立法的同时，于2024年1月2日发布了《地理标志产品保护办法》（国家知识产权局令第80号），对《地理标志产品保护规定》涉及的认定、管理和保护内容进行完善。同日，国家知识产权局发布了《集体商标、证明商标注册和管理规定》（国家知识产权局令第79号），强化了对注册人和使用人的管理要求，增加了含地名商标的注册和正当使用规定，全面提升了集体商标、证明商标注册、运用、管理和服务水平。虽然两个规章均由国家知识产权局发布，但没有涉及地理标志产品保护和地理标志商标之间相互协调、对接的内容。

地理标志的商标法和专门法并行的二元保护模式，由于没有主导性立法主体，法律体系难以形成有序化、权威化的位阶结构，造成立法混乱，无体系，易产生冲突[1]。实际工作中，因相关法律和规范不协调统一，多角度治理没有形成合力，造成了资源浪费和混乱。暴露出的突出问题包括：因重复申请注册和登记在不同渠道造成的"一品多标"；多个申请注册人之间产生权属法律纠纷；消费者对地理标志产品识别和理解存在障碍；地理标志产品真假难辨；尚未形成有效且适应地理标志保护需求的集体权利协同管理机制；地理标志行业共建共享意识不够强；内部使用自我淡化、侵权难以有效禁止；企业使用地理标志专用标志意愿低；忽视运营和品牌建设；地理标志知名度和市场竞争力不足等[2-4]。

同时，地理标志保护在国际社会成为热点，存在多种模式。据世界知识产权组织（以下简称 WIPO）的调研显示，地理标志保护模式大致分为四种：一是通过专门法或特别立法给予保护；二是在商标法体系内以证明商标或集体商标给予保护；三是关注商业实践的保护方式，包括行政产品审批计划等；四是以反不正当竞争法给予保护。不同的保护模式涉及保护条件或保护范围等重要问题上的差异，各国采用一种或几种方式组合保护地理标志。[5]保护模式的不同源自各国历史、文化和法律传统不同，也是受国家经济利益所驱动。欧盟主要采用专门法保护，主张地理标志是国家遗产，强调地理标志与产地的客观联系，倾向认为地理标志不会产生通用名化问题，除非产品已不具备与产地之间有关联的质量特性，通过行政手段管理地理标志，给予客观、绝对的保护。例如，法国受控原产地名称（AOC）保护制度中，任何未经授权将已注册地理名称用于产品类型上的行为，都是禁止的；一旦地理名称被注册为 AOC，就不能被视为通用词语；AOC 不属于任何人，不存在财产的所有人。[6]欧盟利用自由贸易协定（FTA）推进地理标志强保护，通过双边、多边协议，以产品清单方式获得其他国家对地理标志的强保护。[7]由于历史、文化等原因，美国一些产品和欧洲重合，认定很多在欧洲受保护的地理标志已经变为通用名，认为欧盟想以地理标志保护为手段形成贸易壁垒，限制其他国家以通用名称表述其产品，将损害自己同类产品的生产和出口。因此，美国认为地理标志是消费者在主观认识上将特定产品与特定产地相联系，不要求产品质量品质与产地客观关联，以防范公众对产品来源地的误认或混淆为目的，采用商标法保护，地理标志可能因丧失显著性，沦为通用名称，给予主观、相对保护。[8]在《TRIPs 协定》中也体现了地理标志保护强度的冲突和妥协，《TRIPs 协定》第二十二条规定了对地理标志的保护，为所有地理标志提供一般的相对、主观保护；第二十三条规定了对葡萄酒和烈酒地理标志的特殊保护，对葡萄酒和烈酒要求不以混淆为前提的绝对保护。在我国商标法中，对葡萄酒、烈性酒地理标志商标也有类似的规定。《集体商标、证明商标注册和管理规定》（国家知识产权局令第 79 号）第八条第二款规定："使用他人作为证明商标、集体商标注册的葡萄酒、烈性酒地理标志标示并非来源于该地理标志所标示地区的葡萄酒、烈性酒，即使同时标出了商品的真正来源地，或者使用的是翻译文字，或者伴有'种''型''式''类'以及其他类似表述的，适用商标法第十六条的规定。"正是由于严格的保护体系，欧洲的葡萄酒、烈酒地理标志产品在全球市场中拥有高溢价和高市场占有率。

在经济全球化中，地理标志已成为一种贸易手段和经济政策工具，代表着国家和区域利益。我国地理标志制度的不完善、不清晰，不利于保护地理标志权益、创建地理标志品牌、发展地理标志产业，也不利于茶叶、中药材等我国传统优势地理标志产品开拓国际市场，以及在国际知识产权竞争合作中提出有利于自身发展的解决方案。2020 年，习近平总书记在对知识产权保护重要论述中要求加强地理标志等领域立法。中共中央办公厅、国务院办公厅印发的《关于强化知识产权保护的意见》，中共中央、国务院印发的《知识产权强国建设纲要（2021—2035 年）》和国务院印发的《"十四五"国家知识产权保护和运用规划》均要求探索地理标志立法。

地方地理标志保护主要是概括性涵盖在知识产权综合性地方法规中，针对性内容较少，地理标志运用主要依据出台的地理标志运用促进相关政策。《中华人民共和国海南自由贸易港法》赋予海南更大的改革开放自主权，海南自由贸易港可以在遵循宪法规定和法律行政法规基本原则的前提下制定海南自由贸易港法规，可以根据海南的实际需要对法律、行政法规的一些规定做一定的变通，以贸易投资自由化、便利化为重点来进行各项制度设计，将体现中国特色和学习借鉴国际先进经验相结合，建立自由贸易港政策和制度体系。2022 年 1 月，海南实施《海南自由贸易港知识产权保护条例》[9]，该条例明确了侵犯地理标志的行为，将使用获得保护的地理标志或其意译、音译、字译，或者同时使用"类""型""式""仿"等表述的行为列为禁止行为，并规定了惩罚性赔偿，提高了地理标志保护标准。由海南在地理标志领域的制度设计，也可以看出我国迫切需要完善地理标志保护，适应经济全球化、深化扩大对外开放的需求。

《条例》作为首部综合性地理标志地方性法规，基于现行的地理标志保护模式，在地方立法权限下，针对地理标志工作实践中的问题，结合广东省的实际情况，通过对三种类型地理标志统筹管理，协调完善地理标志工作机制，严格地理标志保护，夯实工作基础，以适应经济发展对地理标志保护和运用的要求，为我国建立完善地理标志保护制度先行先试。

## 二、保证地理标志产品的质量和特色

地理标志不仅标示产品与其特定产地之间的联系，而且标示产品具有特定的质量和特定的品质，是一种标识，也是一种无形资产。地理标志作为标识，为消费者提供了关于地理标志产品与产地特殊联系的信息，告知消费者地理标志产品的原料来源和加工方法，帮助消费者识别更优异的产品。也因此成为一种无形资产，消费者基于地理标志的声誉，愿意额外付费购买地理标志产品。

地理标志制度建立起标准制定实施、检验检测、产地溯源、专用标志使用等严格的质量控制措施来保护产品品质和声誉，但地理标志产品市场仍然存在一些问题。一是产品真假莫辨。地理标志专用标志使用率不高，消费市场鱼龙混杂，特别是电商市场，消费者无从获得真实可靠的信息，难以辨别地理标志产品。二是盲目追求市场规模。一些地理标志产品市场规模不断扩大，疏于对产地来源和品质的管控，导致产品质量下降或失去辨识度，存在地理标志名称通用名化的风险。三是保护维权难。地理标志为公共资源，地理标志的申请人（注册人）和使用人分离，出现假冒地理标志的情况后，由于维权主体不明确或怠于维权、企业没有能力维权或缺乏维护集体权益意识等，使得地理标志维权难，难以制止侵权行为。诸如此类问题扰乱了公平竞争的市场秩序，损害了真正注重质量信誉的原产地生产经营者的利益和消费者的利益，消耗了消费者的信赖，严重影响地理标志产品的声誉。

广东省拥有深厚的文化积淀，历史悠久，幅员辽阔，自然与人文资源充沛，地理标志数量众多，截至2023年12月31日，广东共有地理标志保护产品162个，以地理标志注册的集体商标、证明商标139件，农产品地理标志63个，入选中欧地理标志互认互保名录地理标志产品10个，拥有国家地理标志产品保护示范区6个。用好这些地理标志资源，优化市场秩序，保证地理标志产品品质需要各方积极参与。政府部门应切实履行监管职能，保护地理标志历史人文资源，推动地理标志标准制定实施，加强质量管控和监督管理，避免产区内生产经营者因不愿意付出质量控制成本而出现的"搭便车"现象，维护产品与产地的独特质量联系。地理标志行业组织应积极作为，推动标准化生产、产地溯源，发挥其了解市场、熟悉市场的优势，参与地理标志公共品牌塑造和地理标志保护，及时制止违法侵权行为，维护产区生产经营者集体合法权益。生产经营者应强化市场主体责任，认识到产区内"一荣俱荣，一损俱损"，对其产品的质量负责，共同维护地理标志信誉。《条例》聚焦地理标志产品品质的优异性、特殊性、稳定性，通过建立政府监管、行业管理、生产者自律的质量保证体系，为地理标志提供全链条保护，营造良好的市场秩序，持续维护地理标志产品的质量和特色，促进地理标志成为区域发展的重要资源。

## 三、促进地理标志产业发展

现代地理标志保护制度起源于欧洲，法国等欧洲国家将地理标志（原产地名）视为国家遗产，认为产地自然因素、历史传统造就了产品的特定质量、声誉，希望通过地理标志将其特色产品与大规模生产的普通产品区分开来，使地方优质传统产品获得溢价收益，促进地方产业的发展。欧盟将地理标志作为农村农业发展计划的重要组成，认为推广具有某些特点的产品会对农村经济，特别是对条件较差或偏远地区的农村经济有较大的好处，可以提高农民的收入，并使农村人口留在这些地区。同时将地理标志视为农业政策的工具，在欧盟的共同农业政策中，有两个政策目标与地理标志保护密切相关：其一，以地理标志保护代替农业直接补贴，促进农业生产多样化，从产量优先转为以质量为导向，减少农业直接补贴的争议；其二，保护成员国的文化生态特色，维持旅游资源的吸引力。[10]

地理标志具有明显经济拉动效应，欧盟委员会一项调查研究显示[11]，2017年欧盟地理标志及传统特色农产品销售额达771.57亿欧元，约占欧盟当年食品及饮料销售总额的7%，其中地理标志产品销售额为747.6亿欧元。研究涵盖的3207项地理标志产品售价是同类产品平均售价的两倍，其中葡萄酒溢价率高达2.85倍，烈酒溢价率达2.52倍，其他农产品及食品溢价率达1.5倍；在欧盟农产品及食品出口中，地理标志产品出口额占比为15.5%，其中葡萄酒为第一大出口地理标志产品，占地理标志产品总出口额的51%。虽然欧盟地理标志相关的经济规模十分可观，但经验与调研数据表明，绝大多数的营收是来自少数的地理标志产品。获得了地理标志的注册或保护，并不表示与其相关的产品就会获得更大的收益，一个地理标志想要在市场上获得成功需要投资环境、市场秩序、运营基础与结构、行销渠道等多方的配套以及相关人士通力协作[12]，需要强大的组织和制度结构来维护、推广和监控地理标志，需要地理标志区域内生产经营者的公平参与，更需要强有力的市场合作伙伴致力于长期推广和商业化以及有效的法律保护[13]。

地理标志承载着传统、历史、文化内核，具有鲜明的区域特色，是一张充满魅力的区域名片。我国地理标志资源储量丰富，发展地理标志产业能够鼓励高附加值产品生产，形成区域品牌，提高产业的组织化、标准化程度，形成一定规模的特色产业集群，同时依托优秀的历史文化和自然生态，与文化创意旅游等产业融合发展，"地理标志产品—品牌—产业"的发展路径对区域经济有显著的带动作用。广东地理标志产业已初具规模，具有较好的基础，如 2022 年新会陈皮全产业链产值突破 190 亿元，英德红茶全产业链产值达 60 亿元，潮州市凤凰单丛（枞）茶全产业链产值达 78 亿元。但在地理标志产业发展中仍存在一些问题，导致地理标志多而不精，激发产业内生动力不足。例如，相关主体地理标志赋能意识欠缺，地方政府部门、行业协会及市场主体对地理标志以及所带来的经济效益与社会效益认识不足，政府重申请轻运用，行业协会作用发挥不明显，市场主体使用地理标志专用标志意愿不足。又如，产业基础薄弱，一些地理标志产业缺乏技术、资金、人才，难以实现标准化、集约化、规范化发展，与地区资源禀赋结合不够，产业链条短，产业抗风险能力弱。再如，缺乏龙头带动，产业规模小、组织散、产品缺乏运营体系和销售渠道，大多数产品影响力限定在较小区域内，资源优势未转化为品牌优势。《条例》明确了地理标志的政策扶持、技术创新、品牌创建、产品贸易以及融合发展等，将进一步推动用好丰富的地理标志资源，促进地理标志特色产业发展，带动区域经济稳步发展。

## 四、助力乡村振兴

习近平总书记强调，发展特色产业是地方做实做强做优实体经济的一大实招，要结合自身条件和优势，推动高质量发展。2021 年，国家知识产权局出台的《地理标志保护和运用"十四五"规划》（国知发保字〔2021〕37 号）指出，地理标志是重要的知识产权，是促进区域特色经济发展的有效载体，是推进乡村振兴的有力支撑，是保护和传承传统优秀文化的鲜活载体，也是企业参与市场竞争的重要资源，地理标志在构建以国内大循环为主体、国内国际双循环相互促进的新发展格局中发挥着重要作用。

地理标志在知识产权领域具有特殊的特征，从产生的根源来讲，地理标志标示了产品独特质量，体现了产地世代劳动者对自然的认识和改造利用[14]，是产地劳动者创造性劳动成果和智慧结晶。因此，不同于专利权、著作权、商标权等知识产权，地理标志并非个体的权利，是一种集体性权利，地理标志制度保护的权利不是某个人或组织所有权，而是保护区域内生产经营者共同使用地理标志的使用权，以及排除他人使用的权利。《TRIPs 协定》对地理标志使用了为利害关系人提供法律措施的表述，未使用权利持有人表述[15]。由此可见，地理标志代表区域内生产经营者的共同利益，是区域发展的公共资源。

地理标志的特殊性质使其在乡村振兴中具有重要作用主要体现在以下三个方面。其一，地理标志能够促进小农户和现代农业发展有机衔接。党的十九大报告提出要"实现小农户与现代农业发展有机衔接"，我国人多地少，很多丘陵山区地块零散，短时间内不能全面实行规模化经营，也不是所有地方都能实现集中连片规模经营，当前和今后很长一个时期，小农户家庭经营将是我国农业的主要经营方式，必须正确处理好发展适度规模经营和扶持小农户的关系[16]。实现以小农户为主体的现代农业发展，在组织上要巩固现代农业与小农户二者的利益联结机制，促进小农户生产规模集聚以及实现对小农户分散经营的统筹动员[17]。地理标志作为集体权利，以地理标志为纽带建立区域生产经营者利益联结机制，建立企业、农户联合生产体系，通过"地理标志+龙头企业（农民专业合作社）+农户"等产业化经营模式，以适度规模的标准化生产，解决农户组织化程度低、生产经营能力弱、增收渠道少等问题，吸纳农村劳动力就业，促进农户融入现代农业，共享产业链增值。地理标志产品需在本地生产，在该地区保留必要的附加值，农户在生产链中的利益可以得到更好的保护。其二，在促进经济发展方面，地理标志作为区域资源，通过培育高知名度、高附加值的地方特色的品牌，深化农业供给侧结构性改革，打造产业化、集约化、现代化的地理标志产业，提高生产者的产品溢价。通过整合地域内产业资源，带动文化创意、旅游、电子商务等相关产业发展，对区域发展具有巨大的促进作用。尤其是欠发达地区，大多具有鲜明的自然、文化特色，特产资源丰富，地理标志潜力大，是发展区域经济的重要支撑。其三，在环境保护和历史文化传承方面，发展地理标志产业应鼓励对当地资源的保护性开发利用，保护生态环境和自然景观，维护生物多样性，强化地方特色文化传承，维系农村文化的繁荣，提高农业农村整体发展水平。

全面推进乡村振兴，破解城乡区域发展不平衡难题是广东高质量发展的重要主题之一，对广东在全面建设社会主义现代化国家新征程中走在全国前列、创造新的辉煌具有重要意义。2022 年 12 月，中国共产党广东省第十三届委员会第二次全体会议审议通过了《中共广东省委关于实施"百县千镇万村高质量发展工程"促进城乡区域协调发展的决定》。该决定指出，广东实现高质量发展的突出短板在县、薄弱环节在镇、最艰巨最繁重的任务在农村，特别是县域经济总量较小、增长较慢、总体发展水平较低，县镇村内生动力不足，要立足各地发展基础和资源禀赋，引导不同地区、不同类型县镇村走特色发展、错位发展之路，推动各尽所能、各展所长，统筹抓好产业兴县、强县富民、县城带动，发展壮大县域经济，建设一批经济强县、经济强镇、和美乡村。《条例》明确了地理标志产业发展目标，以及政策支持、品牌建设、基础设施建设和公共服务等方面任务，推动地理标志产业发展，旨在立足区域发展基础和资源禀赋，充分发挥地理标志制度的作用，发展壮大县域经济，有机融合产业发展与生态文明建设、历史文化传承，以特色经济产业发展助力乡村振兴战略实施，促进城乡区域协调发展。

# 第二条【适用范围及定义】

本条例适用于本省行政区域内地理标志的运用、保护、管理和服务等活动。

本条例所称地理标志，是指标示产品来源于某一特定地区，该产品的特定质量、信誉或者其他特征，主要由该地区的自然因素或者历史人文因素所决定的标志。

地理标志的申请、登记或者注册、变更、撤销，以及地理标志专用标志使用的申请按照国家有关规定执行。

【本条主旨】

本条是关于《条例》适用范围及定义的规定。

【本条释义】

本条第一款规定了《条例》的适用范围，包括空间效力范围和事项范围等。

本条第二款规定了"地理标志"的定义。地理标志是指标示产品来源于某一特定地区，该产品的特定质量、信誉或者其他特征，主要由该地区的自然因素或者历史人文因素所决定的标志。地理标志产品与产地自然因素和人文因素的关联性是地理标志制度的核心。

本条第三款作出了援引性规定,即地理标志的申请、登记或者注册、变更、撤销,以及地理标志专用标志使用的申请已有国家相关法律法规规定,按照国家规定执行。地理标志保护包括地理标志产品保护申请、地理标志集体商标或证明商标注册、农产品地理标志登记(已暂停申请)三种类别。地理标志专用标志,是指适用在按照相关标准、管理规范或者使用管理规则组织生产的地理标志产品上的官方标志,根据《地理标志专用标志使用管理办法(试行)》管理。

## 一、地理标志定义

在《TRIPs 协定》通过之前,地理标志的国际保护相关来源出现在《保护工业产权巴黎公约》(以下简称《巴黎公约》)、《制止商品来源虚假或欺骗性标记马德里协定》(以下简称《马德里协定》)、《保护原产地名称及其国际注册里斯本协定》(以下简称《里斯本协定》)等国际条约中。《巴黎公约》[18]保护"货源标记或原产地名称",对带有假冒原产地和生产者标记的商品进口时予以扣押,但并未明确提及地理标志。《马德里协定》对保护"货源标记"有更具体的规定,凡带有虚假或欺骗性产地标记、直接或间接把缔约国之一或该缔约国的一个地方标为原产国或原产地的商品,必须在进口时予以扣押或禁止其进口,或对其进口采取其他行动和制裁手段[19],一般认为"货源标记"是指用以表示产品来自某一国家、地区或特定地方的名称或标记,与产品的质量、特点无关。世界知识产权组织(WIPO)在 1958 年《里斯本协定》中对"原产地名称"(appellation of origin)进行了定义,与货源标记仅区分产品地理来源不同,原产地名称进一步要求产品质量或特征完全或主要取决于地理环境。《里斯本协定》要求给予原产地名称强保护,要求缔约国必须采取专门法保护的模式对原产地名称进行保护。

1994 年,世界贸易组织(WTO)体系下的知识产权多边条约《TRIPs 协定》[20]通过,将地理标志(geographical indication)与专利、商标、商业秘密等并列为知识产权客体,并首次在国际条约中给出了定义:"地理标志是指识别一货物来源于一成员领土或该领土内一地区或地方的标识,该货物的特定质量、声誉或其他特性主要归因于其地理来源。"这一定义放宽"原产地名称",地理标志受到保护可以是归因于其地理来源的声誉,而不仅限于质量和特征。《TRIPs协定》未强制要求成员方采取何种地理标志保护模式，规定了地理标志最低标准保护要求，禁止地理标志被欺诈或误导使用❶。

为增加《里斯本协定》的包容性，吸引更多国家加入协定，2005年通过的《原产地名称和地理标志里斯本协定日内瓦文本》取消了专门法保护等要求，增加了地理标志概念，与原产地名称并列[21]。原产地名称是该名称用于指示一项产品来源于特定地理区域，并且赋予该产品以声誉，而该产品的质量或特征完全或主要取决于地理环境，包括自然因素和人文因素。地理标志是该标志标示一项产品来源于特定地理区域，该产品的特定质量、声誉或其他特征主要由其地理来源所决定。原产地名称强调产品的质量或特征与产地具有强关联性，地理标志可以是质量、特征或声誉三者之一与地理来源具有关联性，可以看出，原产地名称是一种特殊的地理标志，产品与产地的联系程度更为紧密[22]，地理标志比原产地名称具有更大的灵活性。

国家知识产权局于2024年发布的《地理标志产品保护办法》（国家知识产权局令第80号）第二条规定：“本办法所称地理标志产品，是指产自特定地域，所具有的质量、声誉或者其他特性本质上取决于该产地的自然因素、人文因素的产品。”《商标法》第十六条规定，地理标志"是指标示某商品来源于某地区，该商品的特定质量、信誉或者其他特征，主要由该地区的自然因素或者人文因素所决定的标志"。《农产品地理标志管理办法》（农业农村部令第11号）第二条规定"本办法所称农产品地理标志，是指标示农产品来源于特定地域，产品品质和相关特征主要取决于自然生态环境和历史人文因素，并以地域名称冠名的特有农产品标志"。相关法律法规中对地理标志有较为一致的表述。《条例》明确了地理标志是指标示产品来源于某一特定地区，该产品的特定质量、信誉或者其他特征，主要由该地区的自然因素或者历史人文因素所决定的标志。

---

❶ 《TRIPs协定》第二十二条"地理标志的保护"规定："1. 本协定所称'地理标志'是表明某一货物来源于一成员的领土或该领土内的一个地区或地方的标记，而该货物所具有的质量、声誉或其他特性实质上归因于其地理来源。2. 在地理标志方面，各成员应为有利益关系的各方提供法律手段以阻止：(a) 用任何方式在标示和说明某一货物时指示或暗示该有关货物来源于一个非其真实原产地的地理区域，从而在该货物的地理来源方面误导公众；(b) 任何构成《巴黎公约》（1967）第十条之二意义下不公平竞争行为的使用。3. 如果一商标包含一个货物并非源自所表明领土的地理标志，并且如在该货物的商标中使用这一标记会使公众对其真实的原产地产生误解，则一成员在其立法允许或经有利益关系的一方请求，可依职权拒绝或废止该商标的注册。4. 根据第1款、第2款和第3款给予的保护应可适用于虽在字面上表明了货物来源的真实领土、地区或地方，但却虚假地向公众表明该货物源于另一领土的地理标志。"

地理标志产品与产地的关联性是地理标志制度的核心。关联性是指地理标志产品的品质特异性与地域的自然因素和人文因素关联，包括主观关联性和客观关联性。消费者将特定产品与特定产地相联系，这种联系存在于消费者认知中，即主观关联性。产地的自然及人文环境造就了产品特定质量或特征，这种因果关系是客观事实，即客观关联性[23]。主观关联和客观关联并非对立的，二者基于特色质量而交织在一起，地理标志的声誉的核心是其特色质量，而非一般性的质量，特色质量只有与特定地域存在客观关联才能够形成[24]，包括特殊的自然条件、生产加工方式。在地理标志申请和注册时，均需要提供相关材料，明确地理标志产品与自然要素、传统文化要素的关联性。

## 二、地理标志申请和注册

我国的地理标志制度包括地理标志产品保护、地理标志集体商标或证明商标和农产品地理标志（已暂停申请）三种模式。三种保护模式对其申请或者注册、变更、撤销等环节均有明确规定。

### （一）地理标志产品保护申请

根据《地理标志产品保护办法》（国家知识产权局令第80号），地理标志产品包括：来自本地区的种植、养殖产品；原材料全部来自本地区或者部分来自其他地区，并在本地区按照特定工艺生产和加工的产品。地理标志产品应当具备真实性、地域性、特异性和关联性。真实性是地理标志产品的名称经过长期持续使用，被公众普遍知晓。地域性是地理标志产品的全部生产环节或者主要生产环节应当发生在限定的地域范围内。特异性是产品具有较明显的质量特色、特定声誉或者其他特性。关联性是产品的特异性由特定地域的自然因素和人文因素所决定。

不给予地理标志产品认定的六种情形是：产品或者产品名称违反法律、违背公序良俗或者妨害公共利益的；产品名称仅为产品的通用名称的；产品名称为他人注册商标、未注册的驰名商标，误导公众的；产品名称与已受保护的地理标志产品名称相同，导致公众对产品的地理来源产生误认的；产品名称与国家审定的植物品种或者动物育种名称相同，导致公众对产品的地理来源产生误认的；产品或者特定工艺违反安全、卫生、环保要求，对环境、生态、资源可能产生危害的。

地理标志产品名称可以是由具有地理指示功能的名称和反映产品真实属性的通用名称构成的组合名称，也可以是有长久使用历史的约定俗成的名称。国家知识产权局统一受理和审查地理标志产品保护申请，依法认定地理标志产品。地方知识产权管理部门负责本行政区域内的地理标志产品的管理和保护工作。地理标志产品保护申请，由提出产地范围的县级以上人民政府或者其指定的具有代表性的社会团体、保护申请机构（简称申请人）提出。申请材料应当向省级知识产权管理部门提交，包括下列申报材料：

（1）有关地方人民政府关于划定地理标志产品产地范围的建议；

（2）有关地方人民政府关于地理标志产品申请、保护机制的文件；

（3）地理标志产品的相关材料，包括：

——地理标志产品保护申请书；

——地理标志产品保护要求，包括产品名称、产品类别；申请人信息；产地范围；产品描述；产品的理化、感官等质量特色、特定声誉或者其他特性及其与产地的自然因素和人文因素之间关系的说明；作为专用标志使用管理机构的地方知识产权管理部门信息；

——产品质量检验检测报告；

——拟申请保护的地理标志产品的技术标准；

——产品名称长期持续使用的文献记载等材料；

——产品的知名度，产品生产、销售情况的说明；

——地理标志产品特色质量检验检测机构信息。

（4）其他说明材料或者证明材料。

省知识产权局自收到申请之日起 3 个月内提出初审意见。审查合格的，将初审意见和申请材料报送国家知识产权局。国家知识产权局对收到的申请进行形式审查，形式审查合格的，予以受理并书面通知申请人；对受理的地理标志产品保护申请，组织开展技术审查，技术审查包括会议审查和必要的产地核查，申请人应当予以配合；技术审查合格的，国家知识产权局发布初步认定公告；初步认定公告期满无异议的或异议不成立的，国家知识产权局发布认定公告。

## （二）地理标志商标的注册

《中华人民共和国商标法实施条例》第四条规定，地理标志可作为集体商标、证明商标申请注册。根据《集体商标、证明商标注册和管理规定》

（国家知识产权局令第 79 号），申请地理标志集体商标、证明商标应当附送管辖该地理标志所标示地区的县级以上人民政府或者主管部门的批准文件，在申请书中说明下列内容：（1）该地理标志所标示的商品的特定质量、信誉或者其他特征；（2）该商品的特定质量、信誉或者其他特征主要由该地理标志所标示地区的自然因素或者人文因素所决定；（3）该地理标志所标示的地区的范围。此外，还需要提交一系列证明文件，包括其具有的或者其委托机构具有的专业技术人员、专业检测设备等情况的证明材料，有关该地理标志产品客观存在及信誉情况的证明材料等。

申请集体商标注册的，应当附送主体资格证明文件、集体成员的名称、地址和使用管理规则，申请以地理标志作为集体商标注册的团体、协会或者其他组织，其成员都应来自该地理标志标示的地区范围内，集体商标注册人的成员发生变化的，注册人应当向国家知识产权局申请变更注册事项，由国家知识产权局公告，范围外的主体不能成为集体组织成员，也不能使用作为集体商标注册的地理标志。申请证明商标注册的，应当附送主体资格证明文件、使用管理规则和证明其具有的或者其委托机构具有的专业技术人员、专业检测设备等情况的证明材料，以表明其具有监督该证明商标所证明的特定商品品质的能力。

### （三）农产品地理标志的登记

农产品地理标志登记申请人为县级以上地方政府根据一定条件择优确定的农民专业合作经济组织、行业协会等组织，农业农村部负责全国农产品地理标志的登记工作。为建立统一的地理标志制度体系，2022 年 3 月，农业农村部停止了农产品地理标志登记工作，包括受理、评审、公示和公告，11 月，公告废止了《农产品地理标志登记程序》[25]。目前，地理标志领域改革还在持续深化，农产品地理标志与地理标志产品保护的对接还有待相关规定进一步明确。

### 三、地理标志专用标志使用

地理标志专用标志，是指适用在按照相关标准、管理规范或者使用管理规则组织生产的地理标志产品上的官方标志。为了保证地理标志产品质量，维护产品市场秩序，让消费者识别地理标志产品，地理标志产品保护、地理标志商标、农产品地理标志均建立起了专用标志使用制度。2019年，国家知识产权局发布地理标志专用标志官方标志，统一规范地理标志产品保护、地理标志商标的专用标志使用，加强地理标志产品保护、地理标志商标制度衔接，这便于建立地理标志统一认定制度，提高地理标志保护水平，原地理标志产品、原地理标志商标专用标志使用过渡期至2020年12月31日。

地理标志产品生产企业使用地理标志专用标志，首先需是地理标志专用标志的合法使用人。根据《地理标志专用标志使用管理办法（试行）》第五条规定，地理标志专用标志的合法使用人包括下列主体：（1）经公告核准使用地理标志产品专用标志的生产者；（2）经公告地理标志已作为集体商标注册的注册人的集体成员；（3）经公告备案的已作为证明商标注册的地理标志的被许可人；（4）经国家知识产权局登记备案的其他使用人。

地理标志产品产地范围内的生产者使用专用标志，需向产地知识产权管理部门提出申请，提交使用申请书和地理标志产品特色质量检验检测报告。产地知识产权管理部门对申请使用专用标志的生产者的产地进行核验，省级知识产权管理部门审核，并经国家知识产权局审查合格注册登记后，发布公告，生产者即可在其产品上使用地理标志专用标志。国家知识产权局自2019年起开展地理标志产品保护专用标志使用核准改革试点，推进简政放权、放管结合、优化服务的改革，委托省知识产权局开展专用标志使用审查，审查合格的，由国家知识产权局注册登记后发布公告。广东是首批试点省市之一，由省知识产权局负责审查地理标志专用标志使用申请，报送国家知识产权局登记公告。

地理标志专用标志申请流程包括：一是初审。地理标志产品生产企业申请使用地理标志专用标志的，填报申请书后，提交地理标志产品所在地县级知识产权部门，县级知识产权部门进行初审，包括申请材料审查和实地核查。材料审查主要包括：（1）审查申请人是否是地理标志产品产地范围内有实际生产能力的生产者；（2）产品是否产自地理标志产品保护公告规定的特定地域范围；（3）产品是否符合地理标志产品保护公告规定的质量技术要求；（4）产品是否有已批准发布的相关标准。在实地核查时，主要检查产品产地是否符合地理标志产品专用标志使用规定，检查企业的生产资质、强制性产品认证、生产许可等是否符合要求，检查申请使用专用标志的产品是否符合地理标志保护产品标准的相关技术标准要求等。二是形式审查。县级知识产权部门向市级知识产权部门报送初审合格的专用标志申请材料，由市知识产权部门进行形式审查。三是技术审查。省知识产权保护中心组织专家进行技术审查。四是审核审查。省知识产权局对专用标志使用申请进行审核审查，审查合格的报送国家知识产权局注册登记并公告。

关于地理标志商标，集体商标注册人的集体成员或符合证明商标使用管理规则规定条件的主体，在履行该集体商标或该证明商标使用管理规则规定的手续后，可以在符合使用管理规则的商品上使用该集体商标或该证明商标以及地理标志专用标志，不得在不符合使用管理规则的商品上使用地理标志专用标志。

实践中，地理标志专用标志使用率还较低，部分生产企业使用意愿不强，政府应当加大宣传和推广力度，鼓励符合条件的生产企业及时申请使用地理标志专用标志，维护地理标志产品优良的市场秩序。

# 第三条【政府职责】

**县级以上人民政府应当将地理标志工作纳入国民经济和社会发展相关规划，将地理标志相关工作经费纳入本级财政预算。**

【本条主旨】
本条是关于政府职责及财政保障的规定。
【本条释义】
2019年11月，中共中央办公厅、国务院办公厅印发《关于强化知识产权保护的意见》，明确要求地方各级党委和政府要全面贯彻党中央、国务院决策部署，落实知识产权保护属地责任，定期召开党委或政府专题会议，研究知识产权保护工作，加强体制机制建设，制定配套措施，落实人员经费，要将知识产权保护工作纳入地方党委和政府重要议事日程，定期开展评估，确保各项措施落实到位。

## 一、明确将地理标志工作纳入国民经济和社会发展规划

地理标志作为区域知识产权资源，代表产区生产经营者的集体权益，是促进区域特色经济发展的有效载体，是推进乡村振兴的有力支撑，是推动外

贸外交的重要领域，是保护和传承传统优秀文化的鲜活载体，也是企业参与市场竞争的重要资源。党中央、国务院高度重视地理标志保护工作，对地理标志保护工作作出一系列重要部署。《知识产权强国建设纲要（2021—2035年)》要求实施地理标志保护工程，推动地理标志与特色产业发展、生态文明建设、历史文化传承以及乡村振兴有机融合，提升地理标志品牌影响力和产品附加值。《地理标志保护和运用"十四五"规划》提出"地理标志制度进一步完善，保护水平显著提升，运用效益充分显现，我国地理标志产品市场竞争力和国际影响力不断增强，地理标志服务国内大循环为主体、国内国际双循环发展格局的重要作用进一步体现"的发展目标。

为做好地理标志工作，政府应当将地理标志工作纳入国民经济和社会发展规划，充分发挥规划的指引约束作用，对地理标志工作进行战略性、宏观性、政策性规划。

## 二、明确将地理标志工作经费纳入本级财政预算

除知识产权纲要规划外，国家知识产权局、国家市场监督管理总局《进一步加强地理标志保护的指导意见》，国家知识产权局《关于组织开展地理标志助力乡村振兴行动的通知》《地理标志运用促进工程实施方案》《地理标志保护工程实施方案》等一系列文件对地理标志工作提出了具体要求。2021年，广东省政府发布的《广东省知识产权保护和运用"十四五"规划》将地理标志产品交易额列入"十四五"知识产权发展的主要指标，要求地理标志产品交易额到2025年达到1510亿元，并在专栏任务中提出地理标志保护工程，要求深化地理标志专用标志使用核准改革试点，强化地理标志专用标志使用监管，推动市场主体使用地理标志专用标志覆盖率达到80%以上，建设国家地理标志产品保护示范区，建立地理标志联动保护机制等。

为确保地理标志工作相关目标、任务完成，加大工作经费保障，本条明确规定县级以上人民政府应当将地理标志相关工作经费纳入本级财政预算，对地理标志规划实施予以合理保障，为地理标志工作开展提供条件。广东省在建设知识产权强省过程中不断加大知识产权资金支持力度，如2023年安排知识产权专项资金约4亿元，统筹用于开展地理标志等知识产权工作，支持地理标志产业发展。

## 第四条【部门职责】

县级以上人民政府知识产权部门负责本行政区域内地理标志运用、保护、管理和服务等工作。

县级以上人民政府发展改革、财政、农业农村、自然资源、生态环境、文化和旅游、工业和信息化、商务、林业等有关部门应当按照职责分工，做好地理标志运用和产业发展相关工作，支持和引导特色产业发展。

【本条主旨】
本条是关于知识产权部门以及其他有关部门在地理标志工作中职责的规定。

【本条释义】
地理标志的运用、保护、管理和服务等工作是一项系统工程，涉及多个政府行政部门，需要知识产权、发展改革、财政、农业农村、自然资源、生态环境、文化和旅游、工业和信息化、商务、林业等多部门协作，实现政策协同、业务联动，共同推进相关工作。

### 一、知识产权部门职责

我国地理标志制度发展中，建立起由原国家质量监督检验检疫总局、原国家工商总局、原农业部分别管理的地理标志产品、以地理标志注册的集体商标和证明商标、农产品地理标志的三种保护体系。为理顺地理标志管理制度，在2018年国务院机构改革中，成立了国家市场监督管理总局，重新组建国家知识产权局，将原国家工商总局和原国家质量监督检验检疫总局两个渠道管理的地理标志工作整合为国家知识产权局统一管理，负责地理标志集体商标和证明商标注册以及地理标志产品的批准和保护工作。2022年，农业农村部暂停登记农产品地理标志。由此，国家层面形成了一个地理标志职能部门的局面，实现了地理标志的集中统一管理。2023年在新一轮党和国家机构改革中，国家知识产权局从由国家市场监督管理总局管理调整为国务院直属机构，负责全国地理标志产品和地理标志商标的受理、审查、认定（注册）、管理和保护工作，负责地理标志专用标志的管理和保护工作等。2024年1月，国家知识产权局发布《地理标志产品保护办法》（国家知识产权局令第80号）、《集体商标、证明商标注册和管理规定》（国家知识产权局令第79号），进一步明确了部门职责，规范了地理标志产品和地理标志商标的申请、注册、审查、变更和撤销以及保护和监督等内容。

《广东省机构改革方案》（2018年）明确了广东省市场监督管理局（知识产权局）的具体职责，主要包括：负责保护知识产权，拟订并实施严格保护商标、专利、原产地地理标志等知识产权制度措施；研究提出知识产权保护体系建设方案并组织实施，推动建设知识产权保护体系；负责组织指导商标、专利执法工作，指导知识产权争议处理、维权援助和纠纷调处；组织指导知识产权预警和涉外保护工作；拟订并实施鼓励新领域、新业态、新模式创新的知识产权保护、管理和服务政策。本条第一款规定了知识产权部门作为负责地理标志的主管部门的职责，负责本行政区域内地理标志运用、保护、管理和服务等工作。

## 二、其他有关部门职责

地理标志产业发展是一项系统工程，除了知识产权管理部门，还涉及多个部门。《地理标志保护和运用"十四五"规划》在发展地理标志特色产业中提出，建立知识产权与市场监管、发展改革、财政、商务、文化旅游、农村农业、乡村振兴等多部门工作协同机制，推动形成以地理标志产品生产为主导，带动种植、储藏、加工、运输、销售、文化旅游等上下游产业联动的发展格局，推动形成具有规模效应和积聚效应的区域品牌和产业集群。本条第二款明确了发展改革、财政、农业农村、自然资源、生态环境、文化和旅游、工业和信息化、商务、林业等有关部门按照各自职责做好地理标志运用和产业发展相关工作，通力合作，以特色产业发展支撑地方经济高质量发展。具体包括：

一是地理标志产品包括种植产品（茶叶、水果等）、养殖产品（家禽、鱼类等）以及工艺品等（端砚、潮州手拉朱泥壶等），农业、林业、工业和信息化部门应当按照职责，做好地理标志产业发展工作。

二是地理标志标示的产品与产地的自然资源、生态环境有客观联系，为保证地理标志产品的质量、品质、声誉等特征，维持地理标志保护价值，自然资源、生态环境部门应当加大自然资源、生态环境保护。

三是地理标志具有文化传承功能，且可以通过地理标志特色产业发展带动生态旅游发展，文化和旅游主管部门应当负责地理标志相关文化产业发展和旅游资源开发等工作。

四是地理标志产业发展离不开规划政策、公共财政、商贸政策等支持，因此需要发展改革、财政、商务等部门做好地理标志相关工作。

需要特别说明的是，在地理标志保护的三个途径中，农产品地理标志由农业农村部门管理。农业农村部门将农产品地理标志视为推进农业生产，打造农产品区域公用品牌的重要内容。农产品区域公用品牌是指在一个具有特定自然生态环境、历史人文因素的区域内，由相关组织所有、由若干农业生产经营者共同使用的农产品品牌。加强农产品区域公用品牌建设对于乡村产业振兴、农民家庭增收、农业企业发展具有重要促进作用。农业农村部门自2019年开始实施地理标志农产品保护工程，采取培优区域特色品种、建设核心生产基地、提升产品特色品质、推进全产业链标准化、打造区域特色品牌、建立质量管控机制等多种举措。到2022年，三年共落实中央财政资金22.7亿元，支持634个地理标志农产品发展，建成核心生产基地1672个、特色品种繁育基地892个，支持产品年产值超过5000亿元，带动1130万户农户增收360亿元，扶持了149个国家级贫困县、53个乡村振兴重点县发展，形成了一大批影响力大、带动力强的地理标志农产品，为推动特色农业发展和乡村振兴做出了积极贡献[26]。农业农村部门就农产品地理标志打造农业品牌，促进农业高质量发展，取得了显著的成效。2022年，农业农村部门停止农产品地理标志的登记工作，国家知识产权局统一管理地理标志申请、注册，但由于95%以上地理标志产品是农产品，农业农村部门仍然是重要的地理标志工作有关部门，在种质保护与品种培优、产地溯源、核心生产基地建设、现代农业产业园区发展、农产品全过程质量控制、区域公用品牌建设等方面有重要工作内容，地理标志产业发展离不开农业农村部门的引导和支持。

## 第五条【资源普查和保护】

县级以上人民政府应当定期组织开展地理标志资源普查工作，针对当地具有独特品质的初级农产品、加工食品、道地药材、传统手工艺品等产品，采集其特色质量、特殊工艺、人文历史、产地环境、地理范围、发展状况等基础信息数据与资料，纳入地理标志资源库，并加强跟踪服务和监督。

各级人民政府应当加强地理标志资源所在地范围内自然资源、历史人文资源的保护，引导地理标志的申请、运用和保护，促进地理标志资源科学合理利用。

【本条主旨】

本条是关于地理标志资源普查和保护的规定。

【本条释义】

地理标志资源普查是科学开展地理标志保护、运用的必要前提。《地理标志保护和运用"十四五"规划》要求，建立地理标志保护资源动态管理制度。地理标志与产地的自然因素、人文因素具有关联性，良好的自然、人文环境，有利于建立消费者对地理标志的地域联想和文化认同，有利于保证地理标志产品品质，促进地理标志品牌创建和特色产业的发展。地理标志特色经济发展应与生态文明建设、历史文化传承等有机融合，注重自然资源、历史人文资源的保护，实现社会效益、经济效益和生态效益。

## 一、明确定期组织开展地理标志资源普查

广东省地处中国的南部，地貌类型复杂多样，有山地、丘陵、台地和平原，水系发达、海域辽阔，沿海沿河地区多为第四纪沉积层，是构成耕地资源的物质基础，拥有丰富的自然、人文资源。开展地理标志资源普查，有利于科学合理开发资源，促进丰富的特色资源向现实生产力转化，助力区域经济差异化发展。

本条第一款规定，县级以上人民政府应当定期组织开展地理标志资源普查工作，针对当地具有独特品质的初级农产品、加工食品、道地药材、传统手工艺品等产品，采集其特色质量、特殊工艺、人文历史、产地环境、地理范围、发展状况等基础信息数据与资料，纳入地理标志资源库，并在此基础上加强跟踪服务和监督，以实现对地理标志保护工作的技术支撑。2023年，韶关市知识产权局依据《条例》，在全省率先启动地理标志普查工作，通过市知识产权联席会议机制，统筹协调农业农村、林业、市场监管、文化旅游、工信、商务、自然资源、史志等有关部门，部署各县区地理标志资源普查。

普查中，共收集54个地理标志资源，涉及水果、蔬菜、茶叶、畜禽、药材、粮油、食用菌、烟叶、花卉、食品、手工艺品等类别，掌握了韶关的地理标志资源情况。

开展地理标志资源普查应注意以下四个关键内容。

## （一）注重客观关联性

在申请地理标志时，不仅需要明确地理标志产品的具体产地范围、种植（养殖）品种，说明产地环境、栽培（养殖）管理和工序等，描述产品感官特色和理化指标，还要阐明产品的理化、感官等特征与产地的自然因素和人文因素之间的关系。因此普查过程中，需采集地理标志的特色质量、特殊加工工艺、产地环境、地理范围、发展状况等基础信息数据与资料，印证地理标志产品的特定品质由特定地域环境或人文因素决定。

**【实践案例】**

*化橘红道地性保护*

地理标志产品化橘红是在化州市内种植，由芸香科植物化州柚鲜果经过加工而成的，化橘红药物有效成分"二氢黄酮"与"柚皮苷"含量极高，具有区别于其他地方所产橘红的品质。早在明代万历年间的《高州府志》一书中就提到了"化橘红唯化州独有"。稀缺性与"治痰如神"的功效，使得化橘红成为贡品。

"橘生淮南则为橘，生于淮北则为枳。"化州市地处亚热带，气候温和，土壤为含礞石的赤红壤，有机质丰富，礞石含量远高于其他地方。化州柚果实与其他柑橘属植物果实相比，表面绒毛为其独有，是柚在化州县礞石矿产土壤的特定地域环境下形成的特异性栽培变种，化州柚如移栽至不含礞石土壤的环境中，所结果实表面的非腺毛会逐渐减少，直至消失。炮制工艺也是影响化橘红品质的重要因素，化州人从古至今以种橘、制橘为业，悠久历史形成的独特种植、加工技术，使产地加工成为独立行业[27]。正是化州市特有的自然环境和加工技术成就了化橘红的优异性。

不同于化橘红保护公告中明确了化橘红品种为化州柚，1985年版起《中国药典》分橘红和化橘红两种，化橘红使用化州柚和柚未成熟或近成熟果实的外层果皮，化州柚和柚均是药典收载的正品基原。原因在于1949年至1963年时，化州柚被大面积砍伐，无法满足用药需求，只能以柚这种广布种替代。随后，化州柚的种植逐步恢复，如今种植面积已达10万亩，基本能满足用药需求。鉴于化橘红来自柚者价格仅是化州柚的几十分之一，疗效亦无法与化州柚同日而语，专家建议下一版《中国药典》将化橘红列为单基原品种，仅用化州柚。[28]

综上所述，研究、整理、采集化橘红品质与产地自然、人文的客观联系的信息，辨析化橘红与其他橘红的品种来源、产地环境、加工工艺的差异，以及种植发展状况等，将为化橘红道地性保护和合理运用提供技术支持，有助于化橘红产业的持续发展。

### （二）注重人文历史资料

地理标志申请时，其名称必须是长久以来使用的名称，并具有相应的知名度。证明地理标志名称具有较长的使用历史，需要历史资料进行佐证。地理标志的发展经过了漫长的岁月沉淀，是区域生产者长期劳作的智慧成果，由于生产者多为农户，以往地理标志少有文献记载，多以口口相传的形式传承，部分地理标志名称也在漫长的发展过程中演变，史料不足成为申请的主要困难之一。普查过程中，应注重历史资料收集整理，充分开展前期调研，多方收集史料作为佐证，为地理标志的申请和注册打下坚实基础。

**【实践案例】**

均安草鲩人文历史资料收集

"均安草鲩"在2023年注册为地理标志证明商标，在注册中曾遇到史料不足的困难。顺德是国内主要的淡水鱼养殖和出口基地，塘鱼生产可溯源至唐代。均安镇委镇政府在推进"均安草鲩"地理标志证明商标申请的过程中，深入挖掘整理人文历史，从《顺德南沙风俗》记载中确认均安草鲩等"四大家鱼"长期供港，在仓门梅庄欧阳公祠发现清代探花、均安上村人李文田手书的"绍德堂"匾额右上方有"味道之腴"字样的印章；在《翁同龢日记》中曾记载，李文田曾以均安草鲩制作的鱼生宴请众人；而在李文田本人记述的《顺德李文诚公行状》中，更是记录有慈禧御赐"味道之腴"匾额一事，印证了"均安草鲩"所承载的丰厚文化历史价值。在人文历史资料的佐证下，"均安草鲩"成功注册为地理标志证明商标。

### （三）注重特色品质

根据资源普查情况，结合产品质量特色和产地范围，科学合理确定地理标志产品的品质特征，一方面，要避免遗漏产品特征，未突出地理标志产品优异性；另一方面，要避免缺乏普遍性，防止因过于强调产品的优异性而设立过高的感官特征、理化指标，导致后期能够使用地理标志和专用标志的产品数量少，从而影响产业规模，限制地理标志产业发展。因此，在资源普查、申请地理标志的过程中，要全面了解产品的特点，对未来产业发展做出预判，提前做好整体规划。

**【实践案例】**

*中山五桂山沉香特色品质和产业发展*

"中山五桂山沉香"于 2021 年注册为地理标志商标，是一种优质的中药材原料。但由于在申报时没有考虑到沉香的价值不仅在于药用，更在于日常使用，只申请了第 5 类"药品，中药药材，药酒"（0501 组），而没有申请第 3 类"香料，香精油"（0305 组），不利于中山五桂山沉香的发展。

## （四）注重地理范围

地理标志产品受到产地范围的限制，产地范围外的同类产品不能使用地理标志。较小的产区能体现产品的稀缺性，但也会降低产品产量，影响产业规模化发展。因此，确定的产区范围不宜过小，应结合资源普查划定合理的地理标志产品产地范围。在实践中，由于行政区划分割以及地理标志多模式保护的原因，出现相邻的行政区域分别申请品种相同、产地范围不同的地理标志的情形，有限的产地范围限制了产业发展规模，形成区域内竞争关系，不能产生公共品牌建设合力，降低了与其他区域同品类产品的竞争力。地方政府在资源普查中，应注意地理标志产品品质和产地范围的共性和整体性，对于分散的地理标志资源可进行整合，通过同一地理标志体系下不同产区划分进行规划。

**【实践案例】**

*香云纱产地范围*

佛山市顺德地理标志产品"香云纱"，是用纯植物染料染色的丝绸面料，经植物薯莨的汁水浸染后，用珠三角地区特有的富含多种矿物质的河涌淤泥覆盖，经日晒加工而成。香云纱正面色泽乌黑发亮，反面色泽呈咖啡色或原底彩色，并有莨斑和泥斑痕迹，具有古朴、美观、手感质地软滑、坚韧、透气性强、不沾身的特点，穿着走路会"沙沙"作响。2008 年，"香云纱染整技艺"被列入国家非物质文化遗产名录。2011 年，香云纱被认定为地理标志产品。根据地理标志产品香云纱保护公告，香云纱产地范围仅限于广东省佛山市顺德区现辖行政区域。历史上，香云纱的生产历史悠久，南海、顺德均有香云纱生产技艺传承，引发了香云纱保护范围的争议。实践中，在香云纱生产过程中需要晒莨场，在城市化进程中，有限的地域范围使香云纱的产量较低，难以形成规模应对激烈的市场竞争。

## 二、加强地理标志资源保护

由于地理标志产品与产地自然、人文因素的关系是地理标志价值的基础，维护好良好的自然、人文环境才能保持产品的特异性，促进建立对地理标志品牌的地域联想和文化认同。地理标志产品生产和产业发展与自然、人文因素紧密捆绑，各级政府应当加强对地理标志产地范围内的自然资源、历史人文资源的保护，减少负面事件影响。

【实践案例】

1. 凤凰单丛古茶树保护

古茶树是单丛茶品牌之魂、产业之基。潮州市有独特的气候、日照、土壤、山脉，古茶树品种资源丰富、分布区域广、数量众多。据统计，仅潮安区凤凰镇内现存百年以上古茶树就约1.5万株，两百年以上茶树4600多株。为加强对古茶树的保护管理，促进古茶树资源合理开发利用，2023年潮州市制定了《潮州市古茶树保护条例》，对古茶树建立起全方位保护机制。

一是分级认定保护。对树龄三百年以上、一百年以上不满三百年、五百年以上的古茶树实行分级保护，经认定的古茶树向社会公布。

二是科学保护。设立潮州市古茶树专家组，为古茶树保护、管理和利用提供指导。建立古茶树日常养护责任制，签订养护责任书，向养护责任主体提供养护知识培训和技术指导。

三是精细化管理。明确古茶树保护范围，规定古茶树保护经费、保护责任人、生产原则，对保护范围内的限制活动和禁止行为作明确界定。

四是动态保护。政府定期组织实施古茶树资源调查、登记，设置保护标志和设施，对实行特别保护的古茶树采用视频监控保护，建立图文档案、电子信息数据库，有针对性地保护管理古茶树。

五是产业融合发展。制定古茶树开发利用扶持措施，建设古茶树种质资源库、种质繁育基地，开展古茶树利用交流合作，挖掘历史文化、打造古茶树景观和品牌，培育古茶树资源利用产业链。潮州市还出台了《潮州市凤凰山区域生态环境保护条例》。

2. 新会陈皮产地生态资源保护

江门市新会区位于广东珠江三角洲西南部，两江汇聚、三水融通、咸淡交融，新会陈皮产地处于冲积、沉积平原，在西江的洪水和潭江潮水及南海的海水共同作用下，新会的土壤兼具多种土壤成分类型，北半球亚热带海洋性季风气候区也非常适合喜温的柑桔的生长，因此新会是柑桔的起源中心之一和适宜栽培区，出产有新会柑、新会橙、新会年桔和新会柠檬等多个柑桔原产品种。2020年江门市出台了《江门市新会陈皮保护条例》，在第二章道地性保护中重点规定了产地范围的资源保护，明确要组织编制新会陈皮产地保护规划，根据产地内的地理、气候、土壤等自然因素和文化传承等人文因素，对产地实行分区保护，要求生产经营者合理使用农药、肥料，不得随意倾倒、丢弃新会柑肉，防止污染环境，农业农村、林业部门对新会柑天然种质资源进行保护，将符合条件的柑树纳入古树名木保护目录，建立档案，实行挂牌保护。

3. 连平鹰嘴桃产区灾后生态修复

连平鹰嘴蜜桃所具有的色泽鲜亮、果大形美、肉质脆嫩、清甜爽口、味甜如蜜等优良品质特征，是由连平县的独特气候、土壤、水资源等因素决定的。鹰嘴蜜桃是喜温树种，五六月，连平县光照充足且夜间湿润，有利于果实发育膨大，冬季连平县平均气温 $12.4 \sim 12.7$℃，满足桃树低温休眠的要求。连平县的土地黄壤、红壤均偏酸性，主产区桃园的表层土壤由石灰岩风化发育而成，富含钙离子，鹰嘴蜜桃的可溶性固形物含量、甜度、含铁量都比较高。2022年6月由于连降暴雨，连平县多个镇遭受洪灾，山体滑坡、农作物受损，其中上坪镇的洪水为有历史记录以来的最大洪水。鹰嘴桃种植园的土壤、水质受到洪灾破坏，连续两年部分种植园生产的鹰嘴桃的理化指标等达不到地理标志产品质量的标准，不具有使用地理标志以及专用标志的条件。连平县严格按照相关标准监管地理标志使用，避免破坏连平鹰嘴桃市场声誉，同时采取多种措施修复生态环境，将土壤、水质恢复到灾前状态，确保了连平鹰嘴桃品质回升。

## 三、引导地理标志的申请、运用和保护

对于地理标志资源，应当根据实际情况及时引导申请地理标志进行保护。

避免可能出现以下情况：由于存在在先商标，导致地理标志产品保护申请或地理标志商标注册存在障碍；因地理标志名称使用不规范导致通用名化，从而不再能够获得地理标志保护。因此，地理标志资源普查后，地方政府应及时引导地理标志的申请注册，制定保护和运用策略。

### （一）地理标志与商标的冲突

《中华人民共和国商标法》（以下简称《商标法》）经1993年、2001年两次修正，将地缘因素标志纳入商标保护范围[29]。《商标法》第十条第二款规定："县级以上行政区划的地名或者公众知晓的外国地名，不得作为商标。但是，地名具有其他含义或者作为集体商标、证明商标组成部分的除外；已经注册的使用地名的商标继续有效。"第十六条第一款规定："商标中有商品的地理标志，而该商品并非来源于该标志所标示的地区，误导公众的，不予注册并禁止使用；但是，已经善意取得注册的继续有效。"一方面，县级以下行政区划的地名有可能被注册为商标，在先地名商标成为地理标志商标注册的障碍。另一方面，在2001年修正前，地理标志可以申请普通商标，造成了地理标志和商标的冲突。同时，地理标志名称可以是具有长久使用历史的约定俗成的名称，在商标注册阶段中难以分辨，导致地理标志和普通商标之间发生冲突。

实践中，地理标志与商标的冲突可能有以下几种情况：（1）地理标志产品保护申请或地理标志商标注册在前，普通商标申请在后，普通商标注册会被拒绝，或注册被无效。（2）普通商标注册在前，地理标志申请和注册在后，如存在误导公众的情形，不被给予地理标志商标、地理标志产品保护；如不存在误导公众的情形，地理标志产品不构成对在先商标专用权的侵害；如在先普通商标存在恶意申请注册的情况，恶意申请注册的在先商标可以被无效。

如果地理标志商标申请在前，普通商标申请在后，可导致后申请的商标不予核准注册，已经注册的商标则可以无效。"顾家方正"案[30]中，第三方方正大米协会的引证商标"方正大米"于2005年被批准为原产地域保护产品，2006年申请注册为地理标志证明商标。原告的诉争商标"顾家方正"于2015年申请注册，后被第三方向商评委申请商标无效，2020年商评委宣告诉争商标"顾家方正"无效，原告遂向北京知识产权法院起诉请求撤销商评委的无效宣告裁定。法院认为，"方正"为引证商标"方正大米"的显著识别文字，诉争商标"顾家方正"完整包含了引证商标的显著识别部分"方正"二字，构成近似标识。且引证商标在大米商品上进行推广宣传，具有一定的知名度。诉争商标指定使用面粉、米等商品上与引证商标核定使用的大米商品在功能用途、销售渠道、消费对象等方面具有较为密切的联系，构成相同或类似商品。诉争商标与引证商标二者共存于市场，容易导致相关公众对商品来源的混淆误认，法院因此驳回了原告的诉讼请求。

普通商标申请在前，地理标志保护申请在后，如不存在误导公众的情形，地理标志产品不构成对在先商标专用权的侵害。在"金华火腿"案[31]中，1983年，浙江省食品公司经受让成为"金华火腿"商标的专用权人，2002年原国家质检总局批准对"金华火腿"实施原产地域产品保护，2003年包括永康火腿厂在内的55家企业通过了金华火腿原产地域产品专用标志使用申请。浙江省食品公司以永康火腿厂等企业侵犯"金华火腿"注册商标专用权为由起诉至上海市第二中级人民法院。法院经审查认为，"金华火腿"作为注册商标，其专用权受法律保护，任何侵犯原告注册商标专用权的行为均应依法承担责任，但原告浙江省食品公司无权禁止他人正当使用。"金华火腿"经原国家质检总局批准实施原产地域产品保护，被告永康火腿厂有权依法使用原产地域产品名称及专用标志，在火腿腿皮上标注的"金华火腿"字样下端标明了"原产地管委会认定"的使用方式，其目的是表明原产地域产品，且永康火腿厂在其火腿外包装显著位置标明了自己的注册商标"真方宗"，因此不构成对原告注册商标专用权的侵害。

如在先普通商标存在恶意申请注册的情况，地理标志可以无效掉恶意申请注册的在先商标。在"吉山老酒"案[32]中，诉争商标"吉山红红曲酒JISHANHONG"为在先申请的注册商标，"吉山老酒"于2013年被原国家质检总局认定为地理标志保护产品，"永安吉山老酒"于2016年获得地理标志证明商标注册。地理标志证明商标权利人向国家知识产权局商标评审委员申请宣告在先商标"吉山红红曲酒JISHANHONG"无效，被驳回后又向法院提起诉讼。一审、二审法院均认为，虽然诉争商标"吉山红红曲酒JISHANHONG"为吉山红公司注册的在先商标，"吉山老酒"地理标志保护产品认定和地理标志证明商标注册的时间晚于诉争商标申请日，但考虑到地理标志的形成一般并非一蹴而就，而是经过长期的历史积累而成，故从"吉山老酒"客观存在的情况、知名度、显著性及相关公众的认知等因素可知，在诉争商标申请日之前，"吉山老酒"已经构成黄酒商品上的地理标志，行政部门对地理标志的认定应被视为对已形成的客观事实的事后确认。诉争商标的显著识别部分为"吉山红",包含"吉山老酒"的主要识别部分,且"吉山老酒"又名"吉山红",沙县与永安市均系福建省三明市下辖相互邻近的县市,吉山红公司作为同业经营者理应知晓"吉山老酒"与"吉山红"存在一定对应关系,诉争商标注册在"黄酒;烧酒"等商品上,与地理标志证明商标"吉山老酒"注册及使用范围相同,诉争商标"吉山红红曲酒JISHANHONG"的注册使用易导致相关公众将其识别为产自永安市的"吉山老酒",从而误导公众。因此,诉争商标不属于善意取得注册的情形,吉山红(福建)酒业有限公司注册诉争商标"吉山红红曲酒JISHANHONG"的行为违反了《商标法》第十六条的规定。故一审、二审法院均判决要求国家知识产权局撤销被诉裁定,重新作出裁定。

地理标志与普通商标相比具有保护优势,原因在于地理标志是经过长期的历史积累而成,作为一种客观事实状态,是一个既定客观存在的法益,在商标注册过程中,应对客观上存在而又有保护必要的地理标志予以排除[24]。与商标专用权通过注册获得不同,在某种意义上,地理标志"存在"即受保护,《商标法》第十六条中的"地理标志"并不以行政机关认定为地理标志产品保护或者获得注册地理标志商标为前提[33]。

《北京市高级人民法院商标授权确权行政案件审理指南》[34]《最高人民法院关于审理商标授权确权行政案件若干问题的规定》对地理标志商标作了相关规定[35]。诉争商标完整包含地理标志,或者包含地理标志的主要识别部分,容易使相关公众对使用该商标的商品的真实产地发生误认的,都属于《商标法》第十六条"商标中有商品的地理标志"的情形。为保护地理标志而成立或者以保护地理标志为宗旨的团体、协会等可依据《商标法》第十六条主张他人商标不应予以注册或者应予无效,使用该地理标志的产品的生产加工者、市场经营者,也可以依此提出申请。主张他人商标不应予以注册或者应予无效时,如果诉争商标指定使用的商品与地理标志产品并非相同商品,而地理标志利害关系人能够证明诉争商标使用在该产品上仍然容易导致相关公众误认为该产品来源于该地区并因此具有特定的质量、信誉或者其他特征的,法院予以支持。

商标纠纷中,地理标志客观存在情况及其知名度、显著性、相关公众的认知等因素,使地理标志商标比普通商标更具客观性和优先保护[33]。在混淆判断中,若地理标志集体商标或者证明商标申请注册在后,普通商标申请在前，应当结合地理标志客观存在情况及其知名度、显著性、相关公众的认知等因素，判断是否容易造成相关公众对商品或者服务来源产生混淆；若地理标志集体商标或者证明商标申请在前，普通商标申请在后，可以从不当攀附地理标志知名度的角度，判断是否容易造成相关公众对商品或者服务来源产生混淆。

即使地理标志保护具有一定优先性，但实践中要解决地理标志和商标的纠纷也需投入大量的时间和精力，这其中存在较大的风险。例如，"六堡"本是梧州市苍梧县下辖镇的名称，2012年"六堡茶"被四川某企业在"茶"部分核定使用商品上注册为商标，致使梧州六堡茶多年来无法申请地理标志商标，2018年"六堡茶"因认定为商品通用名称而被撤销注册，随后梧州市茶产业发展办公室以"梧州六堡茶"作为地理标志证明商标注册申请，其间经历被异议而无效，最终于2021年获得核准注册。又如，广西贵港市覃塘区盛产毛尖茶，"覃塘"曾为镇名，2003年才设置贵港市覃塘区，2018年以"贵港覃塘毛尖"注册地理标志证明商标时，因存在在先地名商标被驳回。[36]因此，各地在地理标志资源普查后，对于条件成熟的产品应及时申请地理标志保护或注册地理标志商标，防止地理标志被抢注；或积极与在先商标注册人沟通，尽早排除在先商标权障碍，最大限度利用好地理标志资源价值，为今后品牌建设创造有利条件。例如，"均安草鲩"在商标注册过程中，积极与在先注册人沟通，协商解决与"均安草鲩"相似的注册商标的注销或受让问题[37]。

## （二）地理标志名称通用名称化

理论上而言，通用名称属于社会共享的公共资源，地理标志则属于特定主体享有的专有权利，某一标识构成地理标志的情况下，其不能被认定为通用名称。但当某些地理标志失去了指向产地和特定质量的意义，就可能成为通用名称，而无法再作为地理标志受到保护。实践中，地理标志通用名化一般是由于产品不再有与产地关联的质量特征或竞争者滥用导致。

通用名称问题从来不是单纯的法律问题，涉及重大的利益冲突。欧美存在较多地理标志的通用名化争议。欧洲作为地理标志发源地，认为地理标志由自然、历史、人文等多重因素而形成，地理标志因产品与产地存在客观联系而客观存在，不是因为消费者的主观认识而存在的，因此不应由于失去显著性而成为通用名称，只有产品已不具备与产地有关联的质量特性，地理标志才演变为通用名称[38]。欧盟对地理标志的认定和保护给予倾斜和扶持，限制通用名称的认定也是这一导向的要求[39]。而美国则将一些欧洲地理标志视为通用名称，在其国内市场生产销售并出口这些产品。例如，奶酪地理标志占欧盟地理标志营业额的 1/3 以上，价格溢价为 44%，但菲达奶酪（Feta）、阿齐亚戈奶酪（Asiago）、丰蒂纳奶酪（Fontina）等奶酪地理标志在欧盟以外的地区常被认为是通用名称[40]，美国生产商以通用名称生产这些奶酪，引起双方争议。地理标志在经济文化交流的频繁使用中失去地域指向性[2]，是欧洲许多地理标志被美国视为通用名称的主要原因。

地理标志保护认定异议或撤销等程序涉及通用名称的认定，在我国签订的国际条约和地理标志产品保护、地理标志商标制度中均有规定。例如，我国加入的《区域全面经济伙伴关系协定》[41]（以下简称 RCEP）第三十一条规定，地理标志的异议程序中，缔约方至少可以该地理标志在该缔约方领土内是通用语言中的惯常术语作为相关货物的通用名称而驳回此类保护。《地理标志产品保护办法》（国家知识产权局令第 80 号）第八条规定，产品名称仅为产品的通用名称的，不给予地理标志产品认定；第二十七条规定，产品名称演变为通用名称的，任何单位或者个人可以请求国家知识产权局撤销地理标志产品保护，说明理由，并附具有关证据材料。2020 年，在国家知识产权局发布的《地理标志保护中的通用名称判定指南（征求意见稿）》[42]中对通用名称的定义是："涉及地理标志保护的通用名称是指虽与某产品最初生产或销售的地点、地区或国家相关，但在我国已成为产品常用的名称。该名称在我国用以指代特定生产方法、特定规格、特定质量、特定类型或特定类别的产品。"根据该指南（征求意见稿），判定与地理标志有关的通用名称是否成立时，综合考虑以下要素：（1）名称在我国法律法规、国家标准或行业标准等规范中作为产品特定类型、类别使用的情况；（2）名称在我国出版发行的字典、辞典、工具书、报刊中的使用情况以及在我国互联网站的使用情况；（3）名称所指产品在我国市场生产、销售和流通时的使用情况；（4）名称所指产品在原产地之外，以不误导公众货物产地的方式进行生产的情况及其在我国开展贸易的情况；（5）其他可能造成该名称成为通用名称的因素。

在地理标志商标领域，《商标法》第十一条第一款第（一）项规定，仅为商品的通用名称的，不得作为商标注册。地理标志商标命名一般为"地名+品名"，带有描述性，与其他商标一样，不规范使用可能导致地理标志商标失去显著性，有演变为通用名称的风险。如果地理标志名称演变为通用名称，成为一类产品的标志，失去了指向产地和特定质量的功能和意义，也就不能再受到地理标志商标保护。2017年,《最高人民法院关于审理商标授权确权行政案件若干问题的规定》第十条对通用名称作了规定,商品通用名称包括法定的商品名称或者约定俗成的商品名称,"依据法律规定或者国家标准、行业标准属于商品通用名称的,应当认定为通用名称;相关公众普遍认为某一名称能够指代一类商品的,应当认定为约定俗成的通用名称;被专业工具书、辞典等列为商品名称的,可以作为认定约定俗成的通用名称的参考"。约定俗成的通用名称判断标准中"相关公众"的范围认定是关键,可导致最终认定地理标志是否构成通用名化的结果不同。该条规定,"约定俗成的通用名称一般以全国范围内相关公众的通常认识为判断标准。对于由于历史传统、风土人情、地理环境等原因形成的相关市场固定的商品,在该相关市场内通用的称谓,人民法院可以认定为通用名称"。在"鲁锦"和"沁州黄""稻花香"案中,以"特定地域范围"还是"全国范围"标准认定,便导致了通用名称认定结果不同,通用名称的认定对利益相关者、消费者乃至整个市场秩序都具有重大影响,应当持严格和谨慎的态度。[43]

"稻花香"商标侵权纠纷案中[44],最高人民法院再审认为,农作物品种审定办法规定的通用名称与商标法意义上的通用名称含义并不完全相同,不能仅以审定公告的名称为依据,认定该名称属于商标法意义上的通用名称。审定公告的原代号为"稻花香2号",并非"稻花香",在涉案商标权已在先注册的情况下,不能直接证明"稻花香"为法定通用名称。关于"稻花香"是否属于涉案特定稻米品种约定俗成的通用名称,约定俗成的通用名称一般以全国范围内相关公众的通常认识为判断标准,当事人应首先举证证明此类商品属于相关市场较为固定的商品。否则,是否构成约定俗成的通用名称,仍应以全国范围内相关公众的通常认知作为判断依据。最高人民法院判决撤销二审关于"稻花香"属于通用名称的认定,维持一审判决。"稻花香2号"作为审定公告的品种,法院认为,对于五常这一特定地域范围内的相关种植农户、大米加工企业和消费者而言,可以在以"稻花香2号"种植加工出的大米上规范标注"稻花香2号",以表明品种来源,但该种标注方式仅限于表明品种来源且不得突出使用。该案中,最高人民法院通过法定通用名称与约定俗成通用名称的判断标准等法律问题的阐释,明确了此类案件的裁判标准,平衡了注册商标权人与品种名称使用人之间的利益关系,在充分保护商标权的前提下,维护了公平有序的市场竞争秩序[45]。

广东省高级人民法院再审的谢湘龙与汕头市金平区玖弟卤鹅店侵害商标

权纠纷案中[46]，广东省高级人民法院再审裁定认为，该案中卤鹅是潮汕等地区的特有美食，其中以澄海苏南、潮州磷溪和龙湖鸥汀等地的卤鹅技艺最具代表性。澄海苏南鹅肉因其色香味俱佳而在潮汕地区乃至全国许多地区已经成为众所周知的卤制鹅肉产品。这种产自特定地域，所具有的质量、声誉或其他特征本质上取决于该产地的自然因素和人文因素的特定产品，已经具有了法律规定的地理标志产品的基本特征，属于该地区劳动人民代代传承的集体智慧的结晶，理应由该地区经营者共同享有，而不应由于被他人注册商标而成为完全被垄断的权利。至于"澄海苏南鹅肉"是否属于通用名称，法院认为，分析"澄海苏南鹅肉"的文字表述，其中澄海苏南是当地约定俗成的地名，鹅肉是产品的主要原料，共同形成具有地理标志产品特征的产品名称，目前产品名称虽然尚未被申请地理标志保护，在审理案件过程中，也不宜将上述产品名称笼统认定为商品的通用名称，要为今后可能作为地理标志保护预留空间。

地理标志由自然、历史、人文等多重因素作用而形成，与公共利益和文化传承的关联性较强，对地理标志保护中通用名称的认定应采取严格于商标中通用名称认定的审慎态度[47]。地理标志的地域性、公共性、开放性也预示着其保护不仅是个法律问题，而且是个重要的经济问题、政策问题，通用名称判定上应考虑生产经营者利益、消费者利益、公共利益等各方利益。[48]虽然，对地理标志通用名称认定一般较为谨慎，但一旦认定，地理标志产区的生产经营者不能再排他使用该名称，将面临巨大利益损失，也不利于传统文化传承。因此，应当及时申请地理标志产品保护或申请注册地理标志商标，合理使用"地名＋品名"，避免不规范使用地理标志，及时制止将该地理标志名称标示在非来源于该产地范围的产品上的行为，防范演变为通用名称的风险。

## 第六条【产业发展规划与扶持政策】

县级以上人民政府应当根据实际，制定地理标志相关产业发展规划，建立工作协调机制，在地理标志产业促进等方面出台扶持政策措施。

【本条主旨】
本条是关于制定地理标志产业发展规划及相关扶持政策的规定。

**【本条释义】**

地理标志作为促进区域特色经济发展的有效载体，是推进乡村振兴的有力支撑。近年来，随着高质量发展、乡村振兴战略实施的持续深入，地理标志成为具有高附加值的产品品牌，特色产业园加快建设，产业集群不断发展升级，已成为区域经济发展支柱产业。《国家知识产权局关于组织开展地理标志助力乡村振兴行动的通知》（国知发运字〔2021〕20号）要求，加强地理标志规划政策引领，将地理标志助力乡村振兴作为地方相关立法和规划重要内容，研究制定地理标志相关产业和区域发展规划，围绕地理标志产品质量管理、品牌推广、产业促进等方面出台扶持政策措施，切实推动从注重申请注册到注重运用保护，从追求数量向提高质量转变。《地理标志保护和运用"十四五"规划》（国知发保字〔2021〕37号）提出，建立健全地理标志相关产业发展推进体系，明确地理标志相关产业发展目标、规划产业布局，加强组织领导，确定责任主体，建立多部门工作协同机制，推动形成以地理标志产品生产为主导，带动上下游产业联动的发展格局，推动形成具有规模效应和积聚效应的区域品牌和产业集群。

地理标志代表特定区域共同利益，地理标志产业从传统农业到当前的现代农业阶段，地方政府在产业发展中发挥主导地位，应基于资源禀赋，构建产业体系，完善区域空间布局，改善交通、存储、物流等基础设施，加大金融、财政等政策支持，扶持龙头企业发展，加大公共物品和服务供给，建设地理标志品牌，加强市场秩序建设，形成良好的发展环境。本条规定县级政府应当根据实际，制定地理标志相关产业发展规划，建立工作协调机制和出台扶持政策措施。通过产业发展规划，明确发展目标、区域布局、工作举措、基础设施及保障措施等，与国土空间规划、生态环境保护规划等衔接，促进产业实现规模化、集约化和品牌化发展，发挥地理标志助力乡村振兴作用。

**【实践案例】**

1. 清远百亿产业行动计划

清远市拥有清远鸡、英德红茶、连州菜心、西牛麻竹笋等地理标志。2023年，清远市委、市政府提出打造五大百亿农业产业，着力打造清远鸡、英德红茶、连州菜心、清远丝苗米、西牛麻竹笋等五个百亿级农业产业，带动清远百万农民持续增收，推动农业农村高质量发展。

清远鸡具有鸡味浓、肉质有弹性、皮下脂肪少等特点。清远（麻）鸡在2003年被核准注册地理标志证明商标，2010年获得地理标志产品保护。2022

年，清远市清远鸡累计出栏超1.36亿只，总产值达68亿元。清远市制定了《清远鸡产业发展行动计划》，以加快推动区域公用品牌、种业、标准化养殖、加工、市场经营体系、科技和人才、产业融合等方面建设。

英德红茶具有外形匀称优美、色泽乌黑红润、汤色红艳明亮、香气浓郁纯正等特点，在2006年获得地理标志产品保护，2010年被核准注册地理标志证明商标。英德市市场监督管理局对英德红茶地理标志产品进行监督管理，英德市农业技术推广中心对英德红茶地理标志证明商标进行管理，英德市政府对英德红茶地理标志产品的保护工作进行统筹安排[49]。2022年，英德全市茶园面积达到17.5万亩，综合产值超过60亿元，涉茶企业约600家，从业人员15万人，在英德市乡村振兴当中发挥了巨大的作用。英德市出台《推进英德红茶创百亿产业实施方案（2023—2025年）》，以英德红茶文化赋能产业提升，培育茶产业新的经济增长点，促进一二三产业融合发展。

连州山区冬季干旱冷凉的独特气候环境，使得连州菜心清甜爽脆、多汁无渣。2014年，连州菜心被认定为农产品地理标志。2022年，连州菜心种植面积10.3万亩，综合产值13.05亿元。清远市印发《清远连州菜心产业发展规划》《清远连州菜心百亿产业行动计划（2022—2025年）》，设立工作专班，推进市场体系和品牌建设等工作，提升连州菜心产业规模化、标准化、品质化、品牌化水平。

2. 化橘红产业千亿产业发展规划

2006年，化州橘红获地理标志产品保护，随后化州市先后编制了《化橘红产业发展规划》（2009年）、《化州市化橘红业发展规划（2011—2020年）》、《化州市化橘红产业实施方案》（2014年）、《化橘红（化州橘红）产业发展总体规划（2018—2035年》、《化州市化橘红种植面积三年倍增计划行动方案》（2023年），全力打造千亿产业。《化橘红（化州橘红）产业发展总体规划（2018—2035年》对接《化州特色农业发展总体规划（2018—2035年）》《化州市城市总体规划（2011—2035年）》等规划，明晰了产业现状和发展的优势、劣势、机遇，提出了"扩大面积、提升品质、延长加工、提高效益、增加收入"发展思路，确定了化橘红一二三产业融合发展领先区、绿色标准化种植及深加工示范区、现代技术与装备的集成区、全国化橘红中医药文化传承基地、广旅特色小镇-化州化橘红小镇的发展定位，明确了产业发展经济效益、社会效益、生态效益目标，提出化橘红产业总体规划及布局，并细化了良种繁育、种植、研发与加工、贸易与流通等产业专项规划，化橘红现代化商贸物流园等重点建设项目规划，品牌管理、信息化服务、科技支撑等配套体系规划，确保产业高质量发展。到 2022 年，化州市化橘红种植面积已达 11.62 万亩，年产鲜果 6 万吨、干果 1.2 万吨，种植、加工、销售企业 499 家，从业人员超 35 万，产值达 72 亿元[50]。化橘红品牌入选"2022 年全国区域农业产业品牌影响力百强榜"。

3. 新会陈皮产业发展规划

江门市新会区于 2020 年出台单个地理标志产品保护地方性法规——《江门市新会陈皮保护条例》，坚持以道地保护、品牌建设、产业培育为抓手，着力破除质量标准不统一、资源道地性保护力度不够、证明商标保护不力等产业发展困境问题，推动新会陈皮产业高质量发展。配套出台《关于加快推进新会陈皮产业高质量发展的指导意见》、《新会陈皮产业高质量发展》白皮书、《关于印发新会区扶持新会柑 25 度坡以下园地山坡地发展种植工作指引的通知》等政策措施，通过建溯源、补链条、强龙头、提品质、创品牌、扩营销等措施推动富民兴村产业向多元化高质化发展转型，进一步规范新会陈皮产业种植、生产、经营秩序，加强新会陈皮产地保护。出台《新会区促进经济高质量发展十条扶持措施》对符合产业发展的种苗培育和柑肉资源化利用项目给予奖励补贴，打造新会（柑）陈皮种质资源保护与良种苗木繁育中心，优化新会柑种植规划布局，使新会陈皮制度建设形成闭环，推动产业可持续发展。[51]到 2022 年，新会陈皮全产业链产值突破 190 亿元，带动 7 万人就业致富，实现农民人均增收约 2.2 万元，形成集柑橘种植、生产加工、金融投资、仓储物流、电子商务、文化旅游于一体的产业集群。

4. 凤凰单丛茶产业发展规划

潮州市于 2022 年发布《潮州市凤凰单丛茶产业高质量发展总体规划（2021—2025 年）》，规划提出以"市场导向、绿色生态、资源集聚、三产融合和多方参与"为原则，以"高端茶特异化，低山茶产业化"为发展主线，以"质量为本、品牌引领、科技支撑、融合发展"为总体发展思路，力争到 2025 年，全市茶园面积预计发展至 25 万亩，茶叶产量达 3 万吨，茶产业总产值达 400 亿元，推动茶产业跨越式高质量发展，为实现乡村全面振兴提供有力支撑。

该规划综合考虑现有产业基础、种植传统、区位优势、资源禀赋和发展潜力等条件，提出"一轴两翼三组团"的茶产业总体空间布局，列出了塑品牌、强产业、兴科技、壮主体、提质量、推文化六大任务。"塑品牌"，涵盖着力打造区域公用品牌，推进品牌建设和品牌整合，规范市场，建立行业品牌标准及准入（认证）机制，创建茶叶知名品牌，打造数字茶叶，打造茶叶专业交易平台等内容。"强产业"，包括开发与保护茶树种质资源，推广"智慧茶园"建设，建立和完善具有潮州区域特色的生态茶园技术模式与体系，完善茶叶产业技术推广体系等。"兴科技"，包括谋划院士工作团队建设，加大产学研合作力度，加快科技人才队伍建设等。"壮主体"，具体措施为扶持培育产业经营主体，创新茶叶营销模式，增强社会化服务组织的功能，推进茶叶机械化生产和精深加工建设等。"提质量"，要求建立农业、市场监管等部门协同监管茶叶安全质量的工作机制，建立健全产品质量安全监管体系，推进化肥农药减量增效，建设古茶树安全监管系统。"推文化"，提出要通过讲好工夫茶文化故事，抓好茶文化中心建设，发展茶产业衍生产品，促进茶瓷结合，探索金融赋予茶产业数字化，打造中国茶旅小镇等。[52]

# 第七条【宣传推介与品牌创建】

县级以上人民政府应当加强本地地理标志宣传和推介，推动建设地理标志产品品牌展示馆和产品体验地，加强区域地理标志工作交流。

县级以上人民政府应当拓展地理标志产品推介渠道，利用博览会、交易会等大型展会和电子商务平台等，支持地理标志产品生产经营者推介展示本地地理标志产品。

县级以上人民政府应当加强对地理标志产品品牌培育的指导，鼓励和支持地理标志产品生产经营者和有关行业组织加强地理标志品牌建设，推动建设优质地理标志产品基地，提升地理标志品牌价值。

【本条主旨】
本条是关于地理标志宣传推介与品牌创建的规定。
【本条释义】
地理标志有特定的产品产地、稀缺的品种品质和专属的文化特质，是打造区域品牌的有力载体。2021年，国家知识产权局在《关于组织开展地理标志助力乡村振兴行动的通知》中规定，要加强地理标志品牌宣传推广，用好互联网新媒体，通过网络直播、短视频等群众喜闻乐见的方式，提高品牌国内外影响力，要加速地理标志品牌价值提升。《地理标志保护和运用"十四五"规划》提出，鼓励资源丰富的地方打造地理标志特色展会，建设地理标志产品品牌展示馆和产品体验地，全方位开展品牌价值传递和文化传播。2021年，广东省人民政府印发《广东省知识产权保护和运用"十四五"规划》中也规定，举办地理标志商标品牌推介等线上线下活动，提升地理标志品牌价值。2023年，中共中央、国务院印发《关于做好2023年全面推进乡村振兴重点工作的意见》，明确支持脱贫地区打造区域公用品牌。

## 一、宣传推介

地理标志品牌建设中，宣传推介是重要工作内容，主要包括宣传推介产品品质以及品牌形象。随着居民收入的增长和消费升级，基于地理标志所代表的独特品质以及质量保证，消费者愿意购买地理标志产品并接受溢价。地理标志文化形象会加强消费者对于地理标志的感知，基于中国文化情境，阐述地理标志品牌文脉传达的传统性、正宗性、雅致等文化感受，将引发消费者的消费偏好[53]。应重视地理标志形象在消费者购买决策过程中发挥的重要作用，从文化层面来巩固地理标志形象，充分挖掘并宣传产品的传统工艺、文化历史等特征，提升消费者对地理标志文化层面的感知和对地理标志产品积极评价的形成。[54]

目前，部分地理标志存在社会认知度相对较低的问题。首先，政府应加大对地理标志品牌的宣传推广，制定整体宣传策略，突出自然环境资源、历史文化底蕴和产品特色品质，强化消费者对地理标志风味和品牌形象的整体、统一认识，提高地理标志关注度和影响力。其次，应创新营销方式，用好互联网新媒体，在传统线下营销的基础上，加快与互联网平台融合，可通过流量经济，让消费者发现地理标志，引发消费偏好。最后，应拓宽宣传推介渠道，通过食品旅游项目推广地理标志产品，通过系列活动提高消费者对地理标志产品的识别和品鉴。例如，意大利拥有悠久的地理标志保护历史，是地理标志的主要受益国。为宣传地理标志产品，意大利建立了137条"葡萄酒之路"、53条"美味之路"和18条"橄榄油之路"，其中涉及400个地理标志。Qualivita基金等各类地理标志相关机构举办在线培训课程项目、搭建地理标志系统数据库、出版各种书籍，传播地理标志相关知识。行业协会则举办系列活动引导地理标志产品消费。[55]本条第一款规定，地方政府应当加强本地地理标志宣传和推介，加强区域地理标志工作交流；第二款规定，地方政府应当拓展地理标志产品推介渠道，利用博览会、交易会等大型展会和电子商务平台等，支持地理标志产品生产经营者推介展示本地地理标志产品。

## 二、品牌创建

本条第三款规定，地方政府应当加强对地理标志产品品牌培育的指导，鼓励和支持地理标志产品生产经营者和有关行业组织加强地理标志品牌建设，推动建设优质地理标志产品基地，提升地理标志品牌价值。

培育地理标志品牌可以使地理标志产品在激烈的市场竞争中获得品牌优势。政府应当加大地理标志品牌建设的投入，同时加强规划和引导，避免区域性品牌过多，特别是多个地理标志产品保护、地理标志商标、农产品地理标志共存情况下，各自为政，单打独斗，不利于形成清晰、强势的地理标志品牌[56]。

良好的品牌形象能够使区域内所有生产经营者受益，需要相关主体共同建设。企业是地理标志运用的主体，在建设企业品牌或产品品牌的同时，应主动承担地理标志公共品牌的宣传推广，在其产品和包装上使用地理标志，宣传地理标志。企业以"地理标志商标＋企业自有商标"模式，用地理标志提升产品市场认可度和溢价能力，用自有商标区分具体的生产商以及产品特殊定位，既能加深消费者对地理标志的整体印象，提升区域公用品牌的品牌影响力，又能加大优质产品供给，丰富消费者选择，打造企业自有品牌。地理标志与企业品牌存在显著的协同互补效应，加强地理标志与企业品牌的合作是提升地理标志市场价值的有效途径之一[57]。

鉴于地理标志的集体属性，行业协会组织协调区域内的企业、农户等共同开展地理标志品牌建设，能实现多主体共同创建、共同使用、共同享受品牌，使品牌利益最大化。

【实践案例】

1. 地理标志展会和文化节提升品牌知名度

2023年1月，广东省举办粤港澳大湾区知识产权交易博览会暨国际地理标志产品交易博览会，推介地理标志产品。2023年9月，广东省市场监督管理局（知识产权局）联合省农业农村厅、广州市人民政府，在广州市举办"首届地理标志产品广货手信节"，通过"政府搭台＋线上线下展销＋主流商圈"集中展销，促进地理标志产品销售，提升广东地理标志影响力和知名度。

广东各地通过地理标志文化节、旅游节等宣传推介活动，展示地理标志文化底蕴、传统工艺，邀请行业专家品鉴，提升产区知名度和美誉度。茂名市举办化橘红封坛暨拍卖活动，展示和拍卖化橘红藏品，宣传化橘红的文化底蕴和传统工艺。英德市连续多年举办中国英德红茶文化节、英德红茶头采节，在海外举办英德红茶推介会。梅州市举办梅县金柚飘香文化旅游节等活动，提升金柚及其加工产品品牌影响力和竞争力。潮州市举行"国际茶日"中国主场活动暨潮州工夫茶大会，通过直播集中宣传推广，将潮州的传统优秀文化推向世界。肇庆市建设地理标志驿站，举办德庆贡柑采摘文化节，加大推广力度。

2. 新会陈皮区域公共品牌建设

2022年，新会陈皮成为《中国品牌》杂志社区域农业品牌研究中心发布的"2022中国区域农业产业品牌影响力指数TOP100"第一名，此前两年，新会陈皮位列"中国品牌·区域农业产业品牌影响力指数"中药材品类榜首。新会区着力打造新会陈皮区域公共品牌，使用地理标志专用标志企业达394家，位居全省第一。通过"地理标志商标＋自有商标"品牌培育模式，新会306家专业合作社和企业有自有商标，商标有效注册量超2000件，35家企业的46款新会陈皮系列产品被认定为广东省名牌产品。新会陈皮行业协会入选省政府基层立法联系点，建立商标品牌培育指导站，为企业提供商标注册辅导、商标规范使用提示、商标维权援助、自主品牌培育等服务，指导"新会陈皮"地理标志证明商标的使用和管理工作，扩大"新会陈皮"区域品牌群体效应。

# 第八条【产业技术创新】

县级以上人民政府应当支持地理标志产品生产经营者开展天然种质和繁育种质资源保护以及技术改造、科技创新，促进相关科技成果向地理标志产业的转化，提高产品附加值。

**【本条主旨】**

本条是关于支持地理标志产业技术创新的规定。

**【本条释义】**

传统是地理标志产业发展的基础，创新则为产业发展增加新的活力。地理标志产品是传统生产方式对自然资源的发掘利用，具有悠长的历史、严格的标准规范。但地理标志产品并不是简单地维持现状，而是在生产技术和方式的不断发展中，在尊重传统工艺、遵守技术标准的前提下，适应市场需求，持续优化产品品质，增强地理标志产品附加值和产业综合竞争力。国家知识产权局印发《关于组织开展地理标志助力乡村振兴行动的通知》（国知发运字〔2021〕20号），要求加强地理标志产业技术创新支撑，提出围绕地理标志产业链开展关键核心技术专利导航，助力解决种源、种植及加工等技术难题，培育高价值专利，深入实施专利转化专项计划，引导相关专利技术向地理标志产业转移转化。

为推动地理标志产业发展，促进资源优势转化为市场竞争优势，本条规定县级以上人民政府应当支持地理标志产品生产经营者开展天然种质和繁育种质资源保护以及技术改造、科技创新，促进相关科技成果向地理标志产业的转化，提高产品附加值。地理标志产业技术创新主要包括以下四个方面：

一是培育优良品种。品种品质是农业发展的基础，通过长期的自然选择和人工选育形成优良品种，能稳定产量、优化品质以及提高抗病性。应加强品种资源的创新、保护和利用，组织品种选优，建立优良品种资源库，完善良种繁育体系，实施育种关键技术攻关等。

二是强化品质特征。地理标志产品与其他产区同类产品相比，往往具有更优的品质，通过系统分析和鉴别区别特征关键物质的组成和含量，以及自然、加工影响因素，提高对产品工艺和质量管理的认识，为产品的特异性提供理论依据，指导产品种植、生产的过程，以科学生产使产品特色持续优化。

三是延伸产品深加工。地理标志产品并不等同于初级农产品，通过研发深加工产品和技术，可提高地理标志产品附加值，满足消费者对各式产品的不同需求，延长产业链。

四是创新生产工艺。通过对新技术、新工艺和标准化、数字化新装备的使用，建设智慧化、现代化生产体系，提高产业发展效力。

地理标志产业技术创新应以现代化农业发展为契机，以市场为导向，构建以企业为主体、产学研协同的创新机制，引导高校院所相关技术向地理标志产业转移转化，支持企业建立优质品种资源繁育基地、研发中心，开展技术改造、科技创新，推动制定行业标准，持续开发高附加值新产品，延长产业链。

**【实践案例】**

1. 新会陈皮种质提纯复壮和产业链拓展

20世纪90年代，由于黄龙病的暴发，新会陈皮产业受到严重影响。此后，新会区通过持续开展新会柑品种保护与选育，建设新会柑（陈皮）种质资源保护和良种苗木繁育中心、苗木繁育基地，开展新会柑优株搜集、评价和筛选，建立良种无病繁育体系，实现品种提纯复壮，储备了一批优质的新会柑种质资源，繁育和推广优质新会柑无病苗，从源头保障了新会柑产业无病种植和发展，保证新会陈皮道地传承。新会陈皮国家现代农业产业园及企业与国内30多家科研院所、12家省级以上科研教育单位设立合作平台，建成1个院士工作站、1个博士后工作站、8个陈皮相关研究院以及一批企业技术研发中心，成立了由多个领域专家组成的新会陈皮智库，开展新会陈皮、新会柑规范化标准研究，并开发利用新会柑皮、肉、渣、汁、核，利用科技创新促进新会陈皮产业结构优化，精深加工链条不断拓展。

2. 清远鸡一体化全产业链体系

2006年，清远鸡被农业部列入国家级畜禽遗传资源保护名录。为促进清远麻鸡的保种与开发利用，清远市推动重点龙头企业与科研院所合作开展鸡苗育种、繁育、疾病预防等核心技术科研攻关，加快推进清远麻鸡种业创新，建成清远麻鸡遗传育种企业科技特派员工作站、广东省清远麻鸡遗传育种重点实验室（广东省企业重点实验室）。为促进产业发展技术创新，清远市建成清远鸡国家种业现代农业产业园、省级现代农业产业园，产业园内打造了清远鸡一体化全产业链体系，建立原种保种、良种繁育、种苗孵化、饲料加工、生态养殖、生鲜加工、深加工、冷链配送、品牌营销一体化发展模式，同时不断培育新产品和预制菜品牌，推动产品多元化发展。

3. 化橘红深加工技术创新

化橘红形成了历史悠久的独特种植、加工技术，产地加工业成为独立行业。化橘红的种植加工还在不断演进，产业持续创新发展。化州市构建"科研院所+企业研发平台"模式，与科研院校合作，引进化橘红新产品研发团队，招聘了化橘红专业人才，针对化橘红食品、栽培技术、防控技术等进行专门研究，建成国家级标准实验室1个，创建化橘红深加工工程技术研究中心等省级科技研发中心4个、产业"博士后工作站"1个，参与国家标准制定4项，取得国内外专利技术90多项。化橘红相关产品系列60多种，橘红痰咳煎膏、橘红痰咳液、橘红露等化橘红制剂以及化橘红工艺品畅销全国各地，并成功进入欧美等国家和地区的市场。

**4. 英德红茶产业发展全链条科技支撑**

英德市强化国家现代农业产业园全链条科技支撑。一是加强科技研发。成立英德红茶产业研究院，组建创新研发团队。企业与科研单位搭建科技创新平台11个，从新品种选育、生态种植、加工工艺创新、装备及新产品研发、产品标准与质量安全、产品品牌等方面提供科技支撑。二是实施装备与信息化支撑项目。建设"水肥一体化＋气象预报＋病虫害监测＋安全监控溯源"为一体的"智慧茶园"1000亩，建成可视化、动态监测茶园67个。开发英德红茶交易信息系统、英德红茶追溯云平台等信息平台。三是建立现代化产业体系。建设大中型区域性加工中心，引进智能茶叶加工生产线，聚集龙头企业、高新技术企业8家。推进航天育种、野生茶树资源普查及开发利用、精深加工产品开发。建设中国（英德）红茶科创小镇，打造新型众创空间，推进科技创新孵化和成果转化示范。

**5. 梅州金柚产业延链增效**

梅县区按照延链补链强链的思路，搭建柚类精深加工科技研发中心，组建南方金柚研究院和智能装备工程技术研发中心，引入科研团队，着重扶持企业发展金柚精深加工。培育金柚精深加工企业12家，从柚花到柚果、从柚皮到柚肉，拓宽全果利用的产品路径，开发出金柚酒、金柚茶、金柚含片、柚黄酮、精油及柚苷等产品，柚果初加工转化率及深加工水平显著提高。通过深加工连接消费市场，提升初级农产品的附加值，分散自然灾害风险，延长农业产业链。2022年，梅县区商品化处理柚果42.51万吨，初加工转化率91.2%，农产品加工业产值与农业总产值比值为3.1∶1，逐步形成优质果进市场、次果小果进行深加工的产业发展格局[58]。

# 第九条【产业化经营】

县级以上人民政府应当支持在地理标志产品产地建设产业园区，发挥地理标志产品龙头企业带动作用，培育多种形式的产业化经营模式，促进地理标志产业集群发展。

县级以上人民政府应当完善政策措施，支持地理标志相关产业园区申请建设国家和省级地理标志产品保护示范区、国家和省级现代农业产业园区。

【本条主旨】

本条是关于地理标志产业化经营的规定。

【本条释义】

发展地理标志产业，立足区域资源禀赋，引导不同地区走特色发展、错位发展之路，推动各尽所能、各展所长，是发展壮大县域经济、破解城乡区域发展不平衡难题、实现高质量发展的重要路径。

## 一、促进地理标志产业化经营

在地理标志产业发展中，地理标志产品生产范围被限制在特定的区域，有产业集中、产业规模受限的特点，一些地理标志产业基础薄弱、产业链条短、产业抗风险能力弱，缺乏龙头带动，资源优势未转化为产业优势。建设地理标志相关产业园区，以自然人文要素为基础，将产品种植养殖、加工、销售等连成一体，强化产地区域化布局、专业化生产、社会化服务，集合农户、企业成适度规模产业，共享基础设施，以消费市场为导向延长产业链，将有力推进产业规模化、集约化和品牌化发展，对提高地理标志产品质量和市场竞争力，使地理标志产业价值最大化，具有重要的现实意义。

龙头企业的牵动能力决定着地理标志产业发展的规模和成效。通过"地理标志＋龙头企业（农民专业合作社）＋农户"等产业化经营模式，一是带动农户共享产业链增值。农民通过土地流转、资金入股、就近就业、订单种植等多种途径参与到企业生产中，建立联农带农利益联结机制，形成长期稳定的利益共同体，实现农业增产农民增收。二是带动地理标志产业升级。企业加大技术开发投入，通过联合生产、信息互通、技术共享、品牌共建等方式，解决农户组织化程度低、生产经营能力弱等问题，提高地理标志产业化、集约化、组织化程度，提升市场竞争能力。三是壮大产业发展规模。现代农业产业链的环节越来越多，从培植、生产、研发、营销到运输，形成的产业链条已很难由一家企业来完成，这就需要以龙头企业为核心，大量企业和关联支撑机构积聚到一定的区域内，形成产业间分工协作的系统，产生集聚的产业群体。[59]

本条第一款规定，县级以上人民政府应当支持在地理标志产品产地建设产业园区，发挥地理标志产品龙头企业带动作用，培育多种形式的产业化经营模式，促进地理标志产业集群发展。

## 二、支持地理标志产业园区建设

本条第二款鼓励和支持地理标志相关产业园区积极申请建设国家和省级地理标志产品保护示范区、国家和省级现代农业产业园区。

2021年，国家知识产权局办公室印发《国家地理标志产品保护示范区建设管理办法（试行）》[60]，明确了示范区的建设原则、申报条件、建设任务等，推动地理标志高水平保护、高标准管理、高质量发展。截至2023年，全国共有地理标志产品保护示范区44个，其中广东建有6个，分别是国家地理标志产品保护示范区（广东新会）、国家地理标志产品保护示范区（广东罗定）、化橘红国家地理标志产品保护示范区、英德红茶国家地理标志产品保护示范区、凤凰单丛（枞）茶国家地理标志产品保护示范区和白蕉海鲈国家地理标志产品保护示范区。

地理标志保护示范区建设需遵循"严保护、大保护、快保护、同保护"的工作思路，通过示范区建设，进一步完善地理标志保护体系，严格特色质量监管，解决地理标志区域资源整合、跨地区协同保护、维护地理标志质量特色等突出问题，完善基础设施建设，夯实保护基础，同时提高地理标志的社会认知度和品牌美誉度，巩固和拓展脱贫攻坚成果，发挥示范优势和引领作用，实现地理标志综合效益最大化。

申报国家地理标志产品保护示范区应当具备的条件包括：一是拥有地理标志，示范区内经批准获得地理标志产品保护或者地理标志作为集体商标、证明商标注册时间在3年以上；二是具有产业优势，知名度高，产业规模较大，年销售额或出口额较高，地理标志专用标志使用者数量达区域内生产者总数的60%以上，使用地理标志专用标志企业产值达区域内相关产业产值的60%以上；三是规范诚信守法，3年内未发生重大产品质量、安全健康、环境保护等责任事故，未受到监管执法等相关部门通报、处分和媒体曝光；四是持续政策保障，示范区保护对象所属领域应为政府发展规划鼓励或重点支持范围，出台明确的地理标志保护工作保障政策、工作机制、督促考核和激励措施等。

示范区建设主要任务包括：一是健全社会共治的地理标志保护制度体系，加强区域资源整合和制度衔接；二是建立健全地理标志保护标准体系、检验检测体系和质量管理体系，制定系列标准，提高检测能力，规范生产过程；三是开展地理标志保护专项行动，公开有社会影响力的典型案例，强化地理标志专用标志使用监督管理；四是加强地理标志保护政策宣贯和舆论引导，开展地理标志保护进企业、进市场、进社区、进学校、进网络等活动；五是积极参与地理标志互认互保国际合作，有组织地通过各类国际交流合作平台拓展海外市场，推动地理标志产品"走出去"。

现代农业产业园认定工作由农业农村、财政部门推进。截至2022年，广东省已创建18个国家级、288个省级、73个市级现代农业产业园，国家级和省级现代农业产业园数量排全国首位，实现主要农业县全覆盖，构建起了国家级、省级、市级现代农业产业园梯次发展格局[61]。

【典型案例】

1. 英德红茶建立"一地生五金"带农模式和产业化联合体带农模式[62]

英德市改进传统茶产业生产组织方式，完善农民利益联结机制，带动农业升级、农民增收、农村发展，建立"一地生五金"带农模式。以英州红公司为代表，公司通过与当地村委、农户开展股份合作，使得农户获得5项收入，即土地流转租金、务工收入、家庭农场经营性收入、入股茶园的保底资产性收益以及企业爱心基金。该模式为当地200多名农户和周边500多户村民提供了就业岗位，每户每年可增收3500元以上，增加村集体年经济收入超过4万元，累计捐赠爱心基金超20万元。

创新"'1+N'+合作社/家庭农场"产业化联合体带农模式。通过联结加工技术服务中心和多个加工基地，为合作社、农户提供统一规范的加工服务。该模式带动45个家庭农场、3个种植合作社、1个合作联社纳入产业化联合体中，建成 2 个区域加工分中心，年产干茶 150 万斤，带动英德市共 1600 余户茶农从事英德红茶标准化种植和加工，茶农平均年收入增长到 3 万元以上。该模式入选中国茶产业联盟和国家茶产业技术创新战略联盟"中国茶产业 T20 创新模式"。

2. 肇庆市怀集县地理标志助力实现脱贫攻坚目标

怀集县是肇庆市脱贫攻坚战的主战场，辖区贫困人口、贫困村分别占全市的 1/3。经过 8 年持续奋斗，怀集县如期高质量完成了新时代脱贫攻坚目标任务，截至 2020 年底，全县 41 条省定贫困村全部达标退出，建档立卡贫困人口 3.15 万人全部实现脱贫。怀集县有怀集茶秆竹、谭脉西瓜、汶朗蜜柚、桥头石山羊、岗坪切粉、新岗红茶等地理标志产品和诗洞腐竹等地理标志商标，在脱贫攻坚中，地理标志产业成为重要支撑。

怀集茶秆竹，俗名厘竹，具有通直壁厚、光滑坚挺、弹性强、耐腐蚀、不易虫蛀、燃烧后竹灰洁白不成炭等特点，享有"钢竹"的美誉，2010 年获得地理标志产品保护。怀集茶秆竹生产经营历史悠久，自清道光年间畅销英国市场后，客商沿绥江而上收购，并建立竹庄专营收购和加工外销，怀集茶秆竹逐步发展成为怀集大宗外贸出口商品。如今，怀集茶秆竹产业成为怀集县助力精准扶贫的支柱产业之一。怀集县坳仔镇的七甲村和美南村种植有 1600 多亩的茶秆竹。但由于地理位置特殊，交通不便，只能靠水路运输茶秆竹，当地村民担心路程遥远，不愿意从事采收工作，很多茶秆竹枯干坏死在山上。为此，怀集县交通运输局建设了一条新道路，使当地村民能够运输茶秆竹，积极采收获得劳动报酬，同时加大了种植规模，发展了竹木加工产业，并形成特色农产品产业基地。坳仔镇还积极探索"收益共享、分红到人"资产收益扶贫新路径，通过扶贫资金入股当地加工企业，发展壮大企业，增加就业岗位，贫困户不但有分红，还可以就地在竹厂扶贫车间务工，获得务工报酬。2019 年，坳仔镇参与产业分红的有劳动能力贫困户共 338 户 1369 人，人均发放分红 1500 元以上[63]。

3. 国家地理标志产品保护示范区（广东罗定）

2017 年 9 月，罗定市被原国家质检总局批准筹建"国家地理标志产品保护示范区（广东罗定）"。罗定自古以来被誉为"岭南粮仓"，得天独厚的地理自然环境和悠久的历史人文传承孕育了许多特色鲜明的产品。目前，有罗定稻米、罗定肉桂、罗定皱纱鱼腐、罗定豆豉、泗纶蒸笼 5 个地理标志产品，罗定豆豉、罗定肉桂、罗定三黄鸡3个地理标志证明商标。通过综合性地理标志产品保护示范区建设，罗定地理标志的知名度、产品产量产值大幅增长，逐步走上规模化生产、品牌化发展的道路。

罗定稻米是罗定市的一张标志性"名片"。在优良的自然环境基础上，罗定稻米持续创新，不断探索良种良法，与科研机构合作培育新品种，将信息化与传统种植相结合，采用物联网技术实时采集分析田头数据，实现生产环节全程监控和跟踪。优良的品质使罗定稻米成为高端稻米品牌，优质罗定稻米每公斤售价可超过100元。2022年，罗定稻米产业产值达15亿元，带动了下游农产品加工、轻工业、物流等产业链发展，当地及周边12万户农民共享罗定稻米生产加工流通大市场。罗定肉桂肉厚、味纯、含油量高，可作药材，也可制香料，远销东南亚和欧美等国家和地区，年出口量占全国同类产品的21%，产值超过8亿元，10万多户桂农参与到产业发展中。泗纶蒸笼采用当地特有的罗竹作为原料，经过多项工序制作而成，其产量及出口量分别占全国同类产品的80%和85%，销售到泰国、菲律宾、美国以及欧洲等国家和地区，实现了从深山走向世界。2022年，泗纶蒸笼产值3亿多元，带动1.2万人就业。罗定豆豉产值在示范区建设期间增长50%，产品远销美国、澳大利亚及东南亚等国家和地区，与"罗定三黄鸡"一并加工成罗定豆豉鸡，不断拓展新产品。

罗定市利用地理条件，发展山下种稻、山坡种竹、山上种桂等立体化种植养殖，多个地理标志联动发展，地理标志产业惠及全市所有乡镇，已成为罗定市带动全市农民增收、全面巩固脱贫攻坚成果、促进乡村振兴的主导产业。

## 第十条【产业融合发展】

县级以上人民政府应当促进地理标志产业与互联网、电子商务、文化创意、生态旅游等产业融合，支持地理标志新业态发展，提升地理标志产业综合效益。

【本条主旨】
本条是关于促进地理标志产业融合发展的规定。

**【本条释义】**

以地理标志为纽带，立足地区资源禀赋，与互联网、电子商务、文化创意、生态旅游等产业深度融合，逐渐形成"地理标志+"发展模式，是因地制宜发展特色产业、促进区域经济发展的有力支撑。

地理标志产业融合发展，扩大产业参与群体，开发高附加值产品和周边产品，能够增强产业发展韧性，提高品牌知名度，促使地理标志产业焕发更长久的生命力。地理标志产业的发展，不但要在资源基础上获取持续的竞争优势，还需要跨界聚集产业内部和外部资源，培育新产业、新业态和完善产业体系，使资源成为产业发展的核心竞争力，全面提升地理标志产业价值。[64]同时，地理标志产业带动了旅游、文化创新等相关产业的发展，为地方、民族文化的繁荣提供了经济和社会基础，使地方传统生活方式从现代化和市场化中汲取新的力量，使得乡村文化的多样性得到继续演绎和持续发展。[39]

国家知识产权局《关于组织开展地理标志助力乡村振兴行动的通知》《地理标志运用促进工程实施方案》《地理标志保护和运用"十四五"规划》等文件均对地理标志产业融合发展提出了工作要求。一是推动"地理标志+"发展模式，促进地理标志与旅游、文创等关联产业相融互促，与互联网、电子商务等领域跨界融合，积极开发高附加值产品和周边产品，促进多行业联动发展。二是推动地理标志特色产业发展与生态文明建设、历史文化传承等有机融合，推进特色经济与生态文明协同发展。三是积极探索发展新模式新业态、延伸产业链条、培育产业群体、扩大产业覆盖、增强产业韧性的有效路径，支持开展地理标志产业发展相关研究。2022年施行的《广东省乡村振兴促进条例》中规定，各级人民政府应当发挥当地乡村资源优势，培育新产业、新业态、新模式和新型农业经营主体，持续推进农村一二三产业融合发展。在此基础上，本条规定县级以上人民政府应当促进地理标志产业与互联网、电子商务、文化创意、生态旅游等产业深度融合，支持地理标志新业态发展，提升地理标志产业综合效益。

## 一、地理标志产业与"互联网+"融合

2015年，国务院发布《关于积极推进"互联网+"行动的指导意见》指出，"互联网+"是把互联网的创新成果与经济社会各领域深度融合，推动技术进步、效率提升和组织变革，提升实体经济创新力和生产力，形成更

广泛的以互联网为基础设施和创新要素的经济社会发展新形态。在全球新一轮科技革命和产业变革中,互联网与各领域的融合发展具有广阔前景和无限潜力,对经济社会发展产生着战略性和全局性的影响。

"互联网+"现代农业是重点行动之一,指导意见提出,要加快实施"互联网+"农产品出村进城工程,带动农业市场化,倒逼农业标准化,促进农业规模化,提升农业品牌化,推动农业转型升级、农村经济发展、农民创业增收。2022年,农业农村部、国家发展改革委、财政部、商务部《关于实施"互联网+"农产品出村进城工程的指导意见》要求,完善农产品网络销售体系,加强网络应用技能培训,运用互联网发展新业态新模式,发挥多元市场主体带动作用等。地理标志与"互联网+"融合应加大政策支持和培训,鼓励地理标志与短视频、直播结合,传播地理标志知识,充分发挥电子商务场景优势,生动展示地理标志。

## 二、地理标志产业与文化旅游融合

地理标志蕴涵着自然景观、风土文化等因素,是体现该地区的"文化名片",可发展地理标志旅游业。例如,欧美、南太平洋和非洲等地区的葡萄酒产区快速发展,产生了许多知名的葡萄酒旅游目的地,旅游者访问葡萄酒产区及其各类葡萄酒庄园和加工企业,了解葡萄酒产品及其制作过程,获得观光、教育、科研、休闲、娱乐、美食、购物等多重感受和体验,对区域经济和社会发展有显著的积极作用。

游客是地理标志产品的主要消费者。此外,文化旅游业能够加强地理标志的地域印象,提升产品和产地知名度,提升品牌忠诚度。随着消费水平的增强,消费者不仅日益注重产品品质,更注重产品的文化特质,产品背后的历史和文化故事可提升品牌吸引力。通过地理标志旅游,深入发掘推广乡土文化,对传承弘扬中华传统文化,凝聚中华民族力量,建设中国特色社会主义文化强国,有不可替代的作用。

目前,多地正在将地理标志与文化旅游紧密结合。关于地理标志旅游业发展,一是要重视保护性开发,保护自然旅游资源、文化遗产等不被破坏;二是要充分挖掘文化内涵,加强文化旅游营销宣传,打造特色鲜明的主题旅游目的地;三是要加大资源整合和统一规划,避免恶性竞争、低水平重复建设、粗放化经营管理等,推动区域有序协同发展,打造精品旅游线路;四是加强一二三产业合作，创新构建全方位、多层次的旅游产业链，促进产业结构优化升级。例如，宁夏贺兰山东麓葡萄酒旅游，从葡萄园到博物馆（酒窖）再到工厂，可以看到节水灌溉设施和机械化葡萄采摘设备，领略各个时代的酿酒工具和酿酒技术及酒窖，欣赏到现代化的酿酒设备、科学的生产流水线操作、先进的管理及琳琅满目的产品等。[65-66]政府应当加大对地理标志旅游业的规划和政策支持，优化旅游发展环境，建设旅游公共服务体系，与地理标志文化充分结合，与美丽乡村建设充分结合，凸显地方特色，实现一二三产业深度融合。

【实践案例】

1. 凤凰单丛核心产区发展凤凰天池景观

凤凰单丛茶香气沉稳，底蕴厚重。潮州市凤凰镇乌岽山是凤凰单丛核心产区。乌岽山濒临东海，空气湿润，森林覆盖率高，土壤多为黄壤，以草甸土为主，茶区海拔上千米，山上古茶树云集，高山茶园众多，山顶是由古火山口形成的天然湖的凤凰天池。凤凰天池景区内有高山湖泊草甸美景，云海日出奇观，山风习习，茶香萦绕，杜鹃花海漫漫，特殊的凤凰单丛茶文化吸引众多游人前往。

2. 英德传承发展英德茶文化打造文旅 IP

英德市加强英德红茶保护、传承，发展蕴含英德特色、彰显岭南风貌的茶文化。英德红茶制作技艺、擂茶粥制作技艺等入选省非物质文化遗产，英德市红旗茶厂入选第五批国家工业遗产。英德市充分发挥茶文化资源优势，举办特色茶文化品牌活动，打造"英德红茶头采节""英德全民饮茶日"等文旅 IP，建成积庆里红茶谷、德高信生态茶园及石牯塘镇、黄花镇等一批休闲农业与乡村旅游示范点和示范镇，英德积庆里仙湖旅游度假区被评为 4A 级景区，6 条茶旅路线入选全国红色茶乡旅游精品路线。英德市获评全国区域特色美丽茶乡、广东省全域旅游示范区，连樟村入选中国美丽休闲乡村。

3. 中山市神湾镇打造神湾菠萝乡村旅游科普路线

神湾菠萝是中山市神湾镇地理标志产品，神湾菠萝色泽金黄，皮薄肉厚，肉细爽脆无渣，甜蜜清香而无酸味，受到大众的喜爱。神湾镇成立的文化旅游产业发展公司，采用"公司＋合作社＋农户"模式，以 19 家省市级示范性家庭农场为平台，结合神湾菠萝旅游文化周、神湾镇农民丰收节，打造以"菠萝的一生"为主题的集科普、休闲、观光于一体的精品旅游线路，介绍菠萝的种植技术、营养价值以及菠萝肉深加工、菠萝皮叶循环再用的全过程。

同时，神湾菠萝乡村旅游科普路线也成为传播新农村种植文化、展示城市发展的鲜活名片。

# 第十一条【产品贸易】

省和地级以上市人民政府应当培育地理标志产品交易市场，规范市场秩序，促进产销对接。

县级以上人民政府应当推动地理标志产品储藏、加工、运输、销售等相关产业联动发展，鼓励电子商务平台、展会服务平台开设地理标志产品线上专区，拓展地理标志产品贸易渠道。

【本条主旨】
本条是关于地理标志产品贸易的规定。
【本条释义】
地理标志产品代表了传统文化、地域特色，有独特风味和品质，受到消费者广泛关注，在国内外市场上都有巨大的潜力。由于地理标志产品的生产和销售主要集中在特定地区，一些产品展销渠道较少，宣传和推广力度不够，限制了市场规模；而另一些产品存在假冒伪劣、市场混乱等问题，会影响消费者对地理标志产品的信任。扩大产品市场需求，推动形成具有规模效应的区域品牌和产业集群，需拓展营销渠道，规范产品交易。

## 一、培育地理标志产品交易市场

地理标志产品的生产限制在特定产地，一般在特定范围具有较高的市场知名度，在区域外知名度较低，面临着较多的同类品种竞争，其产品贸易主要呈现以下特点：营销范围受限，地理覆盖面窄；企业一般经营规模小、产销信息化程度低，营销能力不足；较多地理标志产品为农产品，季节性交易的特点突出，价格随着供需情况波动较大；地理标志产品有特定质量要求，市场上存在非产地范围的产品或不符合质量要求的产品冒充地理标志产品的情况；对流通渠道要求较高，传统交易市场仅提供交易中介服务，不能有效提供产地溯源和供需对接信息以及检验检测等相关服务。基于这样的特点，政府应当加大扶持力度，建立符合地理标志产品特点的交易市场。

近年来，随着地理标志产业的发展，专业的地理标志产品交易市场逐渐形成。江门市新会区建立了新会陈皮交易市场，促进产销对接，与产品溯源体系联通，防范新会陈皮造假，规范市场秩序。横县茉莉花为广西地理标志产品，茉莉花和茉莉花茶产量占全国总产量的80%以上、世界总产量的60%以上，横县政府先后投资建立了中国茉莉花茶交易中心市场等8个专业交易市场，创建了茉莉花全球采购中心和国家茉莉花及制品质量监督检验中心。

## 二、拓展地理标志产品交易渠道

近年来，各地各相关部门持续加强地理标志产品交易推广。国家知识产权局发布的《地理标志运用促进工程实施方案》《地理标志保护和运用"十四五"规划》等系列文件要求，发展地理标志产品电子商务，鼓励开展农户网络购销对接，促进地理标志产品流通线上线下有机结合，推动形成以地理标志产品生产为主导，带动种植、储藏、加工、运输、销售等上下游产业联动的发展格局，推动形成具有规模效应和积聚效应的区域品牌和产业集群。为加强地理标志农产品产销对接，2015年以来，农业农村部连续在中国国际农产品交易会设立地理标志农产品专展，举办全国地理标志农产品品牌推介会，建设国家地理标志农产品展示体验馆，支持各地举办地理标志农产品相关推介活动。

地理标志产品为区域性产品，天然适合在其生产地附近销售，当地居民和游客是主要的消费者。小范围销售利于保证产品的可追溯性，增强消费者信任度。区域内销售中，通过当地分销系统和与超市、餐馆对接，能够缩短产品的供应链；通过地理标志旅游活动，促进消费者建立区域形象，有助于增加地理标志产品的市场规模。

当生产者和消费者之间的距离增加时，消费者与原产地的连接被削弱，产区外消费者因缺少地理标志产品购买渠道，会缺乏消费信赖，因此建立连接和渠道，对地理标志产品销售至关重要。互联网销售能够显著扩大地理标志产品覆盖范围，提高营销效率。实践中，消费者有网购需求，但一方面，农户往往以传统销售渠道为主，或以散户经营的方式出现在各大电商平台，由于店铺规模小，造成知名度不高，销量小；另一方面，地理标志产品互联网销售缺乏管理组织，产品质量参差不齐，且容易出现假冒伪劣产品，加之地理标志农产品储运的特殊性，如果缺少物流体系支撑，在运输过程中容易受损，这些都将导致消费者对品牌的满意度降低，影响地理标志的商业信誉。[67-68]在网络电商平台搜索地理标志产品，经常会发现，大大小小商家均在售卖，价格差异较大，部分价格远低于地理标志产品的正常价格。

政府应当积极拓展地理标志产品贸易渠道，鼓励电子商务平台、展会服务平台开设地理标志产品线上线下专区，推动储藏、加工、运输、销售等相关产业联动发展。具体可以通过以下三种方式：

一是支持建立地理标志产品分销系统，优化运营基础与结构，鼓励运营企业发展，致力于地理标志长期推广和商业化。支持组建新型农村合作社等组织，畅通供需信息，提高营销手段，促进农户连接市场。加强线下线上销售管理和组织，增强销售的统一性。支持地理标志产品对接商超，建立合作伙伴关系。

二是加强电子商务基础设施建设。加强电子商务市场监管，严厉打击线上销售违法行为。培育电子商务服务商，为经营者提供运营咨询、营销管理、品牌设计、物流仓储、产地追溯等专业服务。加强与电商平台合作，开设线上专区、旗舰店等增强消费者购买信心。积极发展新媒体营销通路，通过直播带货等方式带动地理标志产品销售。

三是加强储运基础设施建设。结合地理标志产品特点，为经营者提供产品分拣、包装、产地预冷、集货仓储、冷链运输等服务，优化物流资源配置，打造一体化物流仓储配送中心。结合镇村级电商服务站点，鼓励快递企业发展农产品冷链服务。

【实践案例】

1. 徐闻菠萝构建市场体系

徐闻县位于我国最南地带，以热带季风气候为主，日照时间较长，全年温和如春，得天独厚的地理和气候条件，使徐闻菠萝果大、汁多、肉脆、味甜、香烈，成为全国最大的菠萝种植生产基地，种出全国 1/3 的菠萝。但由于种植面积和产量逐步增大，上市时间过于集中，农户缺少销售渠道，徐闻菠萝价格浮动较大，鲜果价贱伤农时有发生。2018 年，徐闻菠萝价格再次出现猛烈波动，超出 50% 菠萝种植户受到影响。2019 年，为破解"生产条件最好、生产份额最大的地区却增产不增收"这一痛点，省农业农村厅、湛江市、徐闻县组建徐闻菠萝专项工作组，启动徐闻菠萝"12221"市场体系行动，即建设 1 平台（菠萝大数据平台），组建 2 支队伍（销区采购商和产区经纪人），拓展 2 大市场（销区和产区），策划 2 场活动（采购商走进徐闻和徐闻菠萝走进大市场），实现 1 揽子目标（品牌打造、销量提升、市场引导、品种改良、农民致富等）。2021 年，湛江市建成湛江菠萝产地运营中心，运营中心面向菠萝果农和采购商开放，可以检测出菠萝的糖度、水心、黑心的状况，稳定上市菠萝的整体品质。菠萝产地运营中心同时挂牌建设徐闻县 RCEP 菠萝国际采购交易中心。湛江海关采取系列服务措施，鼓励企业开拓 RCEP 成员国、"一带一路"沿线国家出口市场，引入跨境电商出口监管模式，帮扶中小企业以跨境电商 B2B 直销出口。在一系列举措下，徐闻菠萝的年产值从 2018 年的 9.8 亿元，升至 2022 年的 25 亿元。

2. 新会陈皮建设公共监管仓库

新会陈皮的道地之处是需要陈化，满三年陈化后才有药用价值。新会陈皮在新会特有的干湿交替、冷热交替温湿度中贮存，黄酮类物质含量会增长，抗氧化、消除自由基的能力增强，口感香气也愈发醇厚。因此，江门市地方标准《地理标志产品　新会陈皮》规定，茶枝柑的果皮经晒干或烘干，并在保护区域范围内贮存陈化三年以上称为新会陈皮。标准要求，新会陈皮贮存仓库要通风干燥，符合食品卫生要求，宜有送、抽风和抽湿设施，并配备足够面积的晒场和工作间，便于经常晒皮操作，入仓前先对仓库进行检查，做好清洁、杀虫和消毒处理工作。为满足新会陈皮陈化的高标准要求，新会区建设了一批陈皮公共监管仓库，提供标准化仓储技术服务。

公共监管仓由企业创建，接受市场监督管理部门监督。公共监管仓的环境、结构和设施，以及新会柑皮/新会陈皮入仓前抽样检验、陈皮入仓流程、在仓管理（翻晒控制、温度湿度控制等）、产品出仓管理、溯源体系均有相应规定。公共监管仓溯源体系通过数字技术，形成重点信息、精准作业和管理信息、产品安全信息等可追溯信息链，溯源信息包括源头种植的地方信息、果树的树龄以及栽培信息、采摘环节信息、生产制作各环节信息（涉及采摘日期、运输车辆登记、到厂数量、开皮加工数量、翻皮加工数量、制干后入仓数量等）、入仓信息等。公共监管仓依托溯源信息建立起仓单交易系统，实现新会柑（陈皮）交易实况实时更新，精准监控入库的每一地块新会柑的每次交易。

公共监管仓以严谨的溯源系统和仓单交易，为经营者提供可靠的陈皮储存方式和便利的交易方式，同时防范将外地的同品种柑甚至其他品种柑运到新会地区加工销售等造假行为，促进陈皮交易市场快速发展。在此基础上，新会区建设了新会陈皮交易中心和中国陈皮集散中心，争做陈皮交易标准和质量制定者。

## 第十二条【金融支持】

鼓励银行、保险、信托等金融机构研发适合地理标志产业发展特点的金融产品和融资模式，加大对地理标志产品生产经营者的信贷支持力度。

【本条主旨】

本条是关于金融服务支持地理标志产业发展的规定。

【本条释义】

地理标志产品中95%以上为农产品，涉及产区内众多农户、中小企业等生产经营者，产业发展需要大量资金投入，而由于农产品的天然属性，生产经营者存在抗风险能力较差、回报周期长、收益不稳定的情况，时常又缺乏抵押物，融资难、融资贵就成为产业升级、科学规模化种植的瓶颈。创新地理标志金融产品和服务，降低中小企业和农户的融资成本，发挥金融的联结功能和催化作用，能够促进更多资源投向地理标志产业，促进产业规模化发展。

实施乡村振兴战略，要求加大金融支农力度，健全适合农业农村特点的农村金融体系，把更多金融资源配置到农村经济社会发展的重点领域和薄弱环节，更好地满足乡村振兴多样化的金融需求。2023年，中共中央、国务院印发的《关于做好2023年全面推进乡村振兴重点工作的意见》要求撬动金融和社会资本按市场化原则更多投向农业农村。在国家层面，国家知识产权局印发的《关于组织开展地理标志助力乡村振兴行动的通知》（国知发运字〔2021〕20号）要求鼓励银行、保险等金融机构研发适合地理标志产业发展特点的金融产品和融资模式。在广东省层面，2021年，广东省人民政府印发的《广东省金融改革发展"十四五"规划》规定，形成全方位、多元化的农业农村抵质押融资模式，满足乡村振兴多样化的融资需求。2023年，广东省人民政府办公厅印发的《2023年广东金融支持经济高质量发展行动方案》专门规定，构建现代农业全产业链发展的金融保障体系，加大对地理标志农产品和"粤字号"现代农业品牌企业的信贷支持。2020年，广东省肇庆市出台《关于加大金融支持肇庆市地理标志产业发展的指导意见》，在国内率先从政策层面探索推出以"一名录两机制"为主要内容的地理标志产业融资模式。

其中,"一名录"是指建立地理标志授权使用主体名录库,从而促进银企精准高效对接;"两机制"包括支持金融机构建立符合地理标志产业特征的授信评估机制以及包括再贷款再贴现和贷款贴息、贷款担保、贷款风险补偿等在内的融资激励机制。

在国家及广东省政策基础上,本条规定鼓励银行、保险、信托等金融机构研发适合地理标志产业发展特点的金融产品和融资模式,加大对地理标志产品生产经营者的信贷支持力度。地理标志金融产品和融资模式主要包括:

一是产业链金融模式。产业链金融模式是一种基于地理标志产业链的金融服务模式。在这种模式下,金融机构可以与地理标志产业链上的各个环节建立合作关系,提供全方位的金融服务。例如,金融机构可以为上游的种植(养殖)农户、农民专业合作社、企业提供贷款,为中游的生产加工企业提供流动资金贷款,为下游的销售商提供存货质押融资等。通过产业链金融模式,金融机构能够深入了解地理标志产业的发展特点和需求,提供更加精准和有效的金融服务。

二是地理标志产业投资基金。地理标志产业投资基金是一种专注于地理标志产业发展的投资基金。这种基金可以由金融机构、政府、企业等共同出资设立,用于支持地理标志产业的发展。基金可以通过股权投资、债权投资等方式,为地理标志产品生产经营者提供资金支持,推动其技术创新、产业升级和市场拓展。此外,基金还可以通过资源整合、产业链整合等方式,提高整个地理标志产业的竞争力。

三是地理标志保险。地理标志保险是一种针对地理标志产品的保险产品。在这种模式下,保险公司可以为地理标志产品生产经营者提供风险保障,帮助其规避因自然灾害、意外事故等不可抗力因素造成的损失。通过购买地理标志保险,生产经营者可以降低风险,增强市场信心,提高产品的竞争力和市场份额。

以上三种金融产品和融资模式可以根据不同地理标志产业的发展特点和需求进行灵活组合和运用,为产业发展提供有力支持。

【实践案例】

1. 金融产品支持新会陈皮全产业链经营

新会柑的种植需要3年才有初收,果皮陈化3年以上才能成为陈皮,陈化年份越久、价值越高,但较长的种植及陈化周期,生产加工风险高和收益不稳定的特点,给陈皮行业带来了不小的资金流转压力。为了加快促进陈皮产业全链条升级，新会政府、行业协会、龙头企业和金融机构深入合作，围绕种植、生产加工、流通、销售等陈皮全产业链各个环节，推出"陈皮贷""柑树贷"等金融产品。

"陈皮贷"以核心企业连带担保模式，通过链式营销模式，为处于种植、加工、仓储、销售等不同生产分工阶段的新型经营主体提供融资贷款服务。例如，江门农商行以经核定资格且与之签署合作协议的核心企业作为贷款担保人，在核定的担保贷款额度之内，为签订新会茶枝柑购销合同的新型农业经营主体，以及签订新会陈皮产品，即新会陈皮及新会柑茶系列仓储合同的商户，提供连带责任保证的贷款业务。"陈皮贷"无须企业提供不动产抵押，降低了贷款准入门槛，具有效力高、额度大、利率优惠、期限长的特点，实现金融普惠，提高了小微金融服务的精准度[69]。江门农商行还联合陈皮储藏企业打造"陈皮产业链银行"，陈皮经营户按照储藏标准和流程存放仓库，储藏企业提供稳定的陈皮陈化环境，出具仓单作为权属凭证，并获保险承保，经营主体凭借仓单可向银行申请贷款。

新会政银部门支持陈皮产业的主要做法有：一是财政贴息降低陈皮产业融资成本。二是通过"政银保"贷款降低银行融资风险。与银行、保险公司、融资性担保机构等金融机构合作开展中小企业"政银保"贷款，设立"政银保"风险担保资金池，用于提供贷款担保和违约贷款代偿。三是通过线上信贷产品提高办贷效率。例如，江门农行、农商行推出纯信用无抵押的线上产品"陈皮e贷""柑果贷"，通过各镇农办、管理区、柑桔合作社、工商局、行业协会、龙头企业等获取数据，建立信贷模型，生成白名单，客户在线提交申请后仅需3～5天即可完成申贷、审批和用信等全部环节，单户信用贷款额度最高30万元。2020年，新会辖内银行机构对陈皮产业客户发放贷款金额2.4亿元，涉及企业及农户近820多户。[70]

2. 西牛麻竹笋产业金融扶持

地理标志西牛麻竹笋产业是清远的五个百亿支柱产业之一，麻竹笋种植面积约71.5万亩，总产值约43亿元。西牛麻竹笋产业在发展中，面临主营麻竹笋产业的农业龙头企业少、规模小，以粗加工提供原材料或代加工居多、深加工率低、自主创建品牌及宣传推广少等问题。

金融扶持是清远市推动麻竹笋产业发展的重要举措。2022年，清远市制定《清远市西牛麻竹笋产业发展贷款贴息（西牛镇试点）实施方案（试行）》《清远市西牛麻竹笋产业发展风险补偿资金（西牛镇试点）实施方案

（试行）》等试点金融政策。英德市农业农村局、英德市麻竹产业协会、英德市农商银行签订了《麻竹产业发展战略合作框架协议》，推出"金竹笋"贷款，为麻竹笋产业群体授信 20 亿元并提供利率优惠，满足企业、农户在笋产品种植、收购加工、销售等环节的资金需求。广东泰隆村镇银行为麻竹笋产业企业授信 8 亿元。目前，已有多家企业获贴息贷款放款，缓解了经营压力，并将部分资金投入到厂房和设备升级改造，转型开发深加工产品，提高麻竹笋附加值。

## 第十三条【国际合作】

省人民政府应当推动建立地理标志国际交流合作机制，促进地理标志产品国际贸易，提升地理标志产业国际运营能力。

省人民政府知识产权部门应当会同有关部门支持地理标志产品生产经营者开展对外合作与交流，积极开拓海外市场。

【本条主旨】

本条是关于推动地理标志国际合作的规定。

【本条释义】

在以国内大循环为主体、国内国际双循环相互促进的新发展格局背景下，既要立足于国内大循环，提高产品的质量和竞争力，又要放眼国际市场，增强产品出口的优势。地理标志产品具有独特品质和文化内涵，在国际贸易中可以争取较高的溢价，促进地理标志产品国际贸易，有利于发展本地优势产业。本条第一款规定省人民政府应当推动建立地理标志国际交流合作机制，促进地理标志产品国际贸易，提升地理标志产业国际运营能力。企业是地理标志产品生产销售、品牌运营的主体，第二款规定省人民政府知识产权部门应当会同有关部门支持地理标志产品生产经营者开展对外合作与交流，积极开拓海外市场。

鉴于真实的产地来源是一个国家参与全球贸易的重要竞争优势，国际社会对地理标志较早就给予保护。在通过《TRIPs 协定》之前，有《巴黎公约》《马德里协定》《里斯本协定》等，《TRIPs 协定》则确立了地理标志国际保护规则的最低标准,给予地理标志国际贸易有力的国际规则支持,世界贸易组织成员方也均须以国内法保护。近年来,为了实现地理标志代表的区域重大经济利益,地理标志更是成为各国自由贸易协定谈判(FTA)的重点内容,通过产品清单的模式提高保护力度,形成产品的差别化待遇。

2021年3月,《中华人民共和国政府与欧洲联盟地理标志保护与合作协定》[71](以下简称《中欧地理标志协定》)正式生效。《中欧地理标志协定》谈判于2011年启动,是中国对外商签的第一个全面的、高水平的地理标志双边协定,也是欧盟与中国之间签署的第一份意义重大的双边贸易协定,对深化中欧经贸合作具有里程碑式的意义,充分彰显了中国坚持对外开放、持续深化改革和保护知识产权的坚定决心。该协定文本共14条,附录清单中纳入双方各275项,总计550项地理标志产品,覆盖了中欧双方特色鲜明的地理标志品类。来自欧盟成员国的产品类别集中在葡萄酒、烈酒、肉制品、奶制品和橄榄油五大类别,我国地理标志的产品类别包括酒类、调味品、茶叶、肉制品、中药材、手工艺品、水果等,实现地理标志大规模互认互保,确保双方相互尊重对方的优良农业传统。广东省入选清单名录的地理标志共10个,分别是吴川月饼、英德红茶、凤凰单丛、大埔蜜柚、香云纱、新会陈皮、化橘红、高州桂圆肉、增城荔枝、梅州金柚等。

《中欧地理标志协定》对地理标志设定了高水平的保护规则,为有效阻止对地理标志产品的假冒和伪造提供了法律保障。例如,要求禁止任何使用地理标志指示并非来自该地理标志所指示产地的某一相同或近似产品的行为,即便已指示了该产品的真实原产地或在使用上述地理标志时运用了意译、音译或字译,或同时使用了"种类""品种""风格""仿制"等字样。针对商标申请作出了限制,如果某在后申请商标包括某一地理标志或其意译或音译,而相同或相似产品并不源自该产地,双方要拒绝注册该商标或使该商标的注册无效。从市场层面来看,地理标志协定本质是从品质源头和品牌保护的角度维护地理标志商品的美誉度和正常的市场流通秩序[72]。纳入协定保护的地理标志相较于其他产品多了一层制度保护,可在对方获得高水平保护,符合我国法律以及技术标准规范的地理标志产品还可使用欧盟的地理标志官方标志,有利于产品获得相关市场消费者的信赖,在遇到问题时还可以通过条约建立的双边机制来解决,使地理标志权益得到双重保护。随着地理标志国际合作不断深化,我国除了《中欧地理标志协定》外,还商签了《中法地理标志合作议定书》《中泰地理标志保护协议》等,与多个国家开展地理标志国际互认互保谈判磋商。

一方面，国际贸易语境下的地理标志问题，其核心和实质是不同国家的相似产品的竞争问题，也就是市场准入问题。地理标志限制特定商标商品的市场准入，如该商标与认可的地理标志相冲突。限制通用名称商品的市场准入，如欧盟在2002年将Feta确认为希腊的地理标志，要求其他成员国在五年内要么为这种奶酪改名，要么停止生产，涉及已作为通用名称使用的国家或地区的利益。[73] 地理标志通过获得承认，实现额外市场准入以及全面保护。[74] 同时，对于有地理标志保护制度的市场，消费者将地理标志视为质量信号，地理标志标签对企业出口竞争力有积极影响，在贸易协定中列入地理标志品种可为地理标志生产者增加对方市场准入机会。[75]

另一方面，地理标志产品的出口也面临技术性贸易壁垒。农产品是国际贸易中设置技术性贸易壁垒的传统领域，美国、欧盟、日本和韩国等国家和地区颁布了大量技术法规和标准，制定合格评定程序，建立检验检疫体系，对食品安全问题给予极大的关注，倾向通过设置技术性贸易壁垒来实现其贸易保护意图。例如，欧盟发布的花生黄曲霉菌检测、茶叶的农药最大残留限量标准、对水产品进口的有关限制、转基因食品标签的新规定等涉及食品安全方面的措施[76]。

广东是外贸大省，同时有丰富的地理标志资源，应当积极建立地理标志国际交流合作机制，借助地理标志国际条约落实开拓国际市场，打造一批广东地理标志品牌。一是收集整理地理标志产品贸易信息。及时、便捷地获取信息是企业开展国际贸易的必要条件，可充分发挥行业协会、专业机构作用，开展重点国家和地区的地理标志产品贸易分析，深入了解海外市场贸易政策、产品质量标准和技术法规状况，规避潜在贸易风险。二是积极引导地理标志进行海外确权申请，鼓励企业开展地理标志相关商标海外注册。重视维护海外市场的权益，培育专业服务机构和行业协会，开展地理标志跨国维权，制止侵权行为。三是加快地理标志产业标准化发展，完善产品质量认证体系和检验检疫体系，鼓励企业申请国际标准认证，提升产品品质，突破农产品出口技术性贸易壁垒。四是提高贸易便利化水平，提高跨境贸易的确定性和可预见性，以及通关环节手续办理的简便程度，降低商贸有关费用等[77]。五是加强地理标志的对外宣传，提升海外市场消费者对广东地理标志的认识。支持地理标志产品生产经营者开展对外合作与交流，以"一带一路"为契机，开拓海外市场，创建地理标志品牌。地理标志产品在国外市场上的盈利能力与国外消费者对质量和地理标志产品的偏好，以及必要的营销、推广和广告有关。

**【实践案例】**

1. 英德红茶加快走向国际市场

英德红茶自诞生起便外销到世界各地，但随着20世纪90年代初外贸部门取消茶叶收购出口计划以及欧美茶叶进口标准的大幅提升，英德红茶出口陷入低谷，以内销为主。直至2016年，一批英德红茶经检验合格后顺利出境，正式具备了出口资格。近年来，英德红茶产业不断发展，推动生态茶园建设，产业规模、种植加工标准进一步提升。2021年，英德红茶被列入首批"中欧地理标志互认保护清单"，产品进入欧盟市场更加便捷。清远市政府、清远海关全力支持企业抢抓"一带一路"、RCEP等发展机遇，促进更多英德红茶走出国门。

2. 龙井茶（西湖产区）地理标志产品国际化运用

在西湖龙井茶产品"走出去"过程中，杭州市制定了《龙井茶（西湖产区）地理标志产品国际化运用实施方案（试点）》[78]，成立了由西湖风景名胜区管委会分管领导为组长的龙井茶（西湖产区）地理标志产品国际化运用领导小组，负责国际化运用的组织协调工作。另外，杭州市还发布了《龙井茶（西湖产区）地理标志产品国际化运用管理规范》（DB 3301/T1066—2018），建立与国际接轨的管理制度，严格开展质量监管，严格欧盟标识的发放使用和监督抽样，提高龙井茶地理标志的含金量。管理规范规定，企业要完善管理制度，建立可追溯管理规范、产品撤回程序、工艺手册、品控手册、检验规范、采购管理规范、出入库管理规范等，符合条件者由当地职能部门予以审核并报龙井茶（西湖产区）地理标志产品国际化运用领导小组登记备案，企业经国际化运用备案登记后可申请使用欧盟原产地保护标识。

# 第十四条 【质量管控】

**县级以上人民政府应当强化本地地理标志产品质量管控，加强应用标准、检验检测、认证等质量基础设施建设，构建政府监管、行业管理、生产者自律的质量保证体系。**

**【本条主旨】**

本条是关于地理标志质量管控的规定。

**【本条释义】**

地理标志产品有特定的原材料来源、特定的生产工艺，具有可产地追溯性、质量标准符合性等特征，消费者信赖并愿意额外付费购买地理标志产品。欧盟1999年的一项调研显示，消费者购买地理标志产品的动机主要是原产地保证（37%）、质量（35%）、生产地点和方法（32%），最后是传统（16%）；43%的消费者愿意为地理标志产品额外支付10%的费用，8%的消费者甚至愿意多支付20%的费用[103]。地理标志对欧洲消费者决策有重要的引导作用，例如，意大利消费者在购买帕尔玛雷焦奶酪（Parmigiano Reggiano）和帕尔玛火腿（Parma Ham）时，很少根据生产商的商标选购，大多直接根据协会标签（即地理标志）选购产品[39]。欧洲非常重视地理标志产品质量的管理，2022年欧盟委员会发布欧洲议会和欧盟理事会关于欧盟葡萄酒、烈性酒和农产品地理标志以及农产品质量计划的法规提案[79]，包括：建立一个统一的、详尽的地理标志体系，保护具有与其产地相关的特征、属性或声誉的葡萄酒、烈性酒和农产品的名称；改善消费者信息，使消费者获得可靠的信息和对此类产品真实性的保证，并能在市场上包括电商市场中随时识别它们；使地理标志的注册制度更高效；欧盟和电子商务中实现有效执法和营销，确保内部市场的完整性；制定一项传统专业计划，帮助传统产品生产者营销和向消费者宣传其传统食谱和产品的增值特性，确保保护传统生产方法和食谱；制定一项可选质量条款计划，以便于生产者在内部市场上就农产品的增值特性或属性进行沟通。

加强地理标志产品质量管控，对保护地理标志、提高地理标志产品竞争力、服务经济高质量发展具有重要意义。

一是保护地理标志价值。从地理标志本质上来讲，产地的自然因素和人文因素赋予地理标志产品有别于其他地理区域同类产品的特性，当产品与产地来源不具备独特联系时，该地理标志也失去了保护的价值。也正因如此，地理标志保护所涉及的法益并不限于防止假冒和混淆，包括基于特定产品、特定质量、特定声誉、特定地理环境形成的特殊法益[24]。产地内符合标准的产品才能标识为地理标志产品。

二是保护地理标志商业价值。地理标志既是一种标识，也是一种无形资产，产品自身的品质和口碑是地理标志商业价值的基石，使消费者愿意为地理标志产品额外付费，企业愿意使用地理标志品牌。在"烟台葡萄酒"获得了原产地域产品保护后，张裕葡萄酿酒股份有限公司作为拟定"烟台葡萄酒"地理标志标准最主要的参与单位，在2002年就获得了产品保护标记的使用权，但未在任何产品上使用此标记。其不使用的原因除了当时消费者对地理标志的了解少，张裕公司认为商标的意义大于地理标志保护，烟台市有不少小企业大量生产低质葡萄酒，"烟台葡萄酒"的招牌效应受到明显影响，也损害了张裕公司使用地理标志的积极性。[80]

三是保护合法生产经营者权益。地理标志产品生产者需要为按照技术标准规范生产、采用特定的原材料、接受质量监管等支付额外的成本。而地理标志作为公共资源，容易产生"搭便车"的现象，即生产者由于个体利益驱使，不愿意付出质量管控成本，在不符合标准的产品上使用地理标志，将损害产地其他合法生产经营者利益，进而破坏地理标志可持续发展。

四是保护消费者利益。消费者购买产品时，由于信息不对称，缺乏鉴别地理标志产品质量的能力。当市场上同时存在高质量和低质量的产品，而消费者无法区分两者时，会出现"劣币驱逐良币"现象。有效的质量管控，可以使消费者获得可靠的信息和对此类产品真实性的保证，提升消费意愿。

2021年，国家知识产权局、国家市场监督管理总局印发《关于进一步加强地理标志保护的指导意见》，该意见明确了坚持高标准管理的原则，要求建立健全特色质量保证体系、技术标准体系与检验检测体系。本条明确县级以上人民政府应当强化本地地理标志产品质量管控，加强应用标准、检验检测、认证等质量基础设施建设，构建政府监管、行业管理、生产者自律的质量保证体系，保护生产经营者和消费者权益，维护地理标志市场秩序。

一是政府应加强应用标准、检验检测、认证等质量基础设施建设。地理标志产品是否达到特定品质要求，主要是根据感官、理化指标评价，需要有专业的检验检测机构支撑。但目前较多的地理标志产品存在检验检测难，消费者难以获取专业信息鉴别产品，查处违法行为、制止侵权行为时缺乏技术支撑的问题，导致地理标志保护难。在"阿克苏地区苹果"商标侵权纠纷案中[81]，法院认为涉案苹果来自阿克苏地区，符合上述法律规定的"正当使用"。阿克苏地区苹果协会提出"地理标志证明商标兼具对产地来源及品质特征的保护，对使用人的产品未达到该地理标志应具有的产品特点的，即使产品是该地理标志真实来源也应禁止使用"的上诉理由，法院认为，阿克苏地区苹果协会应该对产于阿克苏地区的苹果是否达到该地理标志应有的特定品质具备鉴别能力，而其既未发表意见，也未提交证据证明，因此法院不予采纳。

二是应构建政府监管、行业管理、生产者自律的质量保证体系。政府部门应当加强与地理标志行业协会、龙头企业等各类市场主体的联动，建设数字化、网络化管理机制，避免出现低质无序竞争、盲目扩大规模等不利于产业发展的现象。支持地理标志产品生产者应用过程控制、产地溯源等先进管理方法和工具，实现地理标志产品标准化生产。支持行业组织运用大数据、新一代信息技术等建立地理标志产品管控制度，开展行业管理。

**【实践案例】**

1. 白蕉海鲈质量管理要求

"江上往来人，但爱鲈鱼美"。海鲈喜居河海出口处附近，珠海斗门白蕉镇处于珠江出海口西岸，西江水系多条泾流在这里与海水交汇，形成独特的咸、淡水地带，白蕉镇得天独厚的环境成就了质优肥美的白蕉海鲈。2011年白蕉镇获得"中国海鲈之乡"荣誉称号。2022年，珠海白蕉海鲈产业从业人员达5万多人，全产业链总产值约170亿元。

为规范白蕉海鲈生产经营秩序，保证白蕉海鲈的质量和特色，2023年9月，珠海市斗门区政府出台《白蕉海鲈地理标志产品保护管理办法》。该办法规定了白蕉海鲈养殖、生产及销售管理要求，并对白蕉海鲈养殖的生产环境、养殖记录（投入品购买记录、用药记录、投料记录、销售记录），生产经营企业收购、加工白蕉海鲈的资质、设施、工艺、收购销售台账，经营者进货检查验收制度、产品或包装上的标识、营业场所和储藏条件，以及出口等作了全面规定。同时，提出建立白蕉海鲈保护工作机制，由斗门区白蕉海鲈地理标志产品保护管理委员会组织相关执法部门组成白蕉海鲈地理标志保护产品打假维权领导小组，统筹协调线索通报、案件协办、联合执法、案件移送等，工作经费纳入区级财政预算，用于产品保护、侵权举报投诉及打假协查等工作，切实保护白蕉海鲈地理标志生产经营者的合法权益。该办法还鼓励具备生产条件的企业申请使用白蕉海鲈地理标志专用标志，目前斗门区已有39家企业获准使用专用标志。

2. 梅州金柚执行质量安全制度

为进一步发挥"梅县金柚"区域公用品牌效应，提高产品市场竞争力，保护果农和消费者合法权益，2023年梅县区发布《关于加强金柚质量管理的通告》（梅县区府通〔2023〕1 号），建立质量安全制度。通告中规定了适时采收、规范农药使用、规范保鲜包装、规范销售模式等，要求加强柚果检疫，坚决打击伪造、假冒梅县金柚商标的行为。同时开展优质金柚园评比活动，对自觉执行该通告并起示范带动作用的企业、果农给予表扬奖励，对违反该通告行为者，三年内不得享受政府有关部门的扶持政策，并由相关部门按照有关法规给予处罚。

### 3. 新会陈皮质量保证体系建设

新会陈皮通过政府引导，多部门齐抓共管，行业协会严把行业自律关，形成了"质量安全就是生存发展的生命线"的行业共识。

一是明确"属地管理，分级负责"和"政府负总责，部门分工负责，生产经营者为第一责任人"的要求，形成"责任明确、上下联动、全程监控"的新会柑、新会陈皮产品质量安全层级监管责任制，将新会柑（陈皮）质量安全工作纳入镇级党政领导班子和领导干部落实科学发展观绩效考核评价和对相关部门的考核，确保监管措施落地落实。

二是建立完善农产品质量安全监管、农产品质量安全检测、农业综合执法、农产品追溯、风险应急处理等制度，开展创建高品质档案农场、高品质品牌庄园，探索"双备案双溯源"，基本建成"区、镇、基地三位一体"的新会柑（陈皮）质量安全监管队伍。区级建设农产品质量安全监督检验测试中心，与新会海关共建新会陈皮质量监督检验中心，各镇（街、区）建立农产品质量安全监管公共服务站及检测室，鼓励农户建立田头检测室。新会柑种植户自觉坚持绿色、健康、环保的生态种植理念，以标准化种植管理提高和保证产品质量安全。

三是建成数字化溯源管理体系和知识产权保护体系。新会区农业农村局建设了新会陈皮数字化管理系统，录入 9377 户新会柑种植户、近 14 万亩新会柑种植面积和 2092 家新会陈皮经营者信息，为每个备案主体设立了唯一交易账户，精准采集全区新会柑种植和新会陈皮生产仓储经营主体数据信息，实现新会陈皮采摘、加工、销售等环节信息记录追溯管理。新会区市场监管局上线地理标志服务管理平台，实现企业申请、地理标志专用标志发放、监督管理等全程电子化。

## 第十五条【监督管理】

县级以上人民政府知识产权部门应当会同有关部门加强对地理标志产品的产地范围、质量特色、标准符合性等方面日常监督管理,定期公开监督检查情况。

县级以上人民政府知识产权部门应当加强地理标志专用标志使用日常监督管理,规范使用地理标志专用标志的行为,建立地理标志专用标志使用情况年报制度,推动建立地理标志专用标志使用异常名录。

县级以上人民政府知识产权部门应当依法查处地理标志违法行为,对地理标志产品生产集中地、销售集散地等场所实行重点监管。

【本条主旨】

本条是关于加强地理标志监督管理的规定。

【本条释义】

地理标志代表了区域集体利益。市场上个别地理标志产品质量不高,出现不法商家以假乱真、以次充好等情况,将损害消费者利益,扰乱公平竞争的市场秩序,损害区域内其他地理标志产品生产经营者合法利益,严重影响地理标志的声誉,应当加强对地理标志产品日常监督管理、地理标志专用标志使用监督管理,以及重点场所、环节的监管。《地理标志产品保护办法》(国家知识产权局令第80号)第二十四条规定,地方知识产权管理部门负责对本行政区域内受保护地理标志产品的产地范围、名称、质量特色、标准符合性、专用标志使用等方面进行日常监管;省级知识产权管理部门应当定期向国家知识产权局报送地理标志产品以及专用标志监管信息和保护体系运行情况。

## 一、加强地理标志日常监督管理

本条第一款规定县级以上人民政府知识产权部门应当会同有关部门加强对地理标志产品的产地范围、质量特色、标准符合性等方面日常监督管理,定期公开监督检查情况。

根据《地理标志产品保护工作细则》，主管部门主要进行以下日常监督管理：（1）对产品名称进行保护，监督此方面的侵权行为，以依法采取保护措施；（2）对产品是否符合地理标志产品保护公告和标准等方面进行监督，以保证受保护产品在特定地域内规范生产；（3）对产品生产环境、生产设备和产品的标准符合性等方面进行现场检查，以防止随意变更生产条件，影响产品的质量特色；（4）对原材料实行进厂检验把关，生产者须将进货发票、检验数据等存档以便溯源；（5）对生产技术工艺进行监督，生产者不得随意更改传统工艺流程，而对产品的质量特色造成损害；（6）对质量等级、产量等进行监控，生产者不得随意改变等级标准或超额生产；（7）对包装标识和地理标志产品专用标志的印制、发放及使用情况进行监管，建立台账，防止滥用或其他不按照要求使用的行为发生。消费者、社会团体、企业、个人可监督、举报。

加强监督管理能有效提升地理标志产品市场竞争力。例如，绍兴酒是我国第一个受到政府保护的原产地域产品（即后来的地理标志产品保护），在很长一段时间内假冒现象十分严重，国外 2/3 的绍兴酒市场被日本、我国台湾等地的黄酒产品占据，严重损害了真正绍兴酒的生产者和消费者的权益。自绍兴酒于 2000 年获得原产地域产品保护后，建立起了比较完善的监管体系，企业的国内外市场环境明显好转，假冒产品受到查处，公平竞争的市场出现，消费者购物信心增强，日本厂商在广交会上公开声称，今后没有获得原产地域产品保护的黄酒一律不买，我国的绍兴酒开始占领市场[82]。

## 二、加强专用标志使用监管

地理标志专用标志，是指适用在按照相关标准、管理规范或者使用管理规则组织生产的地理标志产品上的官方标志。本条第二款规定县级以上人民政府知识产权部门应当加强地理标志专用标志使用日常监督管理，规范使用地理标志专用标志的行为，建立地理标志专用标志使用情况年报制度，推动建立地理标志专用标志使用异常名录。

为加强我国地理标志保护，统一和规范地理标志专用标志使用，国家知识产权局制定了《地理标志专用标志使用管理办法（试行）》（国家知识产权局公告第 354 号）。根据该办法，地理标志专用标志的合法使用人包括经公告核准使用地理标志产品专用标志的生产者；经公告地理标志已作为集体商标注册的注册人的集体成员；经公告备案的已作为证明商标注册的地理标志的被许可人；经国家知识产权局登记备案的其他使用人。

地理标志专用标志的使用要求包括：

（1）地理标志保护产品和作为集体商标、证明商标注册的地理标志使用地理标志专用标志的，应在地理标志专用标志的指定位置标注统一社会信用代码。国外地理标志保护产品使用地理标志专用标志的，应在地理标志专用标志的指定位置标注经销商统一社会信用代码。图样如图1所示。

**图1 地理标志专用标志图样**

（2）地理标志保护产品使用地理标志专用标志的，应同时使用地理标志专用标志和地理标志名称，并在产品标签或包装物上标注所执行的地理标志标准代号或批准公告号。

（3）作为集体商标、证明商标注册的地理标志使用地理标志专用标志的，应同时使用地理标志专用标志和该集体商标或证明商标，并加注商标注册号。

地理标志专用标志标示方法有：（1）采取直接贴附、刻印、烙印或者编织等方式将地理标志专用标志附着在产品本身、产品包装、容器、标签等上；（2）使用在产品附加标牌、产品说明书、介绍手册等上；（3）使用在广播、电视、公开发行的出版物等媒体上，包括以广告牌、邮寄广告或者其他广告方式为地理标志进行的广告宣传；（4）使用在展览会、博览会上，包括在展览会、博览会上提供的使用地理标志专用标志的印刷品及其他资料；（5）将地理标志专用标志使用于电子商务网站、微信、微信公众号、微博、二维码、手机应用程序等互联网载体上；（6）其他合乎法律法规规定的标示方法。

生产经营者经审核获准使用地理标志专用标志，应按照相关标准、管理规范和使用管理规则，组织生产地理标志产品，按照地理标志专用标志的使用要求，规范标示地理标志专用标志，及时向社会公开并定期向所在地知识产权管理部门报送地理标志专用标志使用情况。未按相应标准、管理规范或相关使用管理规则组织生产的，或者在 2 年内未在地理标志保护产品上使用专用标志的，知识产权管理部门停止其地理标志专用标志使用资格。广东省知识产权管理部门加大对地理标志专用标志使用的管理，组织获准使用专用标志的企业换用统一的地理标志专用标志，加强用标企业培训，提升规范使用专用标志能力，建立起常态化监管机制，将地理标志专用标志合法使用人用标情况纳入市场"双随机、一公开"监管范围，定期向国家知识产权局报送年度使用和监管信息。

　　由以上规定可以看出，地理标志专用标志作为官方标识，具有质量指示功能，有严格的使用管理办法，使用人需按相应标准、管理规范或使用管理规则组织生产，产品需符合技术要求，使用时需标注统一社会信用代码，标注所执行的地理标志标准。因此，使用地理标志专用标志能够有效规范地理标志产品市场秩序，消费者可以依据专用标志获得可靠的信息。在实践中，部分地理标志产品生产者缺乏使用地理标志专用标志的意识，政府应当加强宣传，鼓励符合条件的生产经营者使用地理标志专用标志，提高地理标志影响力和产品竞争力。

## 三、强化重点领域监管

　　地理标志产品，特别是涉农地理标志产品有生产和交易旺季，存在产品生产集中地、销售集散地、电商平台等监管重点区域。本条第三款规定县级以上人民政府知识产权部门应当依法查处地理标志违法行为，对地理标志产品生产集中地、销售集散地等场所实行重点监管。

　　地方政府应发挥市场监管综合执法优势，坚持常态监管与专项整治相结合，可组织开展春节等节假日、春秋季等生产和交易旺季专项整治行动，重点品种类别保护专项行动，大型超市、农贸市场、电商平台等交易场所检查等，在重点环节、重点区域，依法严厉查处地理标志违法行为，深挖生产源头，切断流通链条，强化线上线下一体化治理，规范产品市场秩序。近年来，广东省市场监管局（知识产权局）先后组织开展了"2019 年春节期间地理标志使用专项整治工作""2019 年春茶地理标志保护专项行动""2019 年秋季地理标志保护专项行动""2020 年秋季地理标志保护专项行动""2021 年春季地理标志专项行动""2022 年度茶叶类地理标志保护专项行动"等一系列地理标志保护专项行动，并结合"3·15 国际消费者权益日"和节假日等，对大型超市、农贸市场等农产品交易场所开展地理标志使用综合检查，加大地理标志保护力度。

【实践案例】

1. 广东开展"护航－2023"新会陈皮地理标志保护专项行动

广东省市场监管局（知识产权局）在全省开展"护航－2023"新会陈皮地理标志保护专项行动，首次在全省范围内统一开展单品种地理标志保护专项行动。

江门市市场监管局（知识产权局）采取以下措施，促进新会陈皮产业健康有序发展。一是加强陈皮村、陈皮古道等陈皮交易重点市场经营户监管，重点检查是否存在使用地理标志专用标志不规范、冒用地理标志专用标志、侵犯新会陈皮地理标志证明商标专用权、虚假宣传等违法行为。二是开展"双随机、一公开"检查，指导地理标志专用标志使用企业建立生产、仓储、销售、用标台账。加强流通领域陈皮质量监管，抽检陈皮 80 批次，检查陈皮及其衍生品生产经营企业 1427 家次，立案查处一批陈皮相关案件。三是加强线上监测，监测电子商务经营者在电子商务平台销售新会陈皮及其衍生品时是否存在冒用地理标志专用标志、虚假宣传等违法违规行为，监测各类电商平台店铺 555 个。根据珠三角九市市场监管局共同签署的《跨区域知识产权保护合作框架协议》，江门市市场监管局（知识产权局）对外市违法线索作了移送处理，加强跨区域执法协作，切断冒用地理标志专用标志的陈皮产品流通链条。

2. 中山市建立地理标志保护线上监测机制

中山市市场监管局（知识产权局）依托互联网、大数据新技术新应用，建设知识产权保护监测平台，为中山重点企业开展商标、专利、地理标志产品网络保护监测服务。知识产权保护监测平台涵盖 186 家重点企业，3 个地理标志保护产品，共采集 14939 个重点企业商标，603 个重点企业商品名录，592 个重点企业白名单，94 个重点企业网店，375 个重点企业独立网站，为查处网络违法经营行为提供了重要线索。2023 年初，中山市市场监督管理局根据监测平台的监测线索，发现中山市某腊味厂在其网店页面上擅自使用"黄圃腊味"地理标志产品名称，立即联合黄圃分局对该线索进行查处，依法处以罚款 15000 元。

## 第十六条【标准管理】

省和地级以上市人民政府标准化行政主管部门应当会同有关部门制定地理标志产品地方标准,推动制定地理标志产品团体标准。

地理标志申请经批准或者登记、注册后,申请人应当配合标准化行政主管部门或者有关部门制定相应的标准、管理规范或者规则。

【本条主旨】
本条是关于地理标志标准管理的规定。

【本条释义】
标准是指农业、工业、服务业以及社会事业等领域需要统一的技术要求。地理标志产品来自特定区域,具有特定质量或特征,地理标志标准对这些特殊性规定了统一的技术要求,是地理标志产品生产经营者须共同遵守的准则和依据。标准既是地理标志产品质量保障的基础,也是市场接受以及消费者信赖地理标志产品的根基。地理标志作为集体使用的知识产权,不同成员生产的产品必然会存在一定差异,这使得产品的标准制定和实施对地理标志产业的稳定发展有至关重要的作用。

《关于进一步加强地理标志保护的指导意见》《地理标志保护和运用"十四五"规划》等文件要求建立健全技术标准体系,一是优化完善地理标志保护标准体系,推进地理标志保护基础通用国家标准制定,加快标准立改废释步伐,鼓励研制地理标志国家标准样品。二是鼓励地理标志保护标准协调配套与协同发展,根据保护地域范围、类别、知名度等方面的因素,制修订相应的国家标准、地方标准或团体标准,加强与地理标志保护要求的衔接,支持各地建立健全以地方标准为基础的标准体系。三是鼓励开展地理标志保护标准外文版研制,提升地理标志品牌的国际传播力。四是强化地理标志产品原产地政府在地理标志标准实施中的作用,定期监测和评估标准实施效果。

近年来,广东制定了一系列地理标志产品标准,充分发挥标准的基础性、战略性作用,不断提高地理标志产品质量和品质。先后发布《地理标志产品 罗浮山大米》(DB44/T 2052—2017)等100余项省级地理标志产品地方标准和《地理标志产品　马水桔》（DB4417/T 3—2021）等 120 余项市级地理标志产品地方标准，形成《地理标志产品　增城丝苗米》（GB/T 23402—2009）国家标准，设立广东省狮头鹅标准化示范区（汕头）、广东省单丛茶标准化示范区（潮州）等 10 个地理标志标准化示范区，突出标准化工作对地理标志产业发展的支撑作用。

## 一、地理标志标准的作用

以标准化为核心，将有效提高地理标志产品质量以及产业发展水平，保护生产经营者和消费者的利益。地理标志标准的作用主要体现在三方面：保证和传递产品质量、规范产业发展、作为判断违法侵权行为的依据。

保证和传递产品质量。标准既是地理标志产品合规性验证的基础和依据，保障生产者知情权与市场准入权，也是传递地理标志产品质量的信号，让消费者清晰知晓产品信息、认知产品，是地理标志推广宣传的媒介。地理标志产品的附加值是建立在消费者信任基础上的，只有伴随着有效的验证和质量控制，它才是可信的。

规范产业发展。地理标志获得保护后，通过地理标志产品标准进一步明确产品的相关术语和定义、保护范围、自然环境、质量要求、检验方法和规则及标志、包装、运输、贮存等，是地理标志产业规范化、专业化、规模化发展的基础。生产经营企业充分参与到标准的制定中，以标准实施传承和提高生产技术，规范各种行为。如果缺少标准支撑，产品质量参差不齐，产业无序竞争，将严重影响地理标志产品形象，不利于产业高质量发展。

作为判断违法侵权行为的依据。生产者在产品上使用地理标志名称以及专用标志，其产品应符合相关标准，否则属于侵权违法行为，因此在地理标志案件中，标准是判断是否存在违法侵权行为的主要依据。

在涉国家非物质文化遗产"香云纱"真丝绸面料虚假宣传纠纷案件中[83]，冼某认为"香云纱"特指莨纱，突破传统工艺把莨绸当作"香云纱"的做法是不尊重传统的虚假宣传行为。广东高院二审认为，批准香云纱为国家地理标志产品的同时，明确香云纱产品质量技术要求原辅材料之一为坯绸，佛山市地方标准《地理标志产品香云纱》载明主要原材料要求为坯绸（坯绸应为 100% 蚕丝织物等），因此在现行国家和地方质量标准中，香云纱产品显然包括莨绸。被诉侵权人把莨绸作为香云纱产品进行宣传，符合现行的香云纱产品国家和地方质量标准的相关规定，宣传内容具有事实依据，不构成虚假宣传行为。法院进一步审查认为，现行香云纱产品质量标准与传统工艺对香云纱定义的差异是造成本案争议的根源。如果冼某不认可现行香云纱产品质量标准，可以通过合法途径提出修改建议，但目前无权依据传统工艺对香云纱的定义否定现行香云纱产品的质量标准。20世纪末，按传统工艺生产的香云纱产品因色调单一、穿着易受气候条件局限等缺点，市场日渐衰微，一度面临全面停产的窘境。拓展香云纱的产品种类促进了香云纱产业的传承和发展，未损害消费者合法权益以及社会公共利益。在弘扬传统知识和文化遗产的过程中，要允许市场主体在有效保护的基础上合理利用、守正创新。如果市场主体的创新行为不侵害他人的合法权益，不损害市场竞争秩序和社会公共利益，就不宜轻易否定其正当性。

## 二、地理标志产品的有关标准制定

在地理标志产品、地理标志商标、农产品地理标志三种不同保护模式中，对地理标志产品的有关标准的制定有不同的规定。

### （一）地理标志产品保护模式

根据《地理标志产品保护办法》（国家知识产权局令第80号），地理标志产品所在地人民政府规划并实施标准体系。地理标志产品的保护申请中，申请人需要提供地理标志产品保护要求和拟申请保护的地理标志产品的技术标准。国家知识产权局在发布批准实施地理标志产品保护公告时，公告地理标志产品保护要求，包括：产品名称、产地范围，为保证产品特色而必须强制执行的环境条件、生产过程规范以及产品的感官特色和理化指标等，具有强制性。

地理标志产品获得保护后，在原有技术标准或规范的基础上，根据产品产地范围、类别、知名度等方面的因素，申请人应当配合制定地理标志产品有关国家标准、地方标准、团体标准，完善地理标志产品的标准体系，根据产品类别研制国家标准样品，标准不得改变保护要求中认定的名称、产品类型、产地范围、质量特色等强制性规定。地理标志产品标准一般以地方标准的形式发布，在全国涉及生产、销售范围较广，对所在行业起引领作用的地理标志产品可制定为国家标准。

## （二）地理标志商标保护模式

根据《集体商标、证明商标注册和管理规定》（国家知识产权局令第79号），申请以地理标志作为集体商标、证明商标注册的，申请时应当附送使用管理规则，对注册人、集体成员和使用人具有约束力。管理规则包括使用该集体商标的商品的品质或者使用该证明商标证明的商品的原产地、原料、制造方法、质量或者其他特定品质等，但是否需要据此制定发布标准未作出具体规定。

## （三）农产品地理标志保护模式

《农产品地理标志管理办法》（农业农村部令第11号）中规定，申请农产品地理标志登记应提交产品典型特征特性描述、产地环境条件、生产技术规范和产品质量安全技术规范等，农产品地理标志审核通过后应公布登记产品执行的相关技术规范和标准。

## （四）相关标准的制定

目前，地理标志产品的相关标准制定存在以下问题：（1）地理标志产品标准缺失或质量不高。部分地理标志产品经批准获保护后，长时间未出台相关标准，或由于申请时没有注重实际情况，提出的质量技术要求过于严格，后期大量产品无法满足标准。无标准所依或无法满足标准都将导致地理标志产品不能使用地理标志名称和专用标志，影响产业发展。在地理标志商标方面，由于对制定相关标准的要求界定模糊，较多地理标志商标仅有使用管理规则。农产品地理标志主要依靠质量技术要求公告，不要求制定相关标准。（2）可能存在不同的技术标准造成地理标志定位混乱。在三种保护模式下，缺少制度衔接，通过不同途径申请的同一地理标志，其产品可能存在有不同技术要求的标准、使用规则或质量技术要求。（3）缺少标准体系。大多地理标志产品制定了产品标准，缺少涵盖原材料、生产加工、销售管理等各个环节的标准体系。从国内外地理标志产业的发展来看，具有较强品牌影响力的地理标志，都建立起了一套系统的标准体系以支撑其产业的发展[84]。

在此背景下，《条例》规定，省和地级以上市人民政府标准化行政主管部门应当会同有关部门制定地理标志产品地方标准，推动制定地理标志产品团体标准。

一是协同制定标准。及时制定地理标志产品保护的有关标准，引导地理标志商标注册人制定标准。协调地理标志产品保护、地理标志商标、农产品地理标志的技术质量要求，可采用相同的产品质量标准，或形成概念清晰、层次鲜明的产品体系，便于生产经营者选择生产，消费者识别购买。

二是系统制定标准。在产品标准基础上，围绕地理标志产品的种植、采收、储藏、保鲜、分选加工、包装、冷链物流配送、经销、品牌建设、国际贸易等全产业链各环节制定相应标准，形成完善的标准体系，对生产经营全过程进行严格规范。

三是科学制定标准。科学、合理制定标准有利于地理标志产业发展。应充分结合生产实际，借鉴长期总结积累的生产经验，广泛征求意见，保证各参与主体获取相关信息，反映共同需求，为标准推广奠定基础。申请人应当发挥组织协调作用，配合标准化行政主管部门或者有关部门收集资料、起草标准、广泛征求意见等，组织协调企业、农户参与标准制定，协助建立科学、合理的标准化体系。

### 三、地理标志产品标准符合性的监管

地理标志产品保护体系制定了严格的产品标准符合性监督管理制度。行政部门对产品是否符合地理标志产品保护公告和标准等方面进行监督，以保证受保护产品在特定地域内规范生产；对产品生产环境、生产设备和产品的标准符合性等方面进行现场检查，以防止随意变更生产条件，影响产品的质量特色；对原材料实行进厂检验把关；对生产技术工艺进行监督；对质量等级、产量等进行监控，生产者不得随意改变等级标准或超额生产等。地理标志产品生产者要按照地理标志产品标准生产；使用地理标志专用标志的，需提交产品特色质量检验检测报告，使用时应同时标注批准公告号和所执行的地理标志产品标准号以及该产品的通用标准等。总的来说，市场监管部门（知识产权部门）根据产品的质量标准符合性，查处违法行为，规范地理标志名称和专用标志使用，净化生产流通环境，维护地理标志产品市场秩序。

根据《集体商标、证明商标注册和管理规定》（国家知识产权局令第79号），地理标志集体商标、证明商标注册人应当检查集体成员、使用人的使用行为是否符合使用管理规则，检查使用集体商标、证明商标的商品是否符合使用管理规则的品质要求，履行商标管理职责，保证商品品质，及时取消不符合使用管理规则要求的集体成员、使用人的集体商标、证明商标使用资格。因此，使用地理标志商标的商品的标准符合性由集体商标、证明商标注册人监督。

**【实践案例】**

1. 英德红茶综合标准体系

英德红茶建立起综合标准体系，推动标准化种植、标准化生产，引领英德红茶产业发展。广东省地方标准《英德红茶》（DB44/T 300—2006）、清远市地方标准《地理标志产品　英德红茶》（DB4418/T 0001—2018），团体标准《英德高香红茶》《英德红茶冲泡与品鉴方法》和行业标准《英德红茶》等，为生产者和英德红茶消费者提供了清晰的生产、购买、冲泡和品鉴等方面的指引。广东省农业标准化协会对《英德红茶精制加工规程》《英德红茶质量分级》《古茶树保护规程》《英德茶区灰茶尺蠖绿色防控技术规程》《不同等级茶青加工技术规程》《英红九号不同等级茶青分级标准》《英德红茶产区茶园生态管理技术规范》《茶鲜叶储运技术》《英德红茶自动化生产线加工技术规程》《英红九号红茶加工技术规程》等团体标准进行了立项，为茶叶企业提供种植、加工、储存指引。通过院企合作，编制了《英德红茶规模化生产技术方案》，涵盖生态茶园标准化栽培、茶青保鲜储运、茶青分级及毛茶加工等方面技术，推动英德红茶生产全程标准化。

2. 库尔勒香梨全产业链标准体系

为全面支撑做强做优库尔勒香梨产业，保护库尔勒香梨品牌商标，开拓培育国内外销售市场，维护行业市场竞争秩序，保护生产者、经销商和消费者的权益，作为中央第二批农业生产发展资金《巴州库尔勒香梨行业组织提升项目》中的一项内容，巴州库尔勒香梨协会发起制定团体标准《库尔勒香梨地理标志全产业链标准体系建设指南》（T/XLXH 003—2023）[85]，建立库尔勒香梨地理标志综合标准体系。

标准体系围绕库尔勒香梨的种植、采收、储藏、保鲜、分选加工、包装、冷链物流配送、经销、品牌建设全产业链各环节，涵盖了产品生产所涉及的产地环境、投入品、生产栽培技术、产品质量安全、包装运输贮藏五个方面技术要求以及产品保护和标志管理方面的要求。标准体系包含28项标准，以适应市场需要的商品果作为标准制定轴心，直接纳入的规章及国家、行业标准、地方标准13项、团体标准2项，新制定团体标准13项，各环节相关标准相互补充与关联，标准体系框架结构如图2所示。通过标准的制定和推广实施，促进库尔勒香梨产业提质增效，进一步转变产业发展方式，巩固香梨产业作为区域主导性产业的地位。

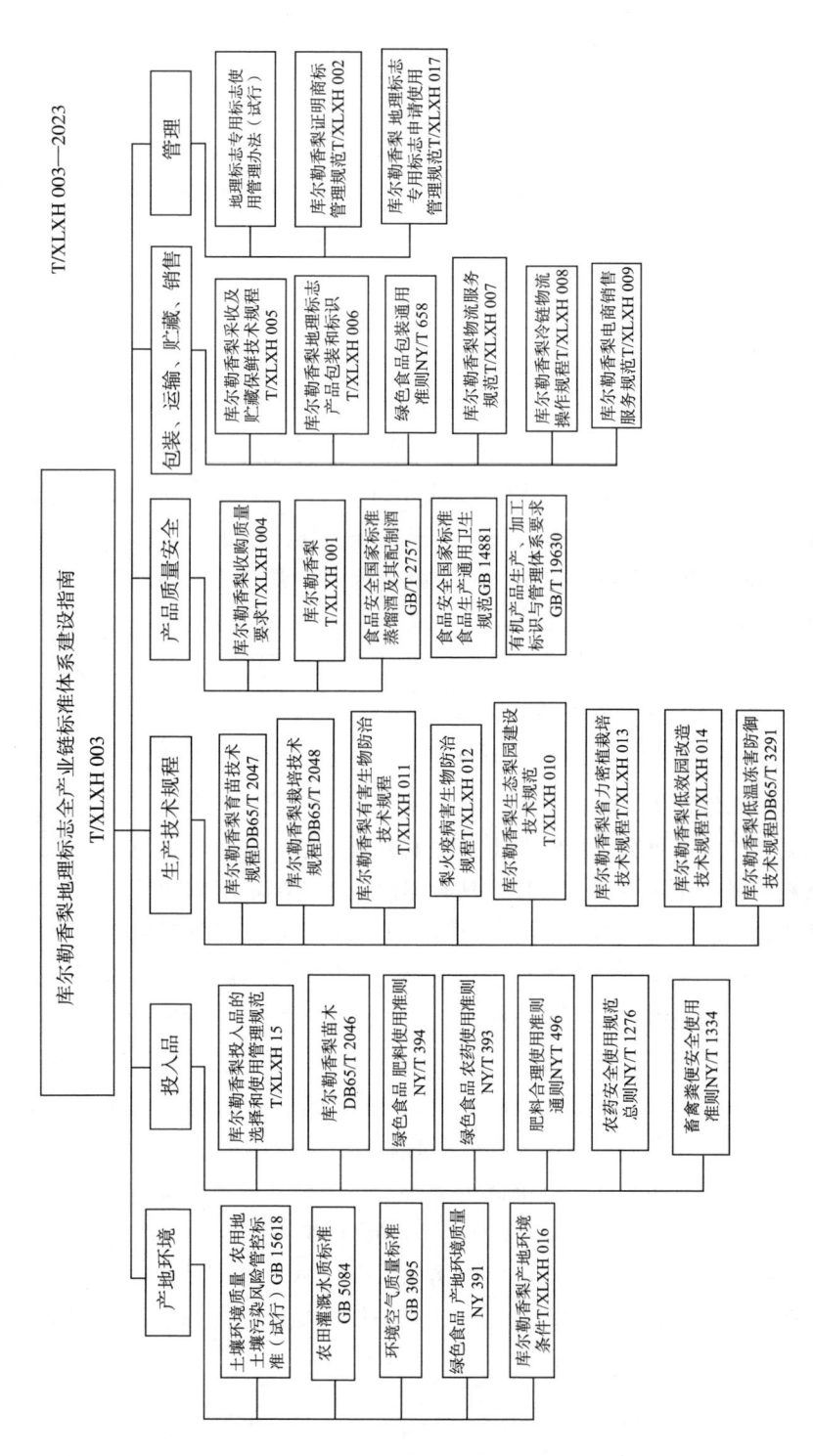

图 2 库尔勒香梨地理标志全产业链标准体系建设指南

## 第十七条【信用管理】

县级以上人民政府知识产权部门应当推进地理标志领域信用体系建设，按照国家和省的有关规定将自然人、法人和非法人组织在地理标志领域的失信行为纳入公共信用信息。

**【本条主旨】**
本条是关于地理标志信用管理体系的规定。

**【本条释义】**
《社会信用体系建设规划纲要（2014—2020 年）》指出，社会信用体系是社会主义市场经济体制和社会治理体制的重要组成部分。它以法律、法规、标准和契约为依据，以健全覆盖社会成员的信用记录和信用基础设施网络为基础，以信用信息合规应用和信用服务体系为支撑，以树立诚信文化理念、弘扬诚信传统美德为内在要求，以守信激励和失信约束为奖惩机制，目的是提高全社会的诚信意识和信用水平。现代市场经济是信用经济，建立健全社会信用体系，褒扬诚信，惩戒失信，是整顿和规范市场经济秩序、改善市场信用环境、降低交易成本的重要举措。

近年来，党中央、国务院高度重视知识产权信用管理体系建设工作。习近平总书记在十九届中央政治局第二十五次集体学习讲话时，指出要鼓励建立知识产权保护自律机制，推动诚信体系建设。《知识产权强国建设纲要（2021—2035 年）》《关于强化知识产权保护的意见》等政策文件中均要求建立健全知识产权领域信用管理工作机制，促进知识产权高质量发展。2021年，《地理标志保护和运用"十四五"规划》中规定，强化地理标志保护监管，建立地理标志领域的信用监管机制。《关于进一步加强地理标志保护的指导意见》中提出，依法推动将地理标志产品生产、地理标志专用标志使用纳入知识产权信用监管。2022 年，《广东省知识产权保护条例》要求，负责知识产权保护的主管部门应当推进知识产权领域信用体系建设，按照国家和省的有关规定将自然人、法人和非法人组织在知识产权领域的失信行为纳入公共信用信息，社会信用主管部门应当会同负责知识产权保护的主管部门确定失信惩戒措施，完善知识产权失信惩戒机制。

在国家及我省政策规定的基础上，本条规定政府知识产权部门应当推进地理标志领域信用体系建设。本条实施中应当把握以下几方面要点：

基本原则。根据国务院办公厅《关于进一步完善失信约束制度构建诚信建设长效机制的指导意见》要求，在信用体系建设过程中，要把握好以下重要原则：一是严格依法依规，失信行为记录、严重失信主体名单认定和失信惩戒等事关个人、企业等各类主体切身利益，必须严格在法治轨道内运行；二是准确界定范围，准确界定信用信息和严重失信主体名单认定范围，合理把握失信惩戒措施，坚决防止不当使用甚至滥用；三是确保过惩相当，按照失信行为发生的领域、情节轻重、影响程度等，严格依法分别实施不同类型、不同力度的惩戒措施，切实保护信用主体合法权益；四是借鉴国际经验，既立足我国国情，又充分参考国际惯例，在社会关注度高、认识尚不统一的领域慎重推进信用体系建设，推动相关措施与国际接轨。

失信行为界定。《国家知识产权局知识产权信用管理规定》第六条明确，依法依规将六种具体行为列为失信行为，其中包括恶意商标注册申请行为，提交虚假材料或隐瞒重要事实申请行政确认的行为，适用信用承诺被认定承诺不实或未履行承诺的行为，对作出的行政处罚、行政裁决等有履行能力但拒不履行、逃避执行的行为等。对于地理标志领域的不正当竞争行为，根据《中华人民共和国反不正当竞争法》第二十六条规定，经营者违反本法规定从事不正当竞争，受到行政处罚的，由监督检查部门记入信用记录，并依照有关法律、行政法规的规定予以公示。

失信主体管理措施。信用管理以信用分类监管和失信惩戒为核心，通过信息的采集记录和互通共享，实现"一处违法，处处受限"。根据《国家知识产权局知识产权信用管理规定》第九条，明确对失信主体实施不减损权益、不增加义务的六种具体管理措施以及兜底规定，分别是：对财政性资金项目申请予以从严审批；对专利、商标有关费用减缴、优先审查等优惠政策和便利措施予以从严审批；取消国家知识产权局评优评先参评资格；取消国家知识产权示范和优势企业申报资格，取消中国专利奖等奖项申报资格；列为重点监管对象，提高检查频次，依法严格监管；不适用信用承诺制；依据法律、行政法规和党中央、国务院政策文件应采取的其他管理措施。《广东省知识产权保护条例》第四十九条规定："自然人、法人和非法人组织有下列情形之一的，三年内不得申请政府财政性资金项目及参与表彰奖励等活动：

（一）故意侵犯知识产权严重破坏市场公平竞争秩序的；（二）有能力履行但拒不执行生效的知识产权法律文书的；（三）侵犯知识产权构成犯罪的；（四）有其他侵犯知识产权严重失信行为的。"

## 第十八条【地理标志管理人的管理责任】

地理标志申请经批准或者登记、注册后，申请人为该地理标志管理人。申请人注销、解散或者怠于履行管理责任的，县级以上人民政府可以另行指定或者协调地理标志管理人。

地理标志管理人应当推动地理标志标准、管理规范或者规则的执行，推广应用过程控制、产地溯源等管理方法，对地理标志产品的质量特色等进行管理。

鼓励地理标志管理人探索开展地理标志产区等级划分。

【本条主旨】
本条是关于地理标志管理人的管理责任的规定。

【本条释义】
地理标志管理人是一个基础性概念，明确这一概念有利于地理标志保护、运用和管理。发展地理标志产业主要依赖市场行为，离不开专业机构的管理运营，而目前，我国大多数地理标志保护运用主要依靠政府行政力量，缺乏专业管理和市场化品牌运营。

### 一、关于地理标志管理人

地理标志的特殊性在于其申请人（注册人）和实际使用人是相分离的。根据《地理标志产品保护办法》《商标法》《农产品地理标志保护管理办法》的规定，申请人（注册人）通常是政府指定的协会或专门成立的机构❶。实际使用者是按照保护要求或技术质量要求组织生产或获得商标使用许可的地

---

❶ 地理标志产品保护制度中，地理标志产品保护申请由提出产地范围的县级以上人民政府或者其指定的具有代表性的社会团体、保护申请机构（以下简称申请人）提出。产地范围的县级以上人民政府可为地理标志产品保护申请人。

理标志产品生产经营者。

地理标志具有公共产品属性，申请人（注册人）和实际使用人分离，产业呈现高度碎片化等特点，导致容易产生"搭便车"的机会主义行为。即由于利益驱动，不良生产者逃避地理标志产品的严格标准规范，通过低成本生产，以次充好，依赖其他成员的产品质量控制来获得利益。同时农户和中小企业普遍缺乏主动保护集体声誉的意识和能力，更无力开展有组织的市场化运营。在地理标志的运营和维护中，需要一个能协调集体利益、有高效执行能力的强有力管理机构，监控地理标志使用，代表地域内生产经营者主动制止打击外部侵权假冒行为，维护公平参与秩序，致力于维护地理标志的特有识别功能，确保产品符合生产规范、不偏离质量标准，避免地理标志被淡化为通用名称等[2]。

在国外，一般由行业协会等履行地理标志管理运营职能。例如，在法国，生产者提出申请 AOC 须建立一个行业协会，法国 INAO（法国国家原产地和质量管理局）规定只能通过相关行业保护协会才能申请原产地名称。INAO 负责受控原产地名称注册的审核，并负责原产地名称在国外免受侵犯，完成国际保护任务，INAO 具有独立法人资格，可以独立参加诉讼。行业协会除了在注册和申请 AOC 中发挥重要作用以外，它还为政府与企业沟通起到了搭线的作用，协助政府机构协调生产者、销售者等各方利益，监督使用原产地名称的行为，对 AOC 生产者提供相应的技术咨询和培训，协助生产者保障 AOC 的质量。[6]

我国地理标志的保护、管理主要依靠政府，以自上而下的行政动员和政策资源发展地理标志产业，由生产组织动员形成"共赢共享"的产业链，依靠行业协会组织协调的机制普遍薄弱。特别是申请地理标志产品保护、农产品地理标志时，很多情况下提起申请的行业协会是为了申请而临时成立的，缺乏必要的人力、财力以及凝聚力和号召力。[8] 地理标志作为公共资源和历史文化传承，涉及区域集体权益，政府有必要投入行政资源，加强监管执法，查处违法侵权行为，维护市场秩序，夯实产业发展基础，在地理标志产业发展中有不可替代的作用。但政府的行政资源和专业能力并不能全面兼顾到数量众多的地理标志的运用和保护，尤其是市场规模小的地理标志，无人管现象突出，存在政府重点支持的地理标志发展就好，政府关注较少的地理标志发展差的现象。政府也并不是最佳的市场参与主体，政府的目标是社会效益最大化，而非经济效益最大化，其在进行农户行为微观治理上也缺乏有效性[86]。政府主导过于突出导致行业协会作用缺失。

行业协会作为一种经济组织，是由生产者们组成的集体，介于政府、企业之间，商品生产者与经营者之间，维护行业和市场发展所需的规则和秩序，其目的是实现行业利益的最大化。地理标志由区域内集体共享，生产经营者具有共同的利益目标，行业协会等由特定地区地理标志使用者组成，广泛代表产地生产经营者利益，可以协调集体内部、外部相关事项，对地理标志进行有效管理。

行业协会可协调地理标志标准规范的制定和实施，建立有效的约束机制，监管协会成员的生产活动，实现产品质量有效管控，能够投入人员和资源主动关注产品市场秩序，组织力量积极维权，主动制止将地理标志标示在非来源产地范围的产品以及不符合产品标准的产品上的行为，维护地理标志的声誉。与政府相比，行业协会在经济利益驱动下，对治理个体机会主义行为具有强烈的动机和意愿。一个强有力的行业协会，一方面能有效约束农户生产活动；另一方面数量多、相对弱势的农户能通过行业协会增强对外议价能力，在收益和成本分担以及公共资产控制和规则制定中发出声音，获得更有利的产业链价值内部分配，有利于建立公平参与的环境，维护产业可持续发展。

行业协会比政府更熟悉市场、更了解行业特点，比生产经营个体拥有更大的市场分量，能够聚集更多市场要素，更有效地运营地理标志，进行更强有力的市场推广。通过内部协调，可以降低地理标志产品生产供应链的市场交易成本，能够搭建分散生产经营者与市场的链接平台，加强信息流通，协调产销，系统开展品牌宣传和市场营销，有利于提升地理标志品牌影响力。

同时，行业协会也已经成为国际竞争的直接行动者，行业协会透过全球经济基础底层链接广泛地参与介入国际事务，其特有的经济属性为其拓展经济活动提供了隐蔽性与合理性，在政治、经济和社会多领域实质性扩张[87]。行业组织牵头代表行业应对复杂的国际贸易争端，往往具有较强的谈判能力和实力，是积极"走出去"的有效工具[88]。

强有力的专业管理组织对地理标志产业发展意义重大，可推动产业健康发展，向政府传达行业的共同要求，协助政府制定和实施行业发展规划、产业政策、行政法规和有关法律，减少政府行政管理成本。政府应当加大对地理标志行业协会的支持力度，建立协作关系，共同促进地理标志发展。

为发挥行业协会等组织、专业机构作用，更有力保护运营地理标志，《条例》明确地理标志申请人、注册人为管理人。地理标志为区域公共资源，具有公共产品属性，地理标志产品保护、地理标志商标、农产品地理标志的申请人均由该地理标志所标示地区的政府指定（或批准），为确保申请人落实地理标志管理责任，本条第一款还规定申请人注销、解散或者怠于履行管理责任的，县级以上人民政府可以另行指定或者协调地理标志管理人。《条例》创新性明确地理标志申请人为管理人，明确管理人职责，为行业组织积极主动作为奠定了基础。例如，2010年"英德红茶"申请注册为地理标志证明商标后，商标持有人并未实质建立商标授权制度，英德红茶证明商标保护不足。由于政府机构改革，英德红茶原商标持有人"英德市茶业推广中心"于2020年被合并，无法进行商标续展。英德市市场监督管理局发布的《英德市英德红茶地理标志管理办法（修订）》（征求意见稿）中明确规定，英德市农业技术推广中心依法对英德红茶地理标志证明商标进行管理。

## 二、明确地理标志管理人的责任

地理标志申请人包括地理标志产品保护申请人，农产品地理标志登记证书持有人和地理标志集体商标、证明商标注册人，在相关法律法规规章中均规定了相应的职责。

地理标志产品保护申请人的责任。地理标志产品保护制度建立起政府管控体系。《地理标志产品保护规定》（2005年）中规定，地理标志产品申请保护时，由政府或政府指定的地理标志产品保护申请机构或政府认定的协会和保护机构提出申请，为地理标志产品申请人；获得保护后，由政府主管部门对地理标志保护产品实施保护和日常监管，完善地理标志产品综合标准体系、检验检测体系、质量保证体系，健全过程管理措施，保护产品质量特色的稳定性和一致性，保护地理标志产品的质量信誉不受损害，组织打击侵权行为，净化生产流通环境。地理标志机构或行业协会，只在申请阶段参与申请注册，在地理标志获得保护后的日常管理中职责缺失，缺乏管理手段和能力，申请人"职能止于注册"。《地理标志产品保护办法》（国家知识产权局令第80号）改变了这种情况，第二十三条规定地理标志产品获得保护后，申请人应当采取措施对地理标志产品名称和专用标志的使用、产品特色质量等进行管理，明确提出了申请人的管理责任。

地理标志集体商标、证明商标注册人的责任。《商标法》、《集体商标、证明商标注册和管理规定》(国家知识产权局令第79号)对地理标志商标管理有明确的规定。地理标志商标注册人要对该商标的使用进行有效管理或者控制，确保使用商标的商品达到使用管理规则的要求。地理标志商标注册人要按照使用管理规则准许集体成员使用集体商标，许可他人使用证明商标；及时公开集体成员、使用人信息、使用管理规则；检查集体成员、使用人的使用行为是否符合使用管理规则；检查使用集体商标、证明商标的商品是否符合使用管理规则的品质要求；及时取消不符合使用管理规则的集体成员、使用人的使用资格，并履行变更、备案手续。如果商标注册人没有对该商标的使用进行有效管理或者控制，致使该商标使用的商品达不到其使用管理规则的要求，对消费者造成损害的，由行政管理部门限期改正；拒不改正的，处以罚款。同时，还规定了集体商标、证明商标注册人应当促进和规范商标使用，提升商标价值，维护商标信誉，推动特色产业发展，加强品牌建设，履行下列职责：加强自律、建立产品溯源和监测机制、制定风险控制预案，维护商标品牌形象和信誉；鼓励采用或者制定满足市场需求的先进标准，树立良好的商标品牌形象；结合地方特色资源，挖掘商标品牌文化内涵，制订商标品牌建设发展计划，开展宣传推广，提升商标品牌价值。

农产品地理标志登记证书持有人的责任。根据《农产品地理标志使用规范》规定，农产品地理标志登记证书持有人应当建立规范有效的标志使用管理制度，对农产品地理标志的使用实行动态管理、定期检查，并提供技术咨询与服务。标志使用申请人可以向登记证书持有人提出标志使用申请，符合标志使用条件的，登记证书持有人应当与标志使用申请人签订农产品地理标志使用协议，在协议中载明标志使用数量、范围及相关责任义务。登记证书持有人应当定期向所在地县级农业行政主管部门报告农产品地理标志使用情况。

根据相关规定，结合实际情况，本条第二款规定地理标志管理人应当推动地理标志标准、管理规范或者规则的执行，推广应用过程控制、产地溯源等管理方法，对地理标志产品的质量特色等进行管理。保证产品质量与产地真实、保护地理标志以及提升品牌影响力是管理人的主要责任。

地理标志商标管理人履行管理职责时，需注意不能滥用权利，注册商标专用权人无权禁止他人正当使用❶。"潼关肉夹馍"是陕西潼关肉夹馍协会持有的地理标志商标。2021年，潼关肉夹馍协会以未经许可擅自使用"潼关肉夹馍"商标为由起诉上百家在店招、门头等使用"潼关肉夹馍"的小吃店，要求赔偿金额3万元到5万元不等，如想继续使用该商标，需加入协会或协会授权的企业，缴纳9800元到99800元不等的加盟费。"潼关肉夹馍"维权问题引起社会高度关注，最高人民法院就地理标志司法保护相关问题答记者问中指出，在地理标志标示的地区范围内并符合地理标志使用条件的，即便不申请加入集体、协会或其他组织，亦可依法正当使用地理标志；不符合地理标志使用条件或超出地理标志标示的地区范围者，则不能通过商标许可、加盟、入会等方式获得地理标志集体商标使用资格；协会或其他组织，应做到合法、合规、自律，维权时应依法合理行使诉讼权利，通过诉讼收取"加盟费"等，不符合商标法的规定，人民法院依法不予支持；对于恶意提起诉讼的原告，被告依法请求该原告赔偿其因该诉讼所支付的合理的律师费、交通费、食宿费等开支的，人民法院予以支持，对于提起恶意诉讼的当事人，人民法院还可根据情节轻重依法予以罚款、拘留，构成犯罪的依法追究刑事责任[89]。关于该案件，国家知识产权局回应明确，"潼关肉夹馍"是作为集体商标注册的地理标志，其注册人无权向潼关特定区域外的商户许可使用该地理标志集体商标并收取加盟费。同时，也无权禁止潼关特定区域内的商家正当使用该地理标志集体商标中的地名[90]。

---

❶ 关于正当使用，《集体商标、证明商标注册和管理规定》（国家知识产权局令第79号）第二十二条至第二十四条作出了具体规定。包括：

1. 对下列正当使用集体商标、证明商标中含有的地名的行为，注册商标专用权人无权禁止：（一）在企业名称字号中使用；（二）在配料表、包装袋等使用表明产品及其原料的产地；（三）在商品上使用表明产地或者地域来源；（四）在互联网平台或者店铺的商品详情、商品属性中客观表明地域来源；（五）其他正当使用地名的行为。

2. 他人以事实描述方式在特色小吃、菜肴、菜单、橱窗展示、互联网商品详情展示等使用涉及餐饮类的集体商标、证明商标中的地名、商品名称等文字的，并且未导致误导公众的，属于正当使用行为，注册商标专用权人无权禁止。

3. 以地理标志作为集体商标注册的，其商品符合使用该地理标志条件的自然人、法人或者其他组织，不要求参加以该地理标志作为集体商标注册的团体、协会或者其他组织的，也可以正当使用该地理标志。正当使用该地理标志是指正当使用作为集体商标注册的地理标志中的地名、商品名称或者商品的通用名称，但不得擅自使用该集体商标。

### 三、探索开展地理标志产区等级划分

本条第三款规定，鼓励地理标志管理人探索开展地理标志产区等级划分。产区的概念源自法国、意大利等国家的葡萄酒行业。通过复杂的葡萄酒立法体系将法定产区细分为范围更小的产区，规定不同地域界线、酿酒工艺，把不同品质和风格的葡萄酒进一步差异化、等级化，持续进行产品挖掘及品牌建设，突出各区生态资源优势，确保葡萄酒的质量，形成了"小而美""尊而贵"的核心产区产品[91]。

2021年，国家知识产权局印发的《地理标志保护和运用"十四五"规划》提出，探索开展地理标志产区等级划分和产品特色质量品级划分，科学合理设定分级指标和要求。由于产区地理位置不同，小气候、土壤、水质等小环境也不同，不同产区的产品品质可能会有差异。科学合理设定产区范围、分级体系，严格管理产品等级，让消费者了解和认可产区划分，满足不同层次的消费需求，有利于打造差异化品牌。

【实践案例】

*1. 法国香槟委员会推广和保护"香槟"品牌*

法国的地理标志制度确立了政府和行业协会协同管理的保护模式，政府授权行业协会发布国家认可的实施细则和操作规范等。法国香槟委员会成立于1941年，是法国成立最早的葡萄酒地区协会之一，是介于私营与公立的行业组织，属于半官方机构，可制定和发布各项规章制度，并负责实施和监督。委员会的主要职能是维护葡萄种植者（果农）和香槟酒商（贸易商/生产者）的共同利益，推动香槟地区葡萄酒产业的发展，通过有效的行业管理、市场营销与公关，以及与欧盟、国际组织、商贸企业、科研机构和媒体等交流协作，在全世界推广和保护"香槟"品牌。

在组织结构上，委员会有两位主席，其中一位来自酒商，另一位则来自果农，双主席模式保证果农与酒商双方的利益。委员会制定了严格的产品质量监控体系，实行现场监管、文件监管和行政管理，跟踪香槟酒从葡萄种植、采摘、加工到零售终端的全过程，对原产地范围、原材料使用、生产技术工艺、质量等级、产品数量、产品包装和流通领域等实施监控。果农每年都要向香槟委员会申报各自的葡萄种植面积、产量、品种、销路等，香槟委员会派员审查其葡萄是否符合要求，不符合要求的必须销毁，根据申报结果确定

当年可使用地理标志名称的产量。加工企业必须记载葡萄酒相关的来源与去路，一旦有舞弊现象企业将面临巨额罚款。在终端市场上每一瓶香槟酒都有一个证书，证明了它被全程监管，符合"香槟"所代表的品质。[92]

法国香槟委员会在全球开展香槟营销推广，主要采取艺术营销、名人营销、媒体营销等方式。同时在全球开展全面维权，通过商标注册异议、侵权诉讼来维护香槟的整体性和声誉。例如，我国某公司申请注册"炫泡小香缤"，指定使用商品为第32类"无酒果汁饮料；果汁；无酒精饮料；汽水"等。法国香槟委员会迅速提出异议。商标局认为，香槟是异议人注册并使用于"葡萄酒"上的地理标志集体商标，香槟酒特指产于法国香槟地区的起泡葡萄酒，被异议商标"炫泡小香缤"指定使用在无酒精果汁饮料、果汁等商品上，易使公众将其与该地理标志产品产生关联，从而对商品种类产生误认，决定对被异议商标不予注册。[93]

2. 帕尔玛火腿协会推动国际高标准保护

意大利政府在加强监管的前提下，鼓励和支持协会有序参与地理标志保护，与地理标志行业协会建立起协商合作、共担责任、共享收益的机制。帕尔玛火腿（Parma Ham）协会设立于1963年，最初仅是生产商简单地聚集，1970年被认可为帕尔玛火腿专门官方机构，代表着200多家帕尔玛火腿生产商，是意大利典型的地理标志行业协会之一。

法律以及行业协会的双重规制促使国内外仿冒帕尔玛火腿的情形鲜少出现。帕尔玛火腿协会建立了可追溯性保护规制系统，对每个阶段进行严格的质量测试和验证，消费者可以通过帕尔玛火腿上标记的印章、品牌、纹身及公爵皇冠包装上的生产者识别码了解产品的全部详情。帕尔玛火腿协会一旦发现侵权，将搜集证据并向法院起诉。1997年，帕尔玛火腿协会在英国起诉两家公司，认为其火腿切片和包装的行为改变了产品应当具备的质量，所销售的切片火腿不再被恰当地描述为帕尔玛火腿。两家公司提出抗辩，认为欧共体相关条例没有授予帕尔玛火腿协会所称的权利。在诉讼请求被驳回后，帕尔玛火腿协会随即提起上诉。最终欧洲法院支持帕尔玛火腿协会的诉讼请求，认为如果原产地国家对于产品的生产使用规则有更为严格的规定，那么该原产地保护（PDO）的使用就应受到该条件的制约，若控制产品的分割和包装有助于保证帕尔玛火腿的质量，就不能怀疑该措施对成员国之间的贸易具有不适当影响。帕尔玛火腿国内立法获得国际上的认可，行业协会的努力是关键[94]。

行业协会推行地理标志产品规则的适用，具有直接或间接限制贸易的效果[95]。帕尔玛火腿主要以切片形式交易，谁可以来切帕尔玛火腿呢，在英国切片和包装就不是真品了吗？帕尔玛火腿的规范明确提到了切片和包装产品的要求，即在生产地区以切片销售的火腿。协会认为，切片和包装是生产过程的重要步骤，也是控制产品在市场上出现的一种方式，能保障产品的质量和真实性，从而维护地理标志的声誉。

3. 特鲁埃尔火腿供应链集体管理

地理标志管理组织在产品供应链中横向或纵向集成的生产单元之间促成合作和协调，将降低生产供应链的交易成本。特鲁埃尔火腿（Teruel Ham）是西班牙的地理标志产品，生产的发展总是低于监管委员会（负责管理受保护名称的跨专业机构）预期。特鲁埃尔火腿来自8个月以上的猪，重量在115公斤到130公斤之间，比普通猪更重、更胖，无法在市场上销售，只能是加工成火腿来增值销售。额外饲料成本和加工风险，限制了可用于生产特鲁埃尔火腿的生猪数量。由于缺乏长期合同，养殖户频繁更换收购企业，也不利于工厂管理生产。

1996年，地区政府认为情况危急，如果生产不迅速增加，将取消补贴。管理委员会采取了两项措施：一是鼓励育种者和饲养者加入地理标志产品生产，减少生猪供应的不确定性，制定样本合同。每个饲养者都可以与屠宰场独立签订合同。两家运营商就最低价格、数量和临时交付计划达成一致。养殖者得到现金支付，屠宰商在交货后30天付款，地区政府承担贷款的成本。二是组织两次年度会议（屠宰商和加工商会议、养殖者会议），以改善联系和协调，解决供应链遇到的各种问题。同时，还采取了更严厉的措施，要求区域内的屠宰商、加工商必须生产加工至少5%的地理标志产品，否则削减补贴，避免不生产地理标志产品的企业因其注册地在保护区域内而从公共资金中受益[96]。

4. 马坝油粘米协会开展冒用马坝油粘米名称维权

马坝油粘米于2004年获得地理标志产品保护。截至2022年，马坝油粘米种植面积已达20万亩，年产稻谷8.5万吨，带动了2.65万户参与，农户的直接经济收益达2.55亿元；生产加工企业年产大米5.1万吨，直接经济收益达3.57亿元。2008年，曲江区成立马坝油粘米协会，协会负责地理标志保护产品专用标志的印刷、发放等管理工作。2020年，马坝油粘米协会发现在多个电商平台有销售标称"马坝油粘米"名称的产品，立即收集相关证据，向市场监管部门举报，要求查处冒用"马坝油粘米"名称的违法行为。依据违法行为线索，广东市场监管（知识产权）部门联合省外相关部门查处了多宗冒用"马坝油粘米"地理标志产品名称案件，有效维护马坝油粘米市场秩序。

5. 梅县金柚协会加强证明商标使用管理

梅县金柚证明商标由梅州市梅县金柚协会在2016年注册。目前，经梅县金柚协会许可使用地理标志证明商标并报经国家知识产权局备案的市场主体有55家。梅县金柚协会以梅县金柚质量为主线、以标准化种植为手段、以资源共享平台，鼓励种植户、企业申请使用证明商标，加强商标管理，积极参与国内外各种类型的展销会和推介会，帮助种植户、企业开展市场营销管理，提升品牌效应。梅州市梅县区市场监督管理局依托梅县金柚协会建立商标品牌培育指导站，广泛宣传地理标志商标品牌，增强果农商标品牌意识。

6. 龙井茶的产区划分

龙井茶在浙江省分布广泛，2001年龙井茶获地理标志产品保护，保护范围覆盖浙江省4市18县（市区），分西湖产区、钱塘产区和越州产区。为了更好地适应市场需求，西湖产区进一步划分为狮峰产区、龙井产区、云栖产区、虎跑产区、梅家坞产区五大核心产区，制定了多项标准、政策加强质量管理。2018年，杭州西湖龙井茶核心产区商会牵头制定《狮峰龙井茶》（TXHS 001—2018）团体标准，保护狮峰龙井"老字号"龙井茶品牌。

# 第十九条【生产经营者责任】

地理标志产品生产经营者应当按照相应的标准、管理规范或者规则组织生产经营，对其产品的质量和信誉负责。

地理标志产品生产经营者应当建立生产、仓储、销售台帐[*]和地理标志使用档案，如实记载产量和地理标志使用情况，保证地理标志产品产地可以溯源。

---

[*] "台帐"中的"帐"字为错别字，正确用法应为"台账"。此处因为是《条例》原文内容，不进行修改。本书中除了原条款，均进行了修改。——编辑注

鼓励地理标志产品生产经营者开展产品特色质量品级划分。

**【本条主旨】**
本条是关于地理标志产品生产经营者责任的规定。

**【本条释义】**
地理标志产品的生产经营者作为市场主体，依法应对产品质量和信誉负责。地理标志为区域公共资源，通常由多个生产经营者使用，会出现"一荣俱荣，一损俱损"的情况，某一企业以假乱真、以次充好的行为将严重影响地理标志的集体声誉和竞争力，削弱合法合规生产经营企业的积极性。

## 一、明确地理标志产品生产经营者责任

地理标志产品品质和声誉最终落脚点始终还是具体生产者经营者的行为。《地理标志保护和运用"十四五"规划》《关于进一步加强地理标志保护的指导意见》中要求，落实地理标志产品生产者主体责任，提高地理标志产品生产者质量管理水平，加大对生产经营主体的培训力度，加强地理标志相关产品标准的实施应用和示范推广。

地理标志产品生产经营者的主要责任，一是保证产品质量。按照相应的标准、管理规范或者规则组织生产，对其产品的质量和信誉负责，应当清楚地认识到，承担质量管控的额外成本最终也将使自己受益。二是保证产地真实。避免因盲目扩大产量产生的冲动，加工销售产区外品种，扰乱市场秩序，破坏地理标志声誉。

## 二、建立台账和地理标志使用档案等制度

地理标志产品有严格的产地范围限制，保证产品产地可以溯源，证明产品产自地理标志保护范围，是使用地理标志的前提条件。企业建立生产、仓储、销售台账和地理标志使用档案，如实记载产量和地理标志使用情况，保证地理标志产品产地可以溯源，形成来源可查、去向可追、责任可究的追溯机制，向消费者提供从田间地头到货架的相关溯源信息，实现地理标志产品身份标识化，可有力推动实现诚信生产，提高顾客消费信心，也便于管理部门高效监管。同时，鼓励企业综合运用大数据、区块链、电子围栏等技术，

通过"一品一码",源头赋码,在种植(养殖)、采摘、加工、包装、运输、销售等全过程均可追溯,实现各环节信息共通共融。

## 三、鼓励开展产品特色质量品级划分

《地理标志保护和运用"十四五"规划》在主要任务中提出,探索开展地理标志产区等级划分和产品特色质量品级划分,科学合理设定分级指标和要求。本条第三款鼓励生产经营者开展产品特色质量品级划分。生产者可以制定品级质量技术要求与标签标准,将产地地理条件和产品理化指标、感官特征相结合,以质量检验或感官品鉴综合评定产品质量等级,以标签信息明示产品等级,差异化营销产品,增加产品附加值,打造品牌形象。

【实践案例】

1. 保证地理标志产品产地可以溯源与正当使用

在阳山水蜜桃地理标志商标纠纷案件中[97],陈某在某电商平台上贩卖了产自阳山镇某水蜜桃专业合作社的桃子,并在商品名中标明了产地"阳山"。"陽山"证明商标的权利人无锡阳山水蜜桃桃农协会得知后认为"阳山"与"陽山"商标近似,影响商标的品牌价值,构成商标侵权,遂向法院起诉要求陈某赔偿经济损失及合理费用 15 万元。

上海知识产权法院经审理认为"陽山"是地理标志证明商标,地理标志可以通过申请证明商标或者集体商标获得商标权的保护,但其保护范围受到限制。区域内的商家即使没有加入协会,也有权使用该地理标志。经查,陈某于 2020 年 7、8 月销售的水蜜桃确实来自无锡市阳山镇,在销售时有权正当使用"阳山"字样以说明水蜜桃的产地。但是,对于其他时间段销售的水蜜桃,陈某并无充分证据证明其产地确实来自地理标志核定的地域范围。因此,对于这些产期外的水蜜桃使用"阳山水蜜桃"字样容易导致消费者的混淆误认,构成商标侵权,陈某应对销售产期外的水蜜桃承担责任。据此,上海知识产权法院判决陈某赔偿桃农协会经济损失 2 万元及相关合理费用 1500 元。

该案中,陈某虽然不是桃农协会会员,未被授权使用地理标志商标,但有充分证据证明在水蜜桃产期内采购的桃子来自地理标志核定区域,有权在该时期桃子上正当使用"阳山"字样,以说明水蜜桃产地。

2. 西湖龙井茶产品分级

西湖龙井茶标准体系中,《地理标志产品龙井茶》(GB/T 18650—2008)中对西湖龙井茶产品进行了分级,按感官品质分为特级、一级、二级、三级、四级、五级,感官评审包括外形、香气、滋味、汤水、叶底5个因素。此外,杭州西湖龙井茶核心产区商会发布的《狮峰龙井茶》(T/XHS 001—2018)团体标准、浙江省品牌建设联合会批准发布的《预包装龙井茶》(T/ZZB 1568—2020)团体标准、杭州市西湖龙井茶管理协会发布的《西湖龙井茶》(T/XHLJ 001—2021)团体标准等,也通过感官特征或理化指标对龙井茶品质进行分级。

在对西湖风景名胜区14家、西湖区10家西湖龙井茶生产企业产品执行标准情况的调查中发现[98],西湖龙井茶产品等级趋少,精品化高端化定位愈加明晰,企业实际生产的商品茶以精品、特级、一级为主,少量二级,二级以下西湖龙井茶基本不生产。国家标准《地理标志产品 龙井茶》最高等级为特级,无法满足茶叶企业生产精品级或特色产品的需求,企业主要以国标作为特级及以下产品执行标准,兼用企标、行标、团体作为精品以上产品执行标准,6家市级农业龙头企业制定并使用企业标准。相较于国标或者行标,企业标准提高了质量技术要求,细化了产品分级,如根据感官特征或根据鲜叶采摘时间及采摘区域,再细分精品级西湖龙井等级。

# 第二十条【禁止行为】

任何单位和个人不得有下列行为:

(一)擅自使用地理标志专用标志;

(二)不符合地理标志产品标准和管理规范要求而使用该地理标志产品的名称;

(三)在产品上使用与地理标志专用标志相似的标志,致使公众将该产品误认为地理标志产品;

(四)通过使用产品名称或者产品描述,致使公众误认为该产品来自地理标志产品产地范围;

(五)销售本条第(一)项至第(四)项情形产品。

地理标志专用标志合法使用人不得在保护公告的产地范围外生产的产品上使用地理标志专用标志，不得在保护公告的产品品种以外的产品品种上使用地理标志专用标志。

**【本条主旨】**

本条是关于禁止行为的规定。

**【本条释义】**

为了有效保护地理标志，规范地理标志产品的名称和专用标志的使用，保证地理标志产品的质量和特色，本条规定了地理标志相关禁止行为。

《地理标志产品保护规定》（2005年原国家质量监督检验检疫总局发布）第二十一条规定，"对于擅自使用或伪造地理标志名称及专用标志的；不符合地理标志产品标准和管理规范要求而使用该地理标志产品的名称的；或者使用与专用标志相近、易产生误解的名称或标识及可能误导消费者的文字或图案标志，使消费者将该产品误认为地理标志保护产品的行为，质量技术监督部门和出入境检验检疫部门将依法进行查处。社会团体、企业和个人可监督、举报"。《地理标志专用标志使用管理办法（试行）》（国家知识产权局公告第354号）第十条规定，"对于未经公告擅自使用或伪造地理标志专用标志的；或者使用与地理标志专用标志相近、易产生误解的名称或标识及可能误导消费者的文字或图案标志，使消费者将该产品误认为地理标志的行为，知识产权管理部门及相关执法部门依照法律法规和相关规定进行调查处理"。本条根据相关规定和地理标志保护实际，规定了禁止行为。

本条第一款第（一）项是关于地理标志专用标志使用的规定。《地理标志专用标志使用管理办法（试行）》第五条规定了地理标志专用标志的合法使用。不是地理标志专用标志的合法使用人，擅自使用地理标志专用标志的行为，属于应当禁止的违法行为。

第一款第（二）项是关于地理标志产品标准和管理规范符合性的规定。地理标志标示的产品具有特定产地来源，特定质量、信誉或者其他特征，即地理标志有指示产品质量的功能。地理标志产品制定了标准和管理规范，产品即使来自产地范围内，但不符合地理标志产品标准和管理规范要求，未达到质量技术要求的，也不能使用地理标志产品的名称。

第一款第（三）项是关于使用与地理标志专用标志相似的标志导致公众误认地理标志产品的规定。在产品上使用与地理标志专用标志相近、易产生误解的名称或标识及可能误导公众的文字或图案标志，导致公众误解和混淆，误认为该产品为地理标志产品的行为，属于应当禁止的违法行为。

第一款第（四）项是关于使用产品名称或者产品描述导致公众误认产地来源的规定。不是来自产地的产品，在产品上或包装、说明书、宣传广告、印刷品及其他介绍资料中，通过使用产品名称或者产品描述，包括使用与地理标志产品名称相似的名称，致使公众误认为该产品来自地理标志产品产地范围，属于禁止的违法行为。即使已标识了产品的真实产地，但通过使用产品名称或者产品描述，致使公众误认为该产品来自地理标志产品产地范围，也属于禁止的违法行为。

第一款第（五）项规定销售第（一）项至第（四）项情形产品的行为也属于应当禁止的违法行为。

本条第二款规定，禁止地理标志专用标志合法使用人超范围使用地理标志专用标志。强调地理标志专用标志合法使用人应当严格按照国家知识产权局发布的地理标志产品保护公告列明的范围使用地理标志专用标志，不得在保护公告的产地范围外生产的产品上使用地理标志专用标志，也不得在保护公告的产品品种以外的产品品种上使用地理标志专用标志。例如，地理标志专用标志合法使用人不符合地理标志产品保护公告要求，将其他区域的同种类产品运回本地加工、销售并使用专用标志，其行为将会严重扰乱市场秩序，损害地理标志声誉。在衍生品种上使用地理标志专用标志，会影响消费者对地理标志的认识，影响地理标志形象，导致地理标志淡化。

为完善《地理标志产品保护规定》，解决实践中突出问题的呼声较高，国家知识产权局2024年发布了《地理标志产品保护办法》（国家知识产权局令第80号），对地理标志产品保护内容进行了完善。该办法第三十条规定："有下列行为之一，依据相关法律法规处理：（一）在产地范围外的相同或者类似产品上使用受保护的地理标志产品名称的；（二）在产地范围外的相同或者类似产品上使用与受保护的地理标志产品名称相似的名称，误导公众的；（三）将受保护的地理标志产品名称用于产地范围外的相同或者类似产品上，即使已标明真实产地，或者使用翻译名称，或者伴有如'种''型''式''类''风格'等之类表述的；（四）在产地范围内的不符合地理标志产品标准和管理规范要求的产品上使用受保护的地理标志产品名称的；（五）在产品上冒用地理标志专用标志的；（六）在产品上使用与地理标志专用标志近似或者可能误导消费者的文字或者图案标志，误导公众的；（七）销售上述产品的；（八）伪造地理标志专用标志的；（九）其他不符合相关法律法规规定的。"该办法禁止在产地外产品上使用地理标志翻译名称，或者伴有如"种""型""式""类""风格"等之类表述的，不以混淆为前提，禁止利用地理标志声誉的"模仿"或"暗示性使用"。

关于查处违法行为，根据《广东省知识产权保护条例》第十三条规定，"负责知识产权保护的主管部门在查处知识产权案件时，有权采取有关行政措施，当事人应当予以协助、配合，不得拒绝、阻挠。有关行政措施包括：（一）询问有关当事人，调查与涉嫌违法行为有关的情况；（二）对当事人涉嫌违法行为的场所实施现场检查；（三）查阅、复制与涉嫌违法行为有关的合同、发票、账簿、电子数据以及其他有关资料；（四）检查与涉嫌违法活动有关的物品，抽样取证；（五）对可能灭失或者以后难以取得的证据，依法先行登记保存；（六）依法采取相关查封或者扣押措施；（七）对涉嫌侵犯制造方法专利权的，要求当事人进行现场演示，但是应当采取保护措施，防止泄密，并固定相关证据；（八）法律、法规规定的其他措施"。《广东省知识产权保护条例》第四十八条明确了应当予以从重处罚和可以予以从重处罚的情形。该条规定："对知识产权侵权行为作出的行政处罚决定或者知识产权侵权纠纷行政裁决、司法判决生效后，自然人、法人和非法人组织以相同行为再次侵犯同一知识产权的，负责知识产权保护的主管部门应当对其从重处罚。负责知识产权保护的主管部门在查处知识产权违法行为过程中，要求当事人提供相关证据材料，当事人无正当理由拒不提供或者伪造、销毁、隐匿有关证据材料的，负责知识产权保护的主管部门根据查明的违法事实实施行政处罚时，可以对其从重处罚。"

【实践案例】

1. 广州市、江门市市场监督管理局（知识产权局）查处冒用地理标志专用标志系列案❶

2023年6月2日，广州市番禺区市场监督管理局（知识产权局）根据江门市市场监督管理局（知识产权局）移交的案件线索，对广州某陈皮有限公

---

❶ 案例1~3选自国家知识产权局于2024年4月26日发布的2023年度知识产权行政保护典型案例。

司（当事人一）进行立案调查。经查，当事人一在其网店销售页面展示了与"(PGI标识图)"近似的标识，共销售陈皮商品58份，销售金额共计8584元。2023年7月4日，江门市市场监督管理局（知识产权局）根据广州市番禺区市场监督管理局（知识产权局）案件移送函，对江门市某陈皮有限公司（当事人二）经营场所进行检查。经查，当事人二从广东省某食品有限公司购进陈皮（代用茶）24罐，自行在产品的外包装上张贴带有某公司社会信用代码的地理标志专用标志，在网络平台销售上述产品1罐，违法所得118元。

2023年9月20日、9月26日，广州市番禺区和江门市市场监督管理局（知识产权局）认定当事人一和当事人二分别违反《条例》第二十条第一款第（一）项、第（一）项和第（五）项规定，依据《条例》第二十六条，作出没收当事人一违法所得8584元、罚款2146元，没收当事人二涉案产品23罐、没收违法所得118元、罚款2145.6元的的行政处罚。

该案发生在互联网领域，行政保护部门通过"线上追溯"与"线下打击"结合从源头上打击了知识产权违法行为。

2. 深圳市市场监督管理局（知识产权局）南山监管局查处擅自使用"南山荔枝"地理标志产品名称案

2023年4月10日，深圳市市场监督管理局（知识产权局）南山监管局对微信公众号"南山荔枝"的注册运营主体深圳市某荔枝发展有限公司立案调查。2023年4月23日，南山监管局依据《深圳经济特区知识产权保护条例》第二十八条规定，先行发布知识产权行政禁令决定书，责令当事人停止使用相关地理标志产品名称的行为。经查，2022年7月至2023年4月，当事人在其微信公众号上直接突出宣传使用"南山荔枝"地理标志产品名称，以及"深圳南山荔枝 中华人民共和国地理标志保护产品"等，并销售产自产地内但不符合《地理标志产品 南山荔枝》地方标准的荔枝产品，违法经营额共计2754元，违法所得2754元。

2023年7月3日，南山监管局认定当事人违反《条例》第二十条第一款第（二）项及第（五）项规定，依据《条例》第二十六条，作出没收违法所得2754元、罚款826.2元的行政处罚。

该案中，当事人利用互联网和社交媒介实施侵权行为，违法行为较为隐秘，影响面较广、调查难度较大，知识产权行政保护部门在掌握初步证据后先行发布全国首张地理标志知识产权行政禁令，及时制止侵权行为，根据产品是否符合地理标志产品标准和管理规范来判定地理标志产品名称的使用是否合法。

3. 珠海市香洲区市场监督管理局（知识产权局）查处擅自使用"慕尼黑啤酒"地理标志产品名称案

2023年10月18日，珠海市香洲区市场监督管理局（知识产权局）根据国家知识产权局转办的"慕尼黑啤酒"有关违法线索，对珠海市某商业有限公司某购物中心进行检查。经查，当事人从安徽某啤酒有限公司购进其生产的、名称为慕尼黑黑啤酒、慕尼黑精酿原浆啤酒等7种啤酒288瓶，并对外销售，违法经营额共计2448元，违法所得共192.87元。

2023年12月14日，珠海市香洲区市场监督管理局认定当事人违反《条例》第二十条第一款第（五）项规定，依据《条例》第二十六条，作出没收涉案啤酒223瓶（罐）、没收违法所得192.87元、罚款700元的行政处罚。

"慕尼黑啤酒"是中欧协定第一批保护清单产品，具有较高国际知名度。该案当事人销售的"慕尼黑啤酒"并非产自德国慕尼黑地区，易造成混淆误认，侵害了慕尼黑啤酒地理标志产品相关权利人的合法权益。

4. 珠海市斗门区市场监督管理局（知识产权局）查处"鲈鱼小丸子"包装上伪造地理标志专用标志案

2022年4月，珠海市斗门区市场监督管理局（知识产权局）执法人员依法对某水产公司进行示证检查。现场发现冰柜内摆放有一批"白蕉海鲈鱼丸"和"鲈鱼小丸子"的预包装食品进行对外销售。其中，"鲈鱼小丸子"的外包装标正面印有"鲈鱼小丸子"、中华人民共和国地理标志专用标志图案（文字图标），反面印有"食品名称：鲈鱼小丸子"等字样；"白蕉海鲈鱼丸"外包装正面印有"鲈鱼小丸子"、中华人民共和国地理标志专用标志图案（文字图标），反面印有"食品名称：白蕉海鲈鱼丸"等字样。经查，当事人在未获得地理标志专用标志使用资格的情况下，在生产的"白蕉海鲈鱼丸"和"鲈鱼小丸子"产品外包装上伪造"中华人民共和国地理标志"图标字样的专用标志。办案部门依据《中华人民共和国产品质量法》第五十三条的规定，责令当事人立即停止生产伪造"中华人民共和国地理标志"字样的认证标志的违法行为，并做出行政处罚。

此案当事人住所地在珠海市斗门区，属于是白蕉海鲈产地，当地部分企业误认为自己企业属于此区域此行业就可以使用该地理标志专用标志，通过此案的查处，起到了警示全市全行业的作用[99]。该行为也违反了《条例》第二十条第一款第（一）项的规定。此外，地理标志专用标志必须在保护公告的产品品种上使用，地理标志白蕉海鲈鱼保护公告中产品品种为海鲈，不涉及鲈鱼制品，即使当事人是地理标志专用标志的合法使用人，其在鱼丸等产品上使用地理标志专用标志的行为，也违反了《条例》第二十条第二款的规定。

## 第二十一条【信息公共服务与档案管理】

省人民政府公共数据主管部门应当会同省人民政府知识产权部门等有关部门加强地理标志相关信息的归集和共享，提供查询检索等信息公共服务。

县级以上人民政府知识产权部门应当完善地理标志的档案资料管理。

【本条主旨】
本条是关于加强地理标志信息公共服务与档案管理的规定。

【本条释义】

### 一、加强地理标志信息的归集和共享

建设便民利民的知识产权公共服务体系是党中央、国务院为知识产权强国建设部署的重要任务。一方面，地理标志有着较强的公益属性，考虑到我国对其理论研究和制度建设起步较晚，地理标志产业涉及较多农户、中小企业，对公共服务提出了更高的要求。另一方面，完善的地理标志信息系统有助于政府监管和保护，有助于消费者识别地理标志产品，优化市场环境。

为加强地理标志资源管理、提供产业发展数据和信息支撑，提高地理标志公共服务信息化水平，《地理标志保护和运用"十四五"规划》中规定，要推进地理标志保护资源管理信息化建设，建立完善地理标志保护资源数据库和电子化应用平台，建立地理标志保护资源管理数据发布机制，研究发布地理标志年度公报；要优化地理标志专用标志使用信息查询服务，加大专用

标志使用监管情况向社会公开的力度；要加大地理标志信息公共服务力度，实现平台数据共享、互联互通，推动实现面向公众的地理标志"一站式"信息服务。本条第一款规定，省人民政府公共数据主管部门应当会同省人民政府知识产权部门等有关部门加强地理标志相关信息的归集和共享，提供查询检索等信息公共服务。目前，广东建设了知识产权公共信息服务平台，面向公众提供地理标志信息查询服务❶。

## 二、完善地理标志档案资料管理

本条第二款规定县级以上人民政府知识产权部门应当完善地理标志档案资料管理。根据广东省地理标志产品专用标志使用核准试点工作，各级知识产权部门要按照"一品一档"要求，分别建立辖区范围内每个地理标志产品专用标志使用信息档案。信息档案包括：产品保护申请资料、受理公告、批准公告；专用标志申请资料、专用标志使用核准公告、注销公告；专用标志的印制、发放、使用台账；地方印发的相关政策措施、发展规划、管理规范；日常监督检查报告和年度总结报告；相关新闻宣传报道文字图片资料以及其他相关资料等。

# 第二十二条【生产指导和技术服务】

县级以上人民政府应当组织有关部门和行业组织按照地理标志产品的相应的标准、管理规范或者规则以及保护措施加强生产指导和技术服务，加大对地理标志产品生产经营者的培训力度。

【本条主旨】
本条是关于加大地理标志产品生产经营者生产指导和技术服务的规定。
【本条释义】
地理标志的生产经营者中有较多的农户和中小企业，而地理标志产品以

---

❶ 广东地理标志检索系统，https://gi.gpic.gd.cn/。

及其种植、采收、储藏、保鲜、分选加工、包装、冷链物流配送、经销、品牌建设、国际贸易等全产业链各环节均可能存在相应标准或管理规范、规则，是生产经营者需共同遵守的准则，对生产经营者提出了较高要求，需要加大生产指导和技术服务。特别是针对分散在农户中种植、养殖、加工的地理标志产品，更应加大对生产经营者的培训力度，提升质量管控能力，保证地理标志产品的稳定品质。例如，在关于梅州金柚产业的研究[100]中指出，农户分散种植难以做到标准化生产，造成产品品质参差不齐；抗风险能力差，对特殊天气应变能力弱；部分散户因种植面积小粗放管理，导致病虫害大量发生，形成了控制难、危害大的局面，总的来说，需要建立完善的柚果技术服务体系，推广科学栽培、贮存和营销。

鉴于地理标志产品生产的技术标准规范要求，引导农户加入产业组织、提升农户受教育水平以及农业科技推广，将有效促进地理标志使用。基于陕西省猕猴桃主产区645个种植户的调查数据显示，使用地理标志后，猕猴桃每亩的种植成本增加292元，但是亩均产值增加2346元，亩均纯收入增加2054元，种植决策者的受教育水平、猕猴桃收入占农户总收入比重、是否加入产业组织以及亲友中是否有农技专家都对农户选择使用地理标志有显著的正向影响[101]。

本条规定县级以上人民政府应当组织有关部门和行业组织按照地理标志产品的相应标准、管理规范或者规则以及保护措施加强生产指导和技术服务，加大对地理标志产品生产经营者的培训力度。具体工作包括：加强基础服务供给，开展政策解读和经验交流；传播标准化生产、地理标志和专用标志使用等知识，提升标准化生产能力；建设技术服务体系，强化业务指导培训，组织技术专家团队传授专业技术知识，带动新技术、新人才、新理念等向地理标志产业流动。

## 第二十三条【社会服务】

有关行业组织应当发挥行业自律作用，开展地理标志运用、保护的宣传、引导和培训，提供信息互通、技术共享、品牌共建服务，引导地理标志产品生产经营者规范生产经营。

鼓励各类知识产权服务机构开展地理标志市场化服务，开展地理标志品牌运营、供需对接、市场拓展等专业服务。

鼓励有条件的地理标志产品产地建设专业化检验检测机构。鼓励第三方检测机构为地理标志运用和保护提供数据和技术支持。

**【本条主旨】**

本条是关于地理标志社会服务的规定。

**【本条释义】**

地理标志产业发展需要高效的行业组织、知识产权服务机构以及检验检测机构的参与。

## 一、行业组织

本条第一款是对行业组织发挥行业自律作用的要求。地理标志产业涉及生产经营者众多，包括种植养殖、加工生产、销售等环节，在产业链共建共享中，由于相同的目标和共同利益，可能会出现生产者联盟、协会或合作社等不同的行为者群体，具有复杂的纵向和横向关系。这些行业组织有各自共同的目标，能协调内部成员利益，可以提供信息互通、技术共享、品牌共建等服务，引导规范生产经营，可以细化产品体系，协调产品供应链，推广应用生产工艺标准和技术，监督产品的流通，宣传地理标志品牌，对地理标志运用、保护有积极作用。例如，法国香槟在法定主产区设立香槟委员会，主要负责香槟酒的日常原产地名称保护管理工作，另外还设有香槟地区果农总工会、酒商联盟、葡萄种植协会等[92]。

## 二、知识产权服务机构

本条第二款鼓励各类知识产权服务机构开展地理标志市场化服务，开展地理标志品牌运营、供需对接、市场拓展等专业服务。地理标志是知识产权的一种类型，应当综合运用专利、商标、地理标志等知识产权服务助力地理标志产业发展。知识产权服务机构可以服务化解地理标志知识产权纠纷，指导服务企业、行业协会及时维权，制止违法侵权行为，避免地理标志产品名称不当使用，有效保护地理标志，可以帮助相关生产企业塑造品牌，提升地理标志知名度。地理标志产业创新发展中需要围绕产业链技术难题，开展科研攻关和专利布局，引导高校或科研院所涉农专利技术转移转化，知识产权服务机构能够促进技术创新以及专利布局获权和转化运用。

国家知识产权局办公室发布的《地理标志运用促进工程实施方案》提出，实施地理标志专业服务提升计划，鼓励专利代理、商标代理等各类知识产权服务机构，拓展地理标志服务业务，打造一批地理标志品牌服务机构。《广东省发展地理标志产业实施方案》要求，依托现代农业与食品产业知识产权协同运营中心，开展现代农业知识产权运营转化、维权援助和信息服务等工作；依托推动各级知识产权信息公共服务节点网点公共资源和服务下沉，提升基层地理标志服务便利化水平，引导和支持知识产权专业服务机构重点面向县镇村提供专业性地理标志服务。

### 三、检验检测机构

本条第三款鼓励检验检测机构建设和发展，夯实地理标志产业发展质量基础设施建设。地理标志产品的生产的每个阶段均需要控制，需要检验检测技术支撑。较多的地理标志还存在产品与其他地域同类产品区别性指标检验检测难的问题，难以为消费者、企业、行业组织、行政管理部门提供权威、可靠信息，满足地理标志保护和消费市场需求。有条件的地理标志产品产地可建设专业化检验检测机构。

此外，鼓励第三方检测机构为地理标志运用和保护提供数据和技术支持。第三方检测机构是指处于买卖利益之外的第三方，以公正、权威的非当事人身份，根据有关法律、标准或合同进行商品检验活动。成熟的第三方检测机构在欧美非常普遍，采用第三方检测进行商品检验成为企业的习惯。我国检测行业起步较晚，随着市场需求以及检验检测机构市场化改革的不断推进，第三方检测行业快速发展[102]。地理标志产品与其他同类品种区别特征的检测，需要深入系统研究，开发检测方法，第三方检测机构具有专业的检测仪器、人员、资质，应客户要求以市场为导向创新检验检测技术体系，可以为地理标志产业发展提供有利支撑。

【实践案例】

1. 法国康堤奶酪品质检测

法国康堤（Comté）奶酪的一个关键特征是其芳香多样，有超过 200 种芳香成分。每个奶酪的口感、风味和质地主要取决于四个因素：特定产地区域条件、生产年份，奶酪制造商的特殊诀窍以及成熟过程。奶酪成熟后，由专家组成的评审团会检查它的味道和外观。每个奶酪根据其整体外观、外皮质量、内部外观、质地和味道打分，满分为 20 分，得分在 15 分及以上的奶酪会被贴上绿色标签，得分在 12~15 分的奶酪会被贴上棕色的条纹，味道低于 3 分或总分低于 12 分的奶酪会被降级，转而用于制作其他产品。

康堤奶酪的技术委员会（康堤奶酪的技术和科学部门），由生产者、康堤奶酪协会和法国政府提供资助，负责技术咨询、监测以及质量控制，定期进行微生物、物理化学和口味测试。通过对土壤、牧场、植物群等进行分析，研究每个奶酪奶牛场（年份）的芳香特征[103]。

2. 海南沉香产品检验检测

沉香是有名的香料，也是名贵中药材，其药用价值在我国已经有数千年的应用。"海南沉香（香料）""海南沉香（药用）"证明商标于 2022 年批准注册，海南省林业科学研究院（海南省红树林研究院）为注册持有人。为了保障"海南沉香"地理标志证明商标系列产品的品质，根据国家知识产权局《集体商标、证明商标注册和管理办法》及《"海南沉香"地理标志证明商标使用管理规则》要求，海南省林科院授权委托中国医学科学院药用植物研究所海南分所、中国热带农业科学院热带生物技术研究所两家单位作为"海南沉香"地理标志证明商标系列产品检验检测单位，对申请使用海南沉香地理标志证明商标的产品进行检验检测[104]。

中国医学科学院药用植物研究所海南分所致力于沉香开发利用，组建了全球首家沉香鉴定中心，获检验检测机构资质认定（CMA 资质），是沉香及其相关产品具备认证资格的第三方质量检测平台。沉香鉴定中心依托科技部"创新人才推进计划"国家重点领域创新团队"沉香等珍稀南药诱导形成机制及产业化技术创新团队"、海南省人才团队"沉香等特色南药产业化技术创新团队"和国家中医药管理局"沉香可持续利用重点研究室"，结合分子生物学技术、木材显微鉴定技术和现代化学分析技术，建立了沉香鉴定技术体系[105]。

中国热带农业科学院热带生物技术研究所依托海南黎（南）药分析测试中心，开展沉香等 27 种黎（南）药的真伪鉴定，获得 CMA 资质认定，是黎（南）药及其产品的第三方质量检测平台。该研究所的沉香研究团队历经十多年研究发现鉴定沉香的关键成分，及其在不同沉香样品资源中的不同分布规律，利用沉香特征性成分质谱数据库及其高效快速检测方法已为公安和海关等政府机构、沉香行业协会、企业及个人，累计进行了 930 多次沉香真伪和品质鉴定，平均可在 1~2 小时内完成一份沉香的检测和鉴定[106]。

## 第二十四条【地理标志产业统计、监测和研究】

省和地级以上市人民政府应当健全符合本行政区域实际的地理标志产业统计调查制度，组织实施地理标志产业统计调查。

县级以上人民政府知识产权、农业农村、工业和信息化等有关部门应当建立地理标志产品产值统计机制，对地理标志产品信息进行监测分析。

鼓励和支持高等学校、科研机构和社会组织开展地理标志产业经济贡献率等方面的研究。

【本条主旨】
本条是关于地理标志产业统计、监测和研究的要求。

【本条释义】
统计是经济社会发展重要的基础性工作，是宏观调控的重要依据，为国家各项决策部署提供科学支撑。统计在促进产业发展中具有重要且不可替代的作用，为产业发展提供调控监管的客观信息、科学决策的可靠依据、评价工作成效的重要依据，是推动工作创新的有效动力机制。通过对地理标志产业、产品产值统计分析和产业经济贡献率研究等，政府部门进一步了解地理标志产业分布与发展水平，将地理标志保护运用工作融入地方经济社会发展大局。

《"十四五"国家知识产权保护和运用规划》要求推动地方建立地理标志产品产值统计制度。《地理标志运用促进工程实施方案》要求推进地理标志运用促进相关统计监测和分析工作，组织开展地理标志运用情况摸底调查。地方政府应当健全符合本行政区域实际的地理标志产业统计调查制度，掌握地理标志带动农村农业发展情况，推动地理标志产业政策科学决策。知识产权、农业农村、工业和信息化部门应与统计部门等联动，建立科学规范的地理标志产品产值统计制度，对地理标志产品信息进行监测分析，将地理标志作为反映区域特色产业发展情况的"晴雨表"。重点对反映产业发展情况的地理标志产品产值、出口额、关联产业（加工、物流、旅游等）产值、从业人员数量、从业人员人均年收入等情况进行统计监测，探索对反映地理标志品牌价值的地理标志产品销售溢价等其他数据进行统计分析。鼓励和支持高等学校、科研机构和社会组织开展地理标志产业经济贡献率等方面的研究，为地理标志统计监测提供支撑。

# 第二十五条【人才培养】

县级以上人民政府应当加大人才培养力度，扩大人才培养规模，建立健全人才使用与激励机制，加强人才引进和交流，支持有关行业组织加强地理标志人才队伍建设。

省人民政府知识产权部门应当建立地理标志专家库，组织开展地理标志基础理论研究，为地理标志运用、保护和产业发展提供专业支持。

【本条主旨】

本条是关于地理标志人才培养的规定。

【本条释义】

习近平总书记强调："发展是第一要务，人才是第一资源，创新是第一动力。"在地理标志保护和贸易不断强化，实施乡村振兴战略，以及国内国际双循环相互促进的新发展格局背景下，地理标志发展面临重要机遇。加大地理标志专业人才队伍培养，是地理标志产业长远发展的必然要求。《地理标志保护和运用"十四五"规划》《关于进一步加强地理标志保护的指导意见》等文件均提出加强人才队伍建设，要求加大人才培养力度，扩大人才培养规模，建立多领域、多层次、高水平的地理标志智库，建立健全人才使用与激励机制，充分利用现有奖励制度，对为地理标志保护作出突出贡献的集体和个人，按国家有关规定给予表彰奖励。

## 一、地理标志人才培养

与地理标志产业迅速发展相对应的是专业人才供给不足问题。本条第一款规定,县级以上人民政府应当加大人才培养力度,扩大人才培养规模,建立健全人才使用与激励机制,加强人才引进和交流,支持有关行业组织加强地理标志人才队伍建设。具体包括以下四个方面:

一是建立以地理标志产业高质量发展为导向的人才培养机制。地理标志产业发展涉及质量监管、标准化生产、品牌建设、技术创新、知识产权保护等,需要公共部门、行业组织、生产经营者的有效参与,地方政府应加大对地理标志公共资源的维护,加大人才培养、引进投入。

二是培养一批熟悉地理标志制度和规则的实务型人才。做好行政人员能力提升轮训工作,提升公共部门地理标志工作能力。强化行业组织等人才队伍建设,建设专业化管理组织。

三是扩大人才培养规模。推动技术推广人员的知识更新和专业水平、服务能力的提升。鼓励和支持生产经营主体参加专业知识和技能培训,培训新型职业农民。加强校企联合,依托地方高校、职业技术学院开设专业课程,为种植者、养殖者、加工者提供系统培训,加强专业人才储备。

四是适应新业态人才发展需求。例如,现阶段新媒体、互联网给地理标志产品营销方式带来巨大的变化,产品销售常与直播、短视频等形式紧密结合,可培养和吸引电商人才,促进品牌孵化。再如,地理标志国际贸易增加,应加强地理标志国际运营人才培养引进,促进市场开拓、品牌建设和海外维权。

## 二、地理标志专家库建设

本条第二款规定,省人民政府知识产权部门应当建立地理标志专家库,组织开展地理标志基础理论研究,为地理标志运用、保护和产业发展提供专业支持。地理标志产品涵盖范围广泛,地理标志专家库应结合地理标志产品的分类,同时吸纳知识产权、标准、检验检测等多类人才,为地理标志政策研究、产业创新发展、行业管理、品牌培育、保护运用以及国际合作等提供智力支撑。专家库建设应构建合理的专家遴选制度,定期对专家库信息进行更新补充,实行动态管理。目前,广东省知识产权局建立了广东省地理标志专家库,包括专业技术类、标准化类、质量检验类、战略管理类等类型专家。

## 第二十六条【法律责任】

违反本条例第二十条规定的,由县级以上人民政府知识产权部门责令限期改正,没收违法生产、销售的产品,并处违法生产、销售产品货值金额等值以下的罚款;有违法所得的,并处没收违法所得;同时违反《中华人民共和国商标法》《中华人民共和国反不正当竞争法》等法律法规的,按照相关法律法规进行处理;构成犯罪的,依法追究刑事责任。

【本条主旨】

本条是关于法律责任的规定。

【本条释义】

《地理标志产品保护规定》(2005年)第二十四条规定,违反本规定的,由主管部门依据《中华人民共和国产品质量法》《中华人民共和国标准化法》《中华人民共和国进出口商品检验法》等有关法律予以行政处罚。根据《地理标志专用标志使用管理办法(试行)》第十条规定,知识产权管理部门及相关执法部门依照法律法规和相关规定进行调查处理违法行为。实践中,基层行政执法部门在对地理标志违法行为执法时,经常会遇到一种违法行为触犯多个部门法规定的情形。例如,虚假标注地理标志产品"名称"或"专用标志"一般情况下会同时违反产品质量法和反不正当竞争法的规定;当涉案产品为食品时又会违反食品安全法的规定;在地理标志已注册商标时还会违反《商标法》的规定[107]。对地理标志违法行为的处罚可以适用多项法律法规,因缺少直接的法律法规依据,影响执法的力度与效果。

在广东省知识产权局与江西、湖北、湖南知识产权部门跨区域联动查处擅自使用"马坝油粘米"地理标志产品名称系列案中,广东、江西、湖北、湖南等4省6地(市)10县(区)知识产权和市场监督管理部门共立案10起,分别认定相关当事人违反《中华人民共和国产品质量法》第五条、《中华人民共和国食品安全法》第七十一条、《中华人民共和国反不正当竞争法》第六条和《地理标志产品保护规定》第二十一条等规定,依据《中华人民共和国产品质量法》第五十三条、《中华人民共和国食品安全法》第一百二十五条、《中华人民共和国反不正当竞争法》第十八条和《地理标志产品保护规定》第二十四条等规定，作出行政处罚决定。由于对地理标志违法行为执法时缺少直接的法律法规依据，对同一案件同一行为出现了适用法律法规不同、处罚措施不同的情况，导致处罚缺乏一致性。

地方性法规可以在法律的规定之下对于违法行为法律责任进行统一规定，方便基层行政执法部门直接援引地方性法规中的法律责任条款作为处罚违法行为的依据。《条例》作为全国第一个地理标志的专门性法规，参照《中华人民共和国产品质量法》第五十三条关于伪造产地、伪造冒用质量标志的法律责任的规定，对地理标志违法行为的法律责任作出了规定，增强对地理标志违法行为的震慑作用；同时规定违反《商标法》《中华人民共和国反不正当竞争法》等法律法规的，按照相关法律法规进行处理；构成犯罪的，依法追究刑事责任。本条规定便于基层行政执法部门开展行政执法，也为援引法条提供一定的指引。

## 第二十七条【公益诉讼】

**人民检察院在履行职责中发现损害社会公共利益的地理标志违法行为，可以依法支持起诉或者提起公益诉讼。**

**【本条主旨】**

本条是关于公益诉讼的规定。

**【本条释义】**

《最高人民检察院关于全面加强新时代知识产权检察工作的意见》要求检察机关要稳步开展知识产权领域公益诉讼，从国家层面对知识产权领域公益诉讼作出了部署。地理标志作为一种公共资源和社会财富，产地范围内满足产品质量要求的生产经营者均有权使用，相较其他知识产权具有更显著的公共属性，涉及当地同行业生产经营者和众多不特定消费者的合法权益，对区域经济发展有重要影响，蕴含社会公共利益。

随着地理标志品牌价值提升、电子商务平台兴起，侵犯地理标志权益的现象愈发普遍，损害了地理标志产品的声誉，侵犯了相关产业链从业人员的权益，侵害了消费者的合法权益。在地理标志保护中，存在实施违法侵权行为商家分布广泛，维权抗辩难度大，地理标志商标权利人维权能力弱，地理标志保护产品或者农产品地理标志无适格诉讼主体，地理标志产品生产经营者维护集体权益主观动力不足、客观难度大等问题，单纯依靠私力救济不能有效解决的，不利于保护公共利益。检察机关依法支持起诉或者提起公益诉讼包括以下情形：

（1）地理标志保护与破坏相关生态环境和资源，或者危害食品药品安全、危害农产品质量安全等法定领域交叉的案件，可以提起民事或行政公益诉讼[108]。

（2）地理标志商标侵权行为屡屡发生，权利人维权困难的，检察机关以支持起诉的方式帮助地理标志商标权利人起诉。

（3）地理标志保护产品或者农产品地理标志无适格诉讼主体，行政机关存在行政管理疏忽，执法不到位，以至于损害广大消费者的利益和地理标志产品生产经营者利益的，检察机关提起行政公益诉讼，提出检察建议，持续跟进监督，督促市场监管等部门加强地理标志保护。

（4）利用地理标志等向众多不特定群体索要高额加盟费、使用费等，实施垄断行为，损害公共利益或者造成重大不良影响的，检察机关提起民事公益诉讼[108]。

通过地理标志公益诉讼，保护区域公共资源、传统文化、地域品牌形象，保护不特定消费者的合法权益，维护市场经济秩序和当地同行业生产经营者利益[109]。实践中，广东省已有部分地市对地理标志公益诉讼进行了探索，如珠海市斗门区人民检察院在全省率先就当地"白蕉海鲈"地理标志保护不到位的问题提出了公益诉讼检察建议，有效加强地理标志保护力度。本条总结归纳了广东省相关实践经验，规定人民检察院在履行职责中发现损害社会公共利益的地理标志违法行为，可以依法支持起诉或者提起公益诉讼。

【实践案例】

1. "白蕉海鲈"地理标志保护行政公益诉讼案[110]

2023 年，最高检发布检察机关知识产权保护典型案例"白蕉海鲈"地理标志保护行政公益诉讼案。2022 年 5 月，珠海市斗门区人民检察院经调研走访发现，多家生产企业和销售商户违规或者错误使用"白蕉海鲈"地理标志，作为地理标志产品和地方特色支柱产业的"白蕉海鲈"，存在地理标志使用混乱、规范性文件失效、管理不到位、品牌建设滞后等问题，影响品牌信誉和可持续发展，致使产业发展面临危机，公共利益受到侵害。斗门区检察院以行政公益诉讼立案后，组织召开公开听证会，邀请市、区两级相关行政机关代表、专家学者以及人大代表、政协委员、人民监督员参加。经听证，与会代表一致同意检察机关向行政部门制发检察建议，并就各职能部门凝聚保护合力、搭建长效机制达成一致意见。斗门区检察院结合已查明的案件事实和公开听证评议意见，向斗门区市场监督管理局制发《检察建议书》，建议行政机关依法全面履职，引导"白蕉海鲈"地理标志规范使用，加大侵权打击力度，修订完善有关"白蕉海鲈"地理标志的管理办法和质量标准体系，建立健全长效监管机制，加强对"白蕉海鲈"地理标志的综合保护。

收到检察建议后，斗门区市场监督管理局高度重视，成立地理标志保护工作小组，制定工作实施方案和若干措施，开展线上线下一体化专项整治行动，完成海鲈鱼相关食品抽检28批次，针对冒用地理标志发布虚假广告、擅自使用和错误使用地理标志等行为，对多家企业依法查处、督促整改、立案查处，发出《行政提示书》1份，现场指导企业10余家，并动员多家生产企业成为广东省预制菜地方标准参编单位，抢占预制菜赛道。

同时，斗门区检察院邀请斗门区政府相关职能部门召开"白蕉海鲈"地理标志知识产权保护暨产业发展工作联席会议，就地理标志保护与促进产业发展达成共识。斗门区检察院持续跟进监督，积极协助区政府制定《"白蕉海鲈"地理标志产品保护管理办法》等规范性文件，并向珠海市司法局递交《立法项目建议申报表》，协调推动将"白蕉海鲈"地理标志单独立法列入2023年地方立法项目。此外，斗门区检察院还向有关部门报送《关于"白蕉海鲈"地理标志知识产权保护工作的调研报告》，从多个维度为产业链综合保护提出建议。

地理标志的保护不仅涉及知识产权权利人和消费者的利益，而且涉及地方特色品牌建设和地方区域经济发展。本案中，检察机关聚焦源头预防，依法保护地理标志，坚持精准监督，构建多重保护路径；发挥行政公益诉讼诉前程序功能，通过公开听证、专家咨询等方式共商良策，督促行政机关依法履职，召开产业发展工作联席会议，多部门磋商促进协同共治，有针对性地提出诉源治理方案；并通过协助地方政府制定规范性文件、推动地方立法、形成调研报告等方式实现标本兼治，为地理标志保护提供全方位法治保障。

2. "南汇8424西瓜"地理标志集体商标公益保护案[111]

2021年7月，上海某知名卖场出现了售价较低的"南汇8424西瓜"，9

月，市场监管部门对该供货商作出罚款 40 余万元的行政处罚。同年底，浦东新区检察院检察官在系统筛查行政处罚案件线索时，注意到了这起涉"南汇8424 西瓜"地理标志集体商标保护行政处罚案，在走访沟通中，浦东农协表示将通过提起民事诉讼的方式维护权益，并提出希望检察机关支持起诉的请求。

浦东农协是一家非营利、服务型的社会组织，没有法务人员，也没聘请法律顾问，维权经验和能力较弱，与侵权方在市场规模、行业影响力及维权能力等方面存在着很大差距。侵权行为不仅侵犯了商标权利人的权益，损害了地理标志产品的声誉，还挤占了种植、销售正品"南汇 8424 西瓜"瓜农（企业）的市场份额，侵犯了相关产业链从业人员的权益。同时，由于"南汇 8424 西瓜"品牌市场关注度高，假冒产品容易误导消费者，侵害消费者的合法权益。"南汇 8424 西瓜"作为地区特色品牌，侵权行为也损害了地方政府保护和发展特色品牌、推动地方经济发展的预期发展利益。因此，"南汇8424 西瓜"地理标志集体商标背后具有公益属性，假冒"南汇 8424 西瓜"侵犯公共利益。

浦东新区检察院立案受理"南汇 8424 西瓜"地理标志集体商标公益保护案。检察官联系市场监管部门，调取关于该案的全部证据材料。持续走访权利人浦东农协，围绕权利人提出的诉讼请求，综合运用提供法律咨询、引导收集和梳理证据、提出支持起诉意见等多种方式为其提供有力法律支持。联合公安机关和电商平台，通过大数据筛查出网络平台上售卖"南汇 8424 西瓜"以及涉"南汇 8424 西瓜"商标标识、溯源码及外包装的店铺，对其进行知识产权风险提示，告知相关法律规定及侵权后果，从源头上减少侵权行为的产生。2022 年 7 月，浦东农协向法院提起民事诉讼。在浦东农协的请求下，浦东新区检察院同时向法院提交支持起诉书。

与此同时，了解到类似浦东农协这样非营利、服务型的社会组织的商标权利人，在维权上一直处于相对弱势地位，浦东新区检察院继续梳理浦东地区其他地理标志集体商标的保护情况，持续开展地理标志侵权溯源治理的检察履职。

3. 临平区检察院支持杭州市西湖龙井茶管理协会起诉[112]

2018 年至 2021 年 4 月，姚某某未经商标权利人杭州市西湖龙井茶管理协会许可，在电商平台网店擅自使用带有"西湖龙井"字样的标题、图片及文字描述，并从他人处购买"西湖龙井"茶叶外包装袋、茶叶罐等，将产自杭州市余杭区中泰街道的自家茶叶及少量收购的茶叶以"西湖龙井"茶的名义包装销售,销售金额达人民币 60 万元以上。2021 年 8 月,犯罪嫌疑人姚某某因涉嫌假冒注册商标罪被公安机关移送审查起诉。

办案过程中,检察官了解到"西湖龙井"地理标志不仅包含了商标注册人的权益,还涵盖了当地同行业生产经营者和不特定多数消费者的合法权益。实践中,杭州市西湖龙井茶管理协会一直致力于保护"西湖龙井"地理标志,但类似的侵权行为屡屡发生。于是,在打击刑事犯罪的同时,该院同步启动了"西湖龙井"地理标志公益保护工作,成立了专案组,多次与杭州市西湖龙井茶管理协会沟通,走访市、区两级农业农村局,与公安机关加强对接沟通。2021 年 9 月,临平区检察院举行公开听证会,对"西湖龙井"地理标志证明商标的公益保护问题进行充分论证。11 月 19 日,该院依法对被告人姚某假冒注册商标案提起公诉。11 月底,杭州市西湖龙井茶管理协会向余杭区法院递交起诉状,临平区检察院向余杭区法院递交支持起诉意见书及相关证据材料,对协会的诉讼请求予以支持。

4. 清远市检察院地理标志保护案例[113]

2023 年 4 月,清远市检察院发布 3 件地理标志保护典型案例,分别是连州市检察院公益诉讼保护"连州菜心"、清新区检察院"刑事+司法救助"保护"桂花鱼"、英德市检察院融合履职保护"英德红茶",涉及刑事检察、行政检察、公益诉讼检察、司法救助。

连州市检察院公益诉讼保护"连州菜心"。通过行政公益诉讼诉前磋商函,有效督促有关行政机关依法履行对农药包装废弃物的监管职责,有力维护了连州菜心地理标志产业健康发展。

清新区检察院"刑事+司法救助"保护"桂花鱼"。依法打击侵害"桂花鱼"地理标志产业刑事犯罪,联合市检察院对被害养殖户进行司法救助,帮助其恢复生产经营,延伸检察职能创建农药、兽药领域监督管理公益诉讼大数据法律监督模型,规范农药、兽药领域的经营活动,融合履职保护桂花鱼产业发展。

英德市检察院融合履职保护"英德红茶"。通过刑事检察职能依法打击冒用证明商标犯罪,通过行政检察职能解决英德红茶证明商标运用及保护不充分问题,通过公益诉讼解决国有资产流失问题,为英德红茶提供全链条司法保护。

## 第二十八条【施行日期】

本条例自 2023 年 1 月 1 日起施行。

【本条主旨】
本条是关于施行时间的规定。

【本条释义】
《广东省地理标志条例》经省十三届人大常委会第四十七次会议于 2022 年 11 月 30 日审议通过，自 2023 年 1 月 1 日起施行。《条例》规定了具体施行时间，使各级政府与各类主体对《条例》的施行准备更加充分。

# 附 表 广东地理标志名录

（截至 2023 年 12 月）

| 序号 | 地市 | 地理标志 | 地理标志产品保护 | 地理标志商标 | 农产品地理标志 |
|---|---|---|---|---|---|
| 1 | 广州 | 增城挂绿荔枝 | √ | √ | |
| 2 | 广州 | 增城荔枝 | √ | √ | |
| 3 | 广州 | 派潭凉粉草 | √ | √ | |
| 4 | 广州 | 增城丝苗米 | √ | √ | |
| 5 | 广州 | 从化荔枝蜜 | √ | √ | |
| 6 | 广州 | 新垦莲藕 | √ | √ | |
| 7 | 广州 | 增城迟菜心 | √ | | |
| 8 | 广州 | 钱岗糯米糍 | √ | | |
| 9 | 广州 | 萝岗糯米糍 | √ | | |
| 10 | 广州 | 萝岗甜橙 | √ | | |
| 11 | 广州 | 庙南粉葛 | √ | | |
| 12 | 广州 | 增城菜心 | | √ | |
| 13 | 广州 | 增城乌榄 | | √ | |
| 14 | 广州 | 增城糯米糍荔枝 | | √ | |
| 15 | 广州 | 增城桂味荔枝 | | √ | |
| 16 | 广州 | 从化荔枝 | | √ | |
| 17 | 广州 | 从化流溪娟鱼 | | √ | |
| 18 | 广州 | 南沙青蟹 | | √ | |
| 19 | 广州 | 黄阁小虎麻虾 | | √ | |

续表

| 序号 | 地市 | 地理标志 | 地理标志产品保护 | 地理标志商标 | 农产品地理标志 |
|---|---|---|---|---|---|
| 20 | 广州 | 沙湾墨兰 |  | √ |  |
| 21 | 广州 | 炭步槟榔香芋 |  |  | √ |
| 22 | 深圳 | 南山荔枝 | √ | √ |  |
| 23 | 深圳 | 黄田荔枝 |  |  | √ |
| 24 | 珠海 | 白蕉海鲈 | √ |  |  |
| 25 | 珠海 | 斗门荔枝 |  | √ |  |
| 26 | 珠海 | 金湾黄立鱼 |  |  | √ |
| 27 | 汕头 | 金玉三捻橄榄 | √ |  |  |
| 28 | 汕头 | 西胪乌酥杨梅 | √ |  |  |
| 29 | 汕头 | 潮阳姜薯 | √ |  |  |
| 30 | 汕头 | 潮汕橄榄菜 | √ |  |  |
| 31 | 汕头 | 潮汕贡菜 | √ |  |  |
| 32 | 汕头 | 亚热果酒 | √ |  |  |
| 33 | 汕头 | 南澳牡蛎 | √ |  |  |
| 34 | 汕头 | 达濠鱼丸 | √ |  |  |
| 35 | 汕头 | 南澳紫菜 |  | √ |  |
| 36 | 汕头 | 雷岭荔枝 |  | √ |  |
| 37 | 汕头 | 雷岭乌叶荔枝 |  | √ |  |
| 38 | 佛山 | 乐平雪梨瓜 | √ | √ |  |
| 39 | 佛山 | 合水粉葛 | √ | √ |  |
| 40 | 佛山 | 香云纱 | √ | √ |  |
| 41 | 佛山 | 九江双蒸酒 | √ |  |  |
| 42 | 佛山 | 石湾玉冰烧酒 | √ |  |  |
| 43 | 佛山 | 石湾美术陶瓷 | √ |  |  |
| 44 | 佛山 | 伦教糕 | √ |  |  |
| 45 | 佛山 | 顺德红米酒 | √ |  |  |
| 46 | 佛山 | 三水黑皮冬瓜 |  | √ | √ |
| 47 | 佛山 | 三水芦苞鱼干 |  | √ |  |
| 48 | 佛山 | 合水粉葛 |  | √ |  |
| 49 | 佛山 | 高明三洲黑鹅 |  | √ |  |

续表

| 序号 | 地市 | 地理标志 | 地理标志产品保护 | 地理标志商标 | 农产品地理标志 |
|---|---|---|---|---|---|
| 50 | 佛山 | 石湾公仔 |  | √ |  |
| 51 | 佛山 | 均安草鲩 |  | √ |  |
| 52 | 佛山 | 西樵大饼 |  | √ |  |
| 53 | 佛山 | 陈村蝴蝶兰 |  |  | √ |
| 54 | 佛山 | 陈村年桔 |  |  | √ |
| 55 | 佛山 | 顺德国兰 |  |  | √ |
| 56 | 佛山 | 顺德鳗鱼 |  |  | √ |
| 57 | 韶关 | 三华李 | √ | √ |  |
| 58 | 韶关 | 马坝油粘米 | √ | √ |  |
| 59 | 韶关 | 新丰佛手瓜 | √ | √ |  |
| 60 | 韶关 | 火山粉葛 | √ |  |  |
| 61 | 韶关 | 南雄板鸭 | √ |  |  |
| 62 | 韶关 | 九仙桃 | √ |  |  |
| 63 | 韶关 | 长坝沙田柚 | √ |  |  |
| 64 | 韶关 | 仁化白毛茶 | √ |  |  |
| 65 | 韶关 | 北乡马蹄 | √ |  |  |
| 66 | 韶关 | 张溪香芋 | √ |  |  |
| 67 | 韶关 | 沿溪山白毛尖 | √ |  |  |
| 68 | 韶关 | 乳源彩石 | √ |  |  |
| 69 | 韶关 | 清化粉 | √ |  |  |
| 70 | 韶关 | 始兴石斛 | √ |  |  |
| 71 | 韶关 | 乐昌黄金奈李 |  | √ |  |
| 72 | 韶关 | 扶溪大米 |  | √ |  |
| 73 | 韶关 | 始兴顿岗马蹄 |  | √ |  |
| 74 | 韶关 | 丹霞贡柑 |  |  | √ |
| 75 | 韶关 | 大桥石鲤 |  |  | √ |
| 76 | 河源 | 河源米粉 | √ |  |  |
| 77 | 河源 | 连平鹰嘴蜜桃 | √ |  |  |
| 78 | 河源 | 紫金春甜桔 | √ |  |  |
| 79 | 河源 | 东源仙湖茶 |  | √ |  |

续表

| 序号 | 地市 | 地理标志 | 地理标志产品保护 | 地理标志商标 | 农产品地理标志 |
|---|---|---|---|---|---|
| 80 | 河源 | 东源板栗 | | | √ |
| 81 | 梅州 | 大埔青花瓷 | √ | √ | |
| 82 | 梅州 | 大田柿花 | √ | √ | |
| 83 | 梅州 | 梅州金柚 | √ | | |
| 84 | 梅州 | 西岩乌龙茶 | √ | | |
| 85 | 梅州 | 马图绿茶 | √ | | |
| 86 | 梅州 | 八乡山番薯 | √ | | |
| 87 | 梅州 | 平远脐橙 | √ | | |
| 88 | 梅州 | 长乐烧酒 | √ | | |
| 89 | 梅州 | 七畲径茶 | √ | | |
| 90 | 梅州 | 蕉岭绿茶 | √ | | |
| 91 | 梅州 | 桂岭蜂蜜 | √ | | |
| 92 | 梅州 | 三圳淮山 | √ | | |
| 93 | 梅州 | 蕉岭冬笋 | √ | | |
| 94 | 梅州 | 平远慈橙 | | √ | |
| 95 | 梅州 | 大埔蜜柚 | | √ | √ |
| 96 | 梅州 | 梅县金柚 | | √ | √ |
| 97 | 梅州 | 兴宁茶油 | | √ | |
| 98 | 梅州 | 兴宁单丛茶 | | √ | |
| 99 | 梅州 | 梅塘杨桃 | | √ | |
| 100 | 梅州 | 留隍橄榄 | | √ | |
| 101 | 梅州 | 客都草鱼 | | | √ |
| 102 | 梅州 | 客都稻米 | | | √ |
| 103 | 梅州 | 梅江区清凉山茶 | | | √ |
| 104 | 梅州 | 大埔乌龙茶 | | | √ |
| 105 | 梅州 | 梅县绿茶 | | | √ |
| 106 | 梅州 | 五华红薯 | | | √ |
| 107 | 惠州 | 惠州梅菜 | √ | √ | |
| 108 | 惠州 | 龙门年桔 | √ | | |
| 109 | 惠州 | 罗浮山大米 | √ | | |

续表

| 序号 | 地市 | 地理标志 | 地理标志产品保护 | 地理标志商标 | 农产品地理标志 |
|---|---|---|---|---|---|
| 110 | 惠州 | 柏塘山茶 | √ | | |
| 111 | 惠州 | 观音阁花生 | √ | | |
| 112 | 惠州 | 观音阁红（黑）糖 | √ | | |
| 113 | 惠州 | 罗浮山荔枝 | √ | | |
| 114 | 惠州 | 惠东马铃薯 | | √ | √ |
| 115 | 惠州 | 龙门大米 | | √ | √ |
| 116 | 惠州 | 惠东仙人茶 | | √ | |
| 117 | 惠州 | 福田菜心 | | | √ |
| 118 | 惠州 | 矮陂梅菜 | | | √ |
| 119 | 惠州 | 镇隆荔枝 | | | √ |
| 120 | 惠州 | 龙门蜂蜜 | | | √ |
| 121 | 惠州 | 龙门三黄胡须鸡 | | | √ |
| 122 | 惠州 | 麻榨杨桃 | | | √ |
| 123 | 汕尾 | 虎瞰金针菜 | √ | | |
| 124 | 汕尾 | 陆河青梅 | √ | | |
| 125 | 汕尾 | 陆河木瓜 | √ | | |
| 126 | 汕尾 | 海丰莲花山茶 | | | √ |
| 127 | 汕尾 | 海丰油占米 | | | √ |
| 128 | 中山 | 中山脆肉鲩 | √ | √ | |
| 129 | 中山 | 神湾菠萝 | √ | | √ |
| 130 | 中山 | 黄圃腊味 | √ | | |
| 131 | 中山 | 中山五桂山沉香 | | √ | |
| 132 | 中山 | 石岐鸽 | | | √ |
| 133 | 东莞 | 莞香 | √ | | |
| 134 | 东莞 | 东莞米粉 | √ | | |
| 135 | 东莞 | 谢岗荔枝 | | √ | |
| 136 | 东莞 | 东莞荔枝 | | | √ |
| 137 | 东莞 | 麻涌香蕉 | | | √ |
| 138 | 江门 | 新会陈皮 | √ | √ | |
| 139 | 江门 | 新会柑 | √ | | |

续表

| 序号 | 地市 | 地理标志 | 地理标志产品保护 | 地理标志商标 | 农产品地理标志 |
|---|---|---|---|---|---|
| 140 | 江门 | 台山鳗鱼 | √ | | |
| 141 | 江门 | 杜阮凉瓜 | | √ | √ |
| 142 | 江门 | 台山大米 | | √ | √ |
| 143 | 江门 | 台山蚝 | | √ | √ |
| 144 | 江门 | 台山青蟹 | | √ | √ |
| 145 | 江门 | 恩平簕菜 | | √ | √ |
| 146 | 江门 | 大沙天露茶 | | √ | |
| 147 | 江门 | 潭碧冬瓜 | | √ | |
| 148 | 江门 | 江门牛大力 | | | √ |
| 149 | 江门 | 恩平大米 | | | √ |
| 150 | 江门 | 恩平濑粉 | | | √ |
| 151 | 江门 | 鹤山粉葛 | | | √ |
| 152 | 江门 | 鹤山红茶 | | | √ |
| 153 | 江门 | 大沙茶 | | | √ |
| 154 | 江门 | 马冈肉鹅 | | | √ |
| 155 | 江门 | 甜水萝卜 | | | √ |
| 156 | 阳江 | 春砂仁 | √ | √ | |
| 157 | 阳江 | 马水桔 | √ | √ | |
| 158 | 阳江 | 阳江豆豉 | √ | | |
| 159 | 阳江 | 阳江姜豉 | √ | | |
| 160 | 阳江 | 阳江黄鬃鹅 | √ | | |
| 161 | 阳江 | 程村蚝 | √ | | |
| 162 | 阳江 | 大八益智 | √ | | |
| 163 | 阳江 | 阳东双肩玉荷包荔枝 | | √ | |
| 164 | 阳江 | 阳东牛大力 | | √ | |
| 165 | 湛江 | 湛江剑麻纤维 | √ | | |
| 166 | 湛江 | 廉江红橙 | √ | | |
| 167 | 湛江 | 流沙南珠 | √ | | |
| 168 | 湛江 | 覃斗芒果 | √ | | |
| 169 | 湛江 | 愚公楼菠萝 | √ | | |

续表

| 序号 | 地市 | 地理标志 | 地理标志产品保护 | 地理标志商标 | 农产品地理标志 |
|---|---|---|---|---|---|
| 170 | 湛江 | 徐闻山羊 | √ | | |
| 171 | 湛江 | 徐闻良姜 | √ | | |
| 172 | 湛江 | 吴川月饼 | √ | | |
| 173 | 湛江 | 苏村番薯 | √ | | |
| 174 | 湛江 | 下六番薯 | √ | | |
| 175 | 湛江 | 湛江鸡 | | √ | |
| 176 | 湛江 | 湛江硇洲龙虾 | | √ | |
| 177 | 湛江 | 湛江硇洲鲍鱼 | | √ | |
| 178 | 湛江 | 湛江对虾 | | √ | |
| 179 | 湛江 | 湛江沙虫 | | √ | |
| 180 | 湛江 | 湛江蚝 | | √ | |
| 181 | 湛江 | 遂溪广藿香 | | √ | |
| 182 | 湛江 | 遂溪海红香米 | | √ | |
| 183 | 湛江 | 徐闻南珠 | | √ | |
| 184 | 湛江 | 廉江番石榴 | | √ | |
| 185 | 湛江 | 稳村番薯 | | √ | |
| 186 | 湛江 | 雷州青枣 | | | √ |
| 187 | 湛江 | 徐闻菠萝 | | | √ |
| 188 | 茂名 | 信宜怀乡鸡 | √ | √ | |
| 189 | 茂名 | 新垌茶 | √ | | |
| 190 | 茂名 | 高州桂圆肉 | √ | | |
| 191 | 茂名 | 茂名高脚遁地龙香蕉 | √ | | |
| 192 | 茂名 | 茂名储良龙眼 | √ | | |
| 193 | 茂名 | 茂名白糖罂荔枝 | √ | | |
| 194 | 茂名 | 水东芥菜 | √ | √ | |
| 195 | 茂名 | 化橘红 | √ | √ | |
| 196 | 茂名 | 信宜凼仔鱼 | | | √ |
| 197 | 茂名 | 茂名荔枝 | | √ | |
| 198 | 茂名 | 高州龙眼 | | √ | |
| 199 | 茂名 | 高州荔枝 | | √ | |

续表

| 序号 | 地市 | 地理标志 | 地理标志产品保护 | 地理标志商标 | 农产品地理标志 |
|---|---|---|---|---|---|
| 200 | 茂名 | 高州香蕉 |  | √ |  |
| 201 | 肇庆 | 德庆贡柑 | √ | √ | √ |
| 202 | 肇庆 | 四会沙糖桔 | √ | √ | √ |
| 203 | 肇庆 | 封开杏花鸡 | √ | √ |  |
| 204 | 肇庆 | 封开油栗 | √ | √ |  |
| 205 | 肇庆 | 端砚 | √ | √ |  |
| 206 | 肇庆 | 高要巴戟天 | √ | √ |  |
| 207 | 肇庆 | 怀集茶秆竹 | √ | √ |  |
| 208 | 肇庆 | 汶朗蜜柚 | √ | √ |  |
| 209 | 肇庆 | 肇庆裹蒸 | √ |  |  |
| 210 | 肇庆 | 文㞧鲤 | √ |  |  |
| 211 | 肇庆 | 文㞧鲩 | √ |  |  |
| 212 | 肇庆 | 麦溪鲤 | √ | √ |  |
| 213 | 肇庆 | 麦溪鲩 | √ | √ |  |
| 214 | 肇庆 | 活道粉葛 | √ |  |  |
| 215 | 肇庆 | 桥头石山羊 | √ |  |  |
| 216 | 肇庆 | 谭脉西瓜 | √ |  |  |
| 217 | 肇庆 | 岗坪切粉 | √ |  |  |
| 218 | 肇庆 | 新岗红茶 | √ |  |  |
| 219 | 肇庆 | 广绿玉 | √ |  |  |
| 220 | 肇庆 | 四会贡柑 | √ |  |  |
| 221 | 肇庆 | 德庆沙糖桔 |  | √ |  |
| 222 | 肇庆 | 德庆紫淮山 |  | √ |  |
| 223 | 肇庆 | 德庆巴戟 |  | √ | √ |
| 224 | 肇庆 | 德庆何首乌 |  | √ | √ |
| 225 | 肇庆 | 德庆肉桂 |  | √ |  |
| 226 | 肇庆 | 德庆鸳鸯桂味荔枝 |  | √ |  |
| 227 | 肇庆 | 德庆广佛手 |  | √ |  |
| 228 | 肇庆 | 德庆高良富笋 |  | √ |  |
| 229 | 肇庆 | 封开无核柿 |  | √ |  |

续表

| 序号 | 地市 | 地理标志 | 地理标志产品保护 | 地理标志商标 | 农产品地理标志 |
|---|---|---|---|---|---|
| 230 | 肇庆 | 肇实 | | √ | |
| 231 | 肇庆 | 高要佛手 | | √ | |
| 232 | 肇庆 | 高要广藿香 | | √ | |
| 233 | 肇庆 | 高要肉桂 | | √ | |
| 234 | 肇庆 | 诗洞腐竹 | | √ | |
| 235 | 清远 | 清远鸡 | √ | √ | |
| 236 | 清远 | 英德红茶 | √ | √ | |
| 237 | 清远 | 阳山淮山 | √ | √ | |
| 238 | 清远 | 东陂腊味 | √ | | |
| 239 | 清远 | 星子红葱 | √ | | |
| 240 | 清远 | 连州溪黄草 | √ | | |
| 241 | 清远 | 连南瑶山茶油 | √ | | |
| 242 | 清远 | 连南无核柠檬 | √ | | |
| 243 | 清远 | 清远乌鬃鹅 | √ | | |
| 244 | 清远 | 清新冰糖桔 | √ | | |
| 245 | 清远 | 英石 | √ | | |
| 246 | 清远 | 西牛麻竹叶 | √ | | |
| 247 | 清远 | 西牛麻竹笋 | √ | | |
| 248 | 清远 | 连山大米 | √ | | |
| 249 | 清远 | 连山大肉姜 | √ | | |
| 250 | 清远 | 竹山粉葛 | √ | | |
| 251 | 清远 | 清远黑山羊 | | | √ |
| 252 | 清远 | 连南大叶茶 | | | √ |
| 253 | 清远 | 连州菜心 | | | √ |
| 254 | 清远 | 连州水晶梨 | | | √ |
| 255 | 清远 | 清新桂花鱼 | | | √ |
| 256 | 清远 | 阳山鸡 | | | √ |
| 257 | 清远 | 阳山西洋菜 | | | √ |
| 258 | 潮州 | 凤凰单丛（枞）茶 | √ | √ | |
| 259 | 潮州 | 潮州手拉朱泥壶 | √ | | |

续表

| 序号 | 地市 | 地理标志 | 地理标志产品保护 | 地理标志商标 | 农产品地理标志 |
|---|---|---|---|---|---|
| 260 | 潮州 | 潮州单丛茶 | | √ | |
| 261 | 潮州 | 潮州柑 | | √ | |
| 262 | 潮州 | 高堂菜脯 | | | √ |
| 263 | 潮州 | 岭头单丛茶 | | √ | |
| 264 | 潮州 | 饶平狮头鹅 | | | √ |
| 265 | 揭阳 | 普宁蕉柑 | √ | √ | |
| 266 | 揭阳 | 普宁青梅 | √ | √ | |
| 267 | 揭阳 | 埔田竹笋 | √ | √ | |
| 268 | 揭阳 | 惠来荔枝 | √ | | |
| 269 | 揭阳 | 吴厝淮山 | √ | | |
| 270 | 揭阳 | 揭西擂茶 | | √ | |
| 271 | 云浮 | 郁南无核沙糖桔 | √ | | |
| 272 | 云浮 | 庞寨黑叶荔枝 | √ | | |
| 273 | 云浮 | 象窝茶 | √ | | |
| 274 | 云浮 | 新兴话梅 | √ | | |
| 275 | 云浮 | 南盛沙塘桔 | √ | | |
| 276 | 云浮 | 托洞腐竹 | √ | | |
| 277 | 云浮 | 云安蚕茧 | √ | | |
| 278 | 云浮 | 泗纶蒸笼 | √ | | |
| 279 | 云浮 | 罗定皱纱鱼腐 | √ | | |
| 280 | 云浮 | 罗定稻米 | √ | | |
| 281 | 云浮 | 郁南无核黄皮 | √ | √ | |
| 282 | 云浮 | 东坝蚕茧 | √ | √ | |
| 283 | 云浮 | 新兴香荔 | √ | √ | |
| 284 | 云浮 | 新兴排米粉 | √ | √ | |
| 285 | 云浮 | 罗定肉桂 | √ | √ | |
| 286 | 云浮 | 罗定豆豉 | √ | √ | |
| 287 | 云浮 | 新兴贡柑 | | √ | |
| 288 | 云浮 | 罗定三黄鸡 | | √ | |

注：√表示该地理标志获得的保护模式。

# 第三部分
## 法律法规政策

# 地理标志产品保护办法

(国家知识产权局令第80号)

## 第一章 总 则

**第一条** 为了有效保护我国的地理标志产品,规范地理标志产品名称和地理标志专用标志的使用,保证地理标志产品的质量和特色,根据《中华人民共和国民法典》《中华人民共和国商标法》《中华人民共和国产品质量法》《中华人民共和国标准化法》《中华人民共和国反不正当竞争法》等有关规定,制定本办法。

**第二条** 本办法所称地理标志产品,是指产自特定地域,所具有的质量、声誉或者其他特性本质上取决于该产地的自然因素、人文因素的产品。地理标志产品包括:

(一)来自本地区的种植、养殖产品;

(二)原材料全部来自本地区或者部分来自其他地区,并在本地区按照特定工艺生产和加工的产品。

**第三条** 地理标志产品应当具备真实性、地域性、特异性和关联性。

真实性是地理标志产品的名称经过长期持续使用,被公众普遍知晓。地域性是地理标志产品的全部生产环节或者主要生产环节应当发生在限定的地域范围内。特异性是产品具有较明显的质量特色、特定声誉或者其他特性。关联性是产品的特异性由特定地域的自然因素和人文因素所决定。

**第四条** 本办法适用于地理标志产品的保护申请、审查认定、撤销、变更以及专用标志的使用管理等。

**第五条** 国家知识产权局负责全国地理标志产品以及专用标志的管理和保护工作;统一受理和审查地理标志产品保护申请,依法认定地理标志产品。

地方知识产权管理部门负责本行政区域内的地理标志产品以及专用标志的管理和保护工作。

**第六条** 地理标志产品保护遵循申请自愿、认定公开的原则。

申请地理标志产品保护、使用地理标志产品名称和专用标志应当遵循诚实信用原则。

第七条　获得地理标志产品保护的，应当规范使用地理标志产品名称和专用标志。

地理标志产品名称可以是由具有地理指示功能的名称和反映产品真实属性的通用名称构成的组合名称，也可以是具有长久使用历史的约定俗成的名称。

第八条　有下列情形之一，不给予地理标志产品认定：

（一）产品或者产品名称违反法律、违背公序良俗或者妨害公共利益的；

（二）产品名称仅为产品的通用名称的；

（三）产品名称为他人注册商标、未注册的驰名商标，误导公众的；

（四）产品名称与已受保护的地理标志产品名称相同，导致公众对产品的地理来源产生误认的；

（五）产品名称与国家审定的植物品种或者动物育种名称相同，导致公众对产品的地理来源产生误认的；

（六）产品或者特定工艺违反安全、卫生、环保要求，对环境、生态、资源可能产生危害的。

## 第二章　申　　请

第九条　地理标志产品保护申请，由提出产地范围的县级以上人民政府或者其指定的具有代表性的社会团体、保护申请机构（以下简称申请人）提出。

第十条　申请保护的产品产地在县域范围内的，由县级以上人民政府提出产地范围的建议；跨县域范围的，由共同的上级地方人民政府提出产地范围的建议；跨地市范围的，由有关省级人民政府提出产地范围的建议；跨省域范围的，由有关省级人民政府共同提出产地范围的建议。

第十一条　地理标志产品的保护申请材料应当向省级知识产权管理部门提交。

申请材料包括：

（一）有关地方人民政府关于划定地理标志产品产地范围的建议；

（二）有关地方人民政府关于地理标志产品申请、保护机制的文件；

（三）地理标志产品的相关材料，包括：

1. 地理标志产品保护申请书；

2. 地理标志产品保护要求，包括产品名称、产品类别；申请人信息；产地范围；产品描述；产品的理化、感官等质量特色、特定声誉或者其他特性及其与产地的自然因素和人文因素之间关系的说明；作为专用标志使用管理机构的地方知识产权管理部门信息；

3. 产品质量检验检测报告；

4. 拟申请保护的地理标志产品的技术标准；

5. 产品名称长期持续使用的文献记载等材料；

6. 产品的知名度，产品生产、销售情况的说明；

7. 地理标志产品特色质量检验检测机构信息。

（四）其他说明材料或者证明材料。

**第十二条** 省级知识产权管理部门应当自收到申请之日起 3 个月内提出初审意见。审查合格的，将初审意见和申请材料报送国家知识产权局；审查不合格的，书面通知申请人。

## 第三章 审查及认定

**第十三条** 国家知识产权局对收到的申请进行形式审查。审查合格的，予以受理并书面通知申请人；审查不合格的，书面通知申请人，申请人应当自收到书面通知之日起 4 个月内答复，期满未答复或者审查仍然不合格的，不予受理并书面通知申请人。

**第十四条** 对受理的地理标志产品保护申请，国家知识产权局组织开展技术审查。技术审查由国家知识产权局设立的地理标志产品专家审查委员会负责。

技术审查包括会议审查和必要的产地核查，申请人应当予以配合。

技术审查合格的，国家知识产权局发布初步认定公告；技术审查不合格的，驳回申请并书面通知申请人。

**第十五条** 有关单位或者个人对初步认定公告的地理标志产品有异议的，应当自初步认定公告之日起 2 个月内向国家知识产权局提出，提交请求书，说明理由，并附具有关证据材料。

期满无异议的，国家知识产权局发布认定公告。

异议请求有下列情形之一，国家知识产权局不予受理并书面通知异议人：

（一）未在法定期限内提出的；

（二）未具体说明异议理由的。

**第十六条** 国家知识产权局受理异议请求后，及时通知被异议人，并组织双方协商。协商不成的，国家知识产权局组织地理标志产品专家审查委员会审议后裁决。

异议成立的，国家知识产权局作出不予认定决定，并书面通知异议人和被异议人；异议不成立的，驳回异议请求，并书面通知异议人和被异议人，国家知识产权局发布认定公告。

## 第四章　地理标志产品保护体系及专用标志使用

**第十七条** 地理标志产品所在地人民政府规划并实施标准体系、检测体系和质量保证体系等保护体系建设。

**第十八条** 地理标志产品获得保护后，根据产品产地范围、类别、知名度等方面的因素，申请人应当配合制定地理标志产品有关国家标准、地方标准、团体标准，根据产品类别研制国家标准样品。

标准不得改变保护要求中认定的名称、产品类型、产地范围、质量特色等强制性规定。

**第十九条** 地理标志产品特色质量检验检测工作由具备相关资质条件的检验检测机构承担。必要时由国家知识产权局组织检验检测机构进行复检。

**第二十条** 地理标志产品产地范围内的生产者使用专用标志，应当向产地知识产权管理部门提出申请，并提交以下材料：

（一）地理标志专用标志使用申请书；

（二）地理标志产品特色质量检验检测报告。

产地知识产权管理部门对申请使用专用标志的生产者的产地进行核验。上述申请经所在地省级知识产权管理部门审核，并经国家知识产权局审查合格注册登记后，发布公告，生产者即可在其产品上使用地理标志专用标志。

国家知识产权局也可以委托符合条件的省级知识产权管理部门进行审查，审查合格的，由国家知识产权局注册登记后发布公告。

**第二十一条** 在研讨会、展览、展会等公益性活动中使用地理标志专用标志的，应当向所在地省级知识产权管理部门提出备案申请，并提交以下材料：

（一）地理标志专用标志使用登记备案表；

（二）地理标志专用标志使用设计图样。

所在地省级知识产权管理部门对上述备案申请进行审查，审查合格后报国家知识产权局备案。国家知识产权局备案后，有关主体可以在公益性活动中使用地理标志专用标志。

第二十二条　地理标志专用标志合法使用人应当在国家知识产权局官方网站下载基本图案矢量图。地理标志专用标志矢量图可按照比例缩放，标注应当清晰可识，不得更改专用标志的图案形状、构成、文字字体、图文比例、色值等。

第二十三条　地理标志产品生产者应当按照相应标准组织生产。其他单位或者个人不得擅自使用受保护的地理标志产品名称或者专用标志。

地理标志产品获得保护后，申请人应当采取措施对地理标志产品名称和专用标志的使用、产品特色质量等进行管理。

第二十四条　地方知识产权管理部门负责对本行政区域内受保护地理标志产品的产地范围、名称、质量特色、标准符合性、专用标志使用等方面进行日常监管。

省级知识产权管理部门应当定期向国家知识产权局报送地理标志产品以及专用标志监管信息和保护体系运行情况。

第二十五条　本办法所称地理标志产品名称或者专用标志的使用，是指将地理标志产品名称或者专用标志用于产品、产品包装或者容器以及产品交易文书上，或者将地理标志产品名称或者专用标志用于广告宣传、展览以及其他商业活动中，用以识别产品产地来源或者受保护地理标志产品的行为。

## 第五章　变更和撤销

第二十六条　地理标志产品保护要求需要变更的，应当向国家知识产权局提出变更申请。

（一）对保护要求的更新、完善，但不改变质量特色和产品形态，不涉及产品名称、产地范围变更的，国家知识产权局收到省级知识产权管理部门初审意见后，组织开展地理标志产品保护要求变更申请审查，审查合格的，国家知识产权局发布变更公告；审查不合格的，书面通知申请人。

（二）对地理标志产品名称、产地范围、质量特色和产品形态等主要内容变更的，国家知识产权局收到省级知识产权管理部门初审意见后，组织地理标志产品专家审查委员会开展技术审查。审查合格的，国家知识产权局发布初步变更公告，公告之日起 2 个月无异议或者有异议但异议不成立的，国家知识产权局发布变更公告；审查不合格的，书面通知申请人。

第二十七条　有下列情形之一，自国家知识产权局发布认定公告之日起，任何单位或者个人可以请求国家知识产权局撤销地理标志产品保护，说明理由，并附具有关证据材料：

（一）产品名称演变为通用名称的；

（二）连续 3 年未在生产销售中使用地理标志产品名称的；

（三）自然因素或者人文因素的改变致使地理标志产品质量特色不再能够得到保证，且难以恢复的；

（四）产品或者产品名称违反法律、违背公序良俗或者妨害公共利益的；

（五）产品或者特定工艺违反安全、卫生、环保要求，对环境、生态、资源可能产生危害的；

（六）以欺骗手段或者其他不正当手段取得保护的。

第二十八条　撤销请求未具体说明撤销理由的，国家知识产权局不予受理，并书面通知请求人。

第二十九条　国家知识产权局对撤销请求进行审查，作出决定并书面通知当事人。

国家知识产权局决定撤销地理标志产品保护的，发布撤销公告。

当事人对撤销决定不服的，可以自收到通知之日起 6 个月内向人民法院起诉。

## 第六章　保护和监督

第三十条　有下列行为之一，依据相关法律法规处理：

（一）在产地范围外的相同或者类似产品上使用受保护的地理标志产品名称的；

（二）在产地范围外的相同或者类似产品上使用与受保护的地理标志产品名称相似的名称，误导公众的；

（三）将受保护的地理标志产品名称用于产地范围外的相同或者类似产品上，即使已标明真实产地，或者使用翻译名称，或者伴有如"种""型""式""类""风格"等之类表述的；

（四）在产地范围内的不符合地理标志产品标准和管理规范要求的产品上使用受保护的地理标志产品名称的；

（五）在产品上冒用地理标志专用标志的；

（六）在产品上使用与地理标志专用标志近似或者可能误导消费者的文字或者图案标志，误导公众的；

（七）销售上述产品的；

（八）伪造地理标志专用标志的；

（九）其他不符合相关法律法规规定的。

**第三十一条** 获准使用地理标志专用标志的生产者，营业执照已注销或者被吊销的，或者相关生产许可证已注销或者被吊销的，或者已迁出地理标志产品产地范围的，或者不再从事该地理标志产品生产的，或者未按相应标准组织生产且限期未改正的，或者在 2 年内未在受保护的地理标志产品上使用专用标志且限期未改正的，国家知识产权局注销其地理标志专用标志使用注册登记，停止其使用地理标志专用标志并发布公告。

**第三十二条** 地理标志产品生产者违反有关产品质量、标准方面规定的，依据《中华人民共和国产品质量法》《中华人民共和国标准化法》等有关法律予以行政处罚。

**第三十三条** 将受保护的地理标志产品名称作为企业名称中的字号使用，误导公众，构成不正当竞争行为的，依据《中华人民共和国反不正当竞争法》处理。

**第三十四条** 对从事地理标志产品管理和保护工作以及其他依法履行公职的人员玩忽职守、滥用职权、徇私舞弊、弄虚作假、违法违纪办理地理标志产品管理和保护事项，收受当事人财物，牟取不正当利益的，依法依纪给予处分；构成犯罪的，依法追究刑事责任。

## 第七章　附　　则

**第三十五条** 国外地理标志产品在中华人民共和国的申请、审查、专用标志使用、监督管理等特殊事项，由国家知识产权局另行规定。

**第三十六条** 本办法自 2024 年 2 月 1 日起施行。

# 地理标志产品保护工作细则

(2009 年)

**第一条** 为更好地贯彻实施《地理标志产品保护规定》,进一步推动地理标志产品保护工作,特制定本工作细则。

**第二条** 以下产品可以经申请批准为地理标志保护产品:

(一)在特定地域种植、养殖的产品,决定该产品特殊品质、特色和声誉的主要是当地的自然因素;

(二)在产品产地采用特定工艺生产加工,原材料全部来自产品产地,当地的自然环境和生产该产品所采用的特定工艺中的人文因素决定了该产品的特殊品质、特色质量和声誉;

(三)在产品产地采用特定工艺生产加工,原材料部分来自其他地区,该产品产地的自然环境和生产该产品所采用的特定工艺中的人文因素决定了该产品的特殊品质、特色质量和声誉。

**第三条** 国家质量监督检验检疫总局(以下简称国家质检总局)在地理标志产品保护管理工作中的主要职责是:

(一)配合立法部门,开展地理标志保护法律法规的调研、起草;

(二)制定、发布地理标志产品保护规章、制度;

(三)制定地理标志发展规划、计划并组织实施;

(三)组织协调和指导地理标志保护的行政执法活动;

(四)负责地理标志产品保护申请的形式审查;

(五)办理地理标志产品保护申请的受理事项,发布受理公告;

(六)组织对地理标志产品保护申请的异议协调;

(七)组织和管理专家技术队伍开展技术审查;

(八)办理、发布地理标志产品保护的批准公告;

(九)核准地理标志保护产品专用标志的使用申请;

(十)组织开展地理标志产品保护的宣传和培训;

(十一)组织开展和参加地理标志保护国际合作与交流活动;代表国家

参加 WTO 地理标志谈判；

（十二）办理国外地理标志保护注册申请，组织开展互认合作；

第四条　各直属出入境检验检疫局和省级质量技术监督局（以下简称"省级质检机构"）的主要职责是：

（一）按照分工指导、协调本辖区的地理标志产品保护工作；

（二）按照分工负责本辖区地理标志产品保护申请的初审；

（三）负责指定地理标志保护产品的检验机构；

（四）负责审核生产者使用地理标志产品专用标志的申请；

（五）负责指导地理标志产品保护技术文件的制定；

（六）负责查处本辖区发生的地理标志产品的违法行为。

第五条　关于当地质检机构。申请保护的产品产地在县域范围内的，地理标志保护的当地质检机构为县质量技术监督局或辖区内出入境检验检疫分支机构（无出入境检验检疫分支机构的，由直属出入境检验检疫局负责）；申请保护的产品产地跨县域范围的，当地质检机构为地、市、（州）质量技术监督局或辖区内出入境检验检疫分支机构（无出入境检验检疫分支机构的，由直属出入境检验检疫局负责）；申请保护的产地跨地市范围的，当地质检机构为直属出入境检验检疫局或省（自治区、直辖市）质量技术监督局。当地质检机构的主要职责是：

（一）协助申请人进行地理标志产品保护的申请；

（二）负责对生产者申请使用专用标志进行初审，监督管理专用标志的印制、发放和使用；

（三）负责地理标志保护产品的日常监督管理工作；

（四）负责草拟地理标志产品省级地方标准，组织制定地理标志产品生产过程的技术规范或标准；

（五）负责查处产地范围内发生的地理标志产品的侵权行为。

第六条　经申请、批准，以地理名称命名的产品方能称为地理标志保护产品。地理标志名称由具有地理指示功能的名称和反映产品真实属性的产品通用名称构成。地理标志名称必须是商业或日常用语，或是长久以来使用的名称，并具有一定知名度。

第七条　地理标志产品保护遵循申请自愿的原则。地理标志产品保护申请的受理、审核与批准坚持公开、公平、公正的原则。

第八条　申请产品出现下列情况之一的，不能给予地理标志产品保护：

1. 对环境、生态、资源可能造成破坏或对健康可能产生危害的；

2. 产品名称已成为通用名称的；

3. 产品的质量特色与当地自然因素和人文因素缺乏关联性的；

4. 地域范围难以界定，或申请保护的地域范围与实际产地范围不符的。

**第九条** 地理标志产品保护申请，由当地县级以上人民政府（含县级，以下同）指定的地理标志产品保护申请机构或人民政府认定的协会和企业（以下简称申请人）提出，由申请人负责准备有关的申请资料。申请人为当地县级以上人民政府的，可成立地理标志产品保护领导小组，负责地理标志保护相关工作。

**第十条** 申请人应填写《地理标志产品保护申请书》（见附件2），并提供以下资料：

（一）当地县级以上人民政府关于成立申报机构或指定协会、企业作为申请人的文件；

（二）当地县级以上人民政府关于划定申报产品保护地域范围的公函，保护范围一般具体到乡镇一级；水产品养殖范围一般以自然水域界定；

（三）所申报产品现行有效的专用标准或管理规范；

（四）证明产品特性的材料，包括：

1. 能够说明产品名称、产地范围及地理特征的；

2. 能够说明产品的历史渊源、知名度和产品生产、销售情况的；

3. 能够说明产品的理化、感官指标等质量特色及其与产地自然因素和人文因素之间关联性的；

4. 规定产品生产技术的，包括生产所用原材料、生产工艺、流程、安全卫生要求、主要质量特性、加工设备技术要求等；

5. 其它证明资料，如地方志、获奖证明、检测报告等。

**第十一条** 省级质检机构负责对申请进行初审。初审不组织召开专家审查会。初审合格的，向国家质检总局提出初审意见，并将相关文件、资料上报国家质检总局。

**第十二条** 国家质检总局负责对通过初审的申请进行形式审查。对于形式要件不齐全或不符合规定要求的，国家质检总局在30个工作日内向省级质检机构发出形式审查意见通知书（见附件3）。形式审查合格的，通过国家质检总局公报、官方网站发布受理公告。

**第十三条** 自受理公告发布之日起2个月为异议期。异议协调一般遵循属地原则。在异议期内如收到异议：（一）异议仅限于本省的，由国家质检总局授权有关省级质检机构进行处理，并及时反馈异议处理结果。必要时，国家质检总局可应省级质检机构的要求，听取专家意见并组织协调；（二）跨省的异议由国家质检总局负责组织协调。

第十四条　技术审查准备。受理公告发布后，申请人应着手准备专家技术审查会的相关文件，包括：1. 申报产品的陈述报告；2. 申报产品的质量技术要求。

陈述报告是对申请资料的概括和总结，应重点陈述产品的名称、知名度、质量特色及其与产地的自然因素和人文因素的关联性，拟采取的后续监管措施等。

质量技术要求作为国家质检总局批准公告的基础，是对原有标准或技术规范中决定质量特色的关键因素的提炼和总结，具有强制性。内容包括产品名称、产地保护范围、为保证产品特色而必须强制执行的环境条件、生产过程规范以及产品的感官特色和理化指标等。

第十五条　对公告无异议或异议已处理，且已完成技术审查准备的，由省级质检机构向国家质检总局提出召开技术审查会的建议。国家质检总局成立地理标志产品专家审查委员会，并根据专业领域和产品类别下设分委员会。专家审查委员会根据需要聘请专家召开技术审查会。专家组成一般包括法律、专业技术、质量检验、标准化、管理等方面的人员。组成人数为奇数，一般为 7 人以上，但不超过 11 人；

第十六条　专家技术审查内容包括：

（一）听取申请人代表所作的陈述报告；

（二）审查产品的申请资料和证明材料；

（三）围绕产品名称、知名度、与当地的自然因素和人文因素之间的关联性等方面进行技术讨论；

（四）形成会议纪要；

（五）提出地理标志产品保护的建议，包括：

1. 是否应对申报产品实施地理标志保护；

2. 所存在的问题和处理建议。

（六）讨论产品的质量技术要求。

第十七条　技术审查合格的，由国家质检总局发布该产品获得地理标志产品保护的公告。颁发《地理标志产品保护证书》（有关事项另行规定）。

**第十八条** 申请人应在申请资料中提供现行有效的产品专用标准或管理规范，作为地理标志保护产品批准公告和综合标准的基础。

批准公告发布后，省级质检机构应在 3～6 个月内，组织申请人在批准公告中"质量技术要求"的框架下，在原有专用标准或技术规范的基础上，完善地理标志产品的标准体系，一般应以省级地方标准的形式发布，并报国家质检总局委托的技术机构审核备案。

**第十九条** 地理标志产品产地范围内的生产者需要使用地理标志产品专用标志的，应向批准公告中确定的当地质检机构提出申请，并提交以下资料：

（一）《地理标志产品专用标志使用申请书》（见附件 4）；

（二）产地主管部门出具的产品产自特定地域范围的证明；

（三）指定的质量检验机构出具的检验报告。

**第二十条** 省级质检机构对生产者使用专用标志的申请进行审核，并将相关信息和专用标志使用汇总表（格式见附件 5）分别以书面方式和电子版报国家质检总局，由国家质检总局发布核准企业使用地理标志保护产品专用标志的公告。

**第二十一条** 印制地理标志保护产品专用标志按照国家质检总局 2006 年第 109 号公告的要求执行。

**第二十二条** 专用标志的标示方法有：

（一）加贴或吊挂在产品或包装物上；

（二）直接印刷在产品标签或包装物上；

（三）应申请人的要求或根据实际情况，采用相应的标示方法。

直接印刷在产品标签或包装物上的，由当地质检机构监督管理，并将印刷数量登记备案。

国家质检总局批准公告中明确的当地质检机构须控制专用标志的使用数量，建立产品的溯源体系。

**第二十三条** 获得专用标志使用资格的生产者，应在产品包装标识上标明"国家地理标志保护产品"字样，并在标识显著位置标明地理标志保护产品名称，同时，应执行国家对产品包装标识的强制性规定。

**第二十四条** 使用专用标志的，应同时标注国家质检总局批准公告号以及所执行的地理标志产品标准号以及该产品的通用标准等。

**第二十五条** 各地质检机构依法对地理标志保护产品实施保护。应组织完善地理标志产品综合标准体系，以保护产品质量特色的稳定性和一致性；

应完善地理标志产品检验检测体系，有效打击假冒侵权行为；应完善质量保证体系，健全过程管理措施，以保护地理标志产品的质量信誉不受损害；应依法组织打击侵权行为，以净化生产流通环境，保护地理标志产品生产者的知识产权。

第二十六条　地理标志产品的质量检验由指定的法定检验机构承担。必要时，国家质检总局组织复检。

第二十七条　各地质检机构对地理标志保护产品进行以下日常监督管理：

1. 对产品名称进行保护，监督此方面的侵权行为，以依法采取保护措施；

2. 对产品是否符合地理标志产品保护公告和标准等方面进行监督，以保证受保护产品在特定地域内规范生产；

3. 对产品生产环境、生产设备和产品的标准符合性等方面进行现场检查，以防止随意变更生产条件，影响产品的质量特色；

4. 对原材料实行进厂检验把关，生产者须将进货发票、检验数据等存档以便溯源；

5. 对生产技术工艺进行监督，生产者不得随意更改传统工艺流程，而对产品的质量特色造成损害；

6. 对质量等级、产量等进行监控，生产者不得随意改变等级标准或超额生产；

7. 对包装标识和地理标志产品专用标志的印制、发放及使用情况进行监管，建立台帐，防止滥用或其它不按照要求使用的行为发生。

第二十八条　国家质检总局每年安排一定数量的地理标志保护产品列入监督抽查目录，重点检查产品名称、质量、产量、包装、标识及专用标志使用等。省级质量技术监督局每年须将本省一定数量的地理标志保护产品列入地方监督抽查目录；直属出入境检验检疫局每年须对辖区内一定数量的出口地理标志保护产品进行检验抽查。各级质检机构依照职能，对假冒地理标志保护产品的行为进行查处。

对于擅自使用或伪造地理标志名称及专用标志的；不符合地理标志产品标准和管理规范要求而使用该地理标志产品的名称的；或者使用与专用标志相近、易产生误解的名称或标识及可能误导消费者的文字或图案标志，使消费者将该产品误认为地理标志保护产品的行为，质量技术监督部门和出入境检验检疫部门将依法进行查处。消费者、社会团体、企业、个人可监督、举报。

**第二十九条** 省级质检机构每年3月底前将上一年本辖区地理标志产品保护的情况及专用标志的使用情况报国家质检总局。

**第三十条** 从事地理标志产品保护工作的人员应忠于职守，秉公办事。要认真学习宣传地理标志产品保护制度，指导申请人进行申请，及时向申请人反馈上一级主管部门的审核意见，履行有关的地理标志产品保护职责。不得滥用职权，以权谋私，增加申请人负担，损害质检系统声誉；不得泄露技术秘密，使生产者蒙受损失。违反以上规定的，予以行政纪律处分；构成犯罪的，依法追究刑事责任。

**第三十一条** 各级质检机构不得向地理标志产品保护的申请人收取任何费用。

**第三十二条** 上报国家质检总局的申请资料一式两份，印刷装订。申报资料及申请表格的电子版同时发送至国家质检总局。

**第三十三条** 本工作细则所规定的表格式样由国家质检总局统一制定，各地质检机构可在国家质检总局网站上自行下载、印刷。

附件略。

# 地理标志专用标志使用管理办法（试行）

（国家知识产权局公告第 354 号）

**第一条** 为加强我国地理标志保护，统一和规范地理标志专用标志使用，依据《中华人民共和国民法总则》、《中华人民共和国商标法》、《中华人民共和国产品质量法》、《中华人民共和国标准化法》、《中华人民共和国商标法实施条例》、《地理标志产品保护规定》、《集体商标、证明商标注册和管理办法》、《国外地理标志产品保护办法》，制定本办法。

**第二条** 本办法所称的地理标志专用标志，是指适用在按照相关标准、管理规范或者使用管理规则组织生产的地理标志产品上的官方标志。

**第三条** 国家知识产权局负责统一制定发布地理标志专用标志使用管理要求，组织实施地理标志专用标志使用监督管理。地方知识产权管理部门负责地理标志专用标志使用的日常监管。

**第四条** 地理标志专用标志合法使用人应当遵循诚实信用原则，履行如下义务：

（一）按照相关标准、管理规范和使用管理规则组织生产地理标志产品；

（二）按照地理标志专用标志的使用要求，规范标示地理标志专用标志；

（三）及时向社会公开并定期向所在地知识产权管理部门报送地理标志专用标志使用情况。

**第五条** 地理标志专用标志的合法使用人包括下列主体：

（一）经公告核准使用地理标志产品专用标志的生产者；

（二）经公告地理标志已作为集体商标注册的注册人的集体成员；

（三）经公告备案的已作为证明商标注册的地理标志的被许可人；

（四）经国家知识产权局登记备案的其他使用人。

**第六条** 地理标志专用标志的使用要求如下：

（一）地理标志保护产品和作为集体商标、证明商标注册的地理标志使用地理标志专用标志的，应在地理标志专用标志的指定位置标注统一社会信用代码。国外地理标志保护产品使用地理标志专用标志的，应在地理标志专用标志的指定位置标注经销商统一社会信用代码。图样如下：

（二）地理标志保护产品使用地理标志专用标志的，应同时使用地理标志专用标志和地理标志名称，并在产品标签或包装物上标注所执行的地理标志标准代号或批准公告号。

（三）作为集体商标、证明商标注册的地理标志使用地理标志专用标志的，应同时使用地理标志专用标志和该集体商标或证明商标，并加注商标注册号。

**第七条** 地理标志专用标志合法使用人可在国家知识产权局官方网站下载基本图案矢量图。地理标志专用标志矢量图可按比例缩放，标注应清晰可识，不得更改专用标志的图案形状、构成、文字字体、图文比例、色值等。

**第八条** 地理标志专用标志合法使用人可采用的地理标志专用标志标示方法有：

（一）采取直接贴附、刻印、烙印或者编织等方式将地理标志专用标志附着在产品本身、产品包装、容器、标签等上；

（二）使用在产品附加标牌、产品说明书、介绍手册等上；

（三）使用在广播、电视、公开发行的出版物等媒体上，包括以广告牌、邮寄广告或者其他广告方式为地理标志进行的广告宣传；

（四）使用在展览会、博览会上，包括在展览会、博览会上提供的使用地理标志专用标志的印刷品及其他资料；

（五）将地理标志专用标志使用于电子商务网站、微信、微信公众号、微博、二维码、手机应用程序等互联网载体上；

（六）其他合乎法律法规规定的标示方法。

**第九条** 地理标志专用标志合法使用人未按相应标准、管理规范或相关使用管理规则组织生产的，或者在 2 年内未在地理标志保护产品上使用专用标志的，知识产权管理部门停止其地理标志专用标志使用资格。

**第十条** 对于未经公告擅自使用或伪造地理标志专用标志的；或者使用与地理标志专用标志相近、易产生误解的名称或标识及可能误导消费者的文字或图案标志，使消费者将该产品误认为地理标志的行为，知识产权管理部门及相关执法部门依照法律法规和相关规定进行调查处理。

**第十一条** 省级知识产权管理部门应加强本辖区地理标志专用标志使用日常监管，定期向国家知识产权局报送上一年使用和监管信息。鼓励地理标志专用标志使用和日常监管信息通过地理标志保护信息平台向社会公开。

**第十二条** 原相关地理标志专用标志使用过渡期至 2020 年 12 月 31 日。在 2020 年 12 月 31 日前生产的使用原标志的产品可以继续在市场流通。

**第十三条** 本办法由国家知识产权局负责解释。

**第十四条** 本办法自发布之日起实施。

# 集体商标、证明商标注册和管理规定

(国家知识产权局令第79号)

**第一条** 为了规范集体商标、证明商标的注册和使用管理，加强商标权益保护，维护社会公共利益，促进特色产业发展，根据《中华人民共和国商标法》（以下简称商标法）、《中华人民共和国商标法实施条例》（以下简称实施条例）的规定，制定本规定。

**第二条** 本规定有关商品的规定，适用于服务。

**第三条** 申请集体商标注册的，应当附送主体资格证明文件、集体成员的名称、地址和使用管理规则。

申请以地理标志作为集体商标注册的团体、协会或者其他组织，其成员应当来自该地理标志标示的地区范围内。

**第四条** 申请证明商标注册的，应当附送主体资格证明文件、使用管理规则和证明其具有的或者其委托机构具有的专业技术人员、专业检测设备等情况的证明材料，以表明其具有监督该证明商标所证明的特定商品品质的能力。

**第五条** 申请以地理标志作为证明商标、集体商标注册的，应当附送管辖该地理标志所标示地区的县级以上人民政府或者主管部门的批准文件。

以地理标志作为证明商标、集体商标注册的，应当在申请书件中说明下列内容：

（一）该地理标志所标示的商品的特定质量、信誉或者其他特征；

（二）该商品的特定质量、信誉或者其他特征主要由该地理标志所标示地区的自然因素或者人文因素所决定；

（三）该地理标志所标示的地区的范围。

申请以地理标志作为证明商标、集体商标注册的应当提交具有的或者其委托机构具有的专业技术人员、专业检测设备等情况的证明材料。

外国人或者外国企业申请以地理标志作为证明商标、集体商标注册的，申请人应当提供该地理标志以其名义在其原属国受法律保护的证明。

**第六条** 集体商标、证明商标的使用管理规则应当依法制定，对注册人、集体成员和使用人具有约束力，并包括下列内容：

（一）使用该集体商标或者证明商标的宗旨；

（二）使用该集体商标的商品的品质或者使用该证明商标证明的商品的原产地、原料、制造方法、质量或者其他特定品质等；

（三）使用该集体商标或者证明商标的手续；

（四）使用该集体商标或者证明商标的权利、义务；

（五）集体商标的集体成员或者证明商标的使用人违反其使用管理规则应当承担的责任；

（六）注册人对使用该集体商标或者证明商标商品的检验监督制度。

证明商标的使用管理规则还应当包括使用该证明商标的条件。

集体商标、证明商标使用管理规则应当进行公告。注册人修改使用管理规则的，应当提出变更申请，经国家知识产权局审查核准，并自公告之日起生效。

**第七条** 以地理标志作为证明商标、集体商标注册的，可以是该地理标志标示地区的名称，也可以是能够标示某商品来源于该地区的其他标志。

前款所称地区无需与该地区的现行行政区划名称、范围完全一致。

**第八条** 多个葡萄酒地理标志构成同音字或者同形字，但能够彼此区分且不误导公众的，每个地理标志都可以作为证明商标或者集体商标申请注册。

使用他人作为证明商标、集体商标注册的葡萄酒、烈性酒地理标志标示并非来源于该地理标志所标示地区的葡萄酒、烈性酒，即使同时标出了商品的真正来源地，或者使用的是翻译文字，或者伴有"种""型""式""类"以及其他类似表述的，适用商标法第十六条的规定。

**第九条** 县级以上行政区划的地名或者公众知晓的地名作为组成部分申请注册集体商标、证明商标的，标志应当具有显著特征，便于识别；标志中含有商品名称的，指定商品应当与商标中的商品名称一致或者密切相关；商品的信誉与地名密切关联。但是损害社会公共利益的标志，不得注册。

地理标志作为证明商标、集体商标注册的，还应当依据本规定的有关规定办理。

**第十条** 申请人在其申请注册的集体商标、证明商标核准注册前，可以向国家知识产权局申请撤回该集体商标、证明商标的注册申请。

申请人撤回集体商标、证明商标注册申请的，应当注明申请人和商标注册申请号。经审查符合规定的，准予撤回。申请人名称不一致，或者商标注册申请已核准注册，或者已作出不予受理、驳回或者不予注册决定的，撤回申请不予核准。

**第十一条** 集体商标、证明商标注册人应当实施下列行为，履行商标管理职责，保证商品品质：

（一）按照使用管理规则准许集体成员使用集体商标，许可他人使用证明商标；

（二）及时公开集体成员、使用人信息、使用管理规则；

（三）检查集体成员、使用人的使用行为是否符合使用管理规则；

（四）检查使用集体商标、证明商标的商品是否符合使用管理规则的品质要求；

（五）及时取消不符合使用管理规则的集体成员、使用人的集体商标、证明商标使用资格，并履行变更、备案手续。

**第十二条** 为管理和运用集体商标、证明商标的需要，注册人可以向集体成员、使用人收取合理费用，收费金额、缴纳方式、缴纳期限应当基于公平合理原则协商确定并予以公开。

**第十三条** 集体商标注册人的成员发生变化的，注册人应当在3个月内向国家知识产权局申请变更注册事项，并由国家知识产权局公告。

证明商标注册人准许他人使用其商标的，注册人应当在许可后3个月内报国家知识产权局备案，并由国家知识产权局公告。

**第十四条** 申请转让集体商标、证明商标的，受让人应当具备相应的主体资格，并符合商标法、实施条例和本规定的规定。

集体商标、证明商标发生移转的，权利继受人应当具备相应的主体资格，并符合商标法、实施条例和本规定的规定。

**第十五条** 集体商标注册人的集体成员，在履行该集体商标使用管理规则规定的手续后，可以使用该集体商标。集体成员不得在不符合使用管理规则的商品上使用该集体商标。

集体商标注册人不得将该集体商标许可给非集体成员使用。

**第十六条** 凡符合证明商标使用管理规则规定条件的，在履行该证明商标使用管理规则规定的手续后，可以使用该证明商标，注册人不得拒绝办理手续。使用人不得在不符合使用管理规则的商品上使用该证明商标。

证明商标注册人不得在自己提供的商品上使用该证明商标。

第十七条　集体成员、使用人使用集体商标、证明商标时，应当保证使用的商品符合使用管理规则的品质要求。

集体成员、使用人可以将集体商标、证明商标与自己的注册商标同时使用。

地域范围外生产的商品不得使用作为证明商标、集体商标注册的地理标志。

第十八条　集体商标、证明商标注册人应当促进和规范商标使用，提升商标价值，维护商标信誉，推动特色产业发展。

第十九条　集体商标、证明商标注册人、集体成员、使用人应当加强品牌建设，履行下列职责：

（一）加强自律，建立产品溯源和监测机制，制定风险控制预案，维护商标品牌形象和信誉；

（二）鼓励采用或者制定满足市场需求的先进标准，树立良好的商标品牌形象；

（三）结合地方特色资源，挖掘商标品牌文化内涵，制定商标品牌建设发展计划，开展宣传推广，提升商标品牌价值。

第二十条　地方人民政府或者行业主管部门应当根据地方经济发展需要，合理配置公共资源，通过集体商标、证明商标加强区域品牌建设，促进相关市场主体协同发展。

地方知识产权管理部门应当支持区域品牌获得法律保护，指导集体商标、证明商标注册，加强使用管理，实行严格保护，提供公共服务，促进高质量发展。

第二十一条　国家知识产权局应当完整、准确、及时公布集体商标、证明商标注册信息，向社会公众提供信息查询服务。

第二十二条　对下列正当使用集体商标、证明商标中含有的地名的行为，注册商标专用权人无权禁止：

（一）在企业名称字号中使用；

（二）在配料表、包装袋等使用表明产品及其原料的产地；

（三）在商品上使用表明产地或者地域来源；

（四）在互联网平台或者店铺的商品详情、商品属性中客观表明地域来源；

（五）其他正当使用地名的行为。

前款所述正当使用集体商标、证明商标中含有的地名，应当以事实描述为目的且符合商业惯例，不得违反其他法律规定。

第二十三条　他人以事实描述方式在特色小吃、菜肴、菜单、橱窗展示、互联网商品详情展示等使用涉及餐饮类的集体商标、证明商标中的地名、商品名称等文字的，并且未导致误导公众的，属于正当使用行为，注册商标专用权人无权禁止。

第二十四条　实施条例第四条第二款中的正当使用该地理标志是指正当使用作为集体商标注册的地理标志中的地名、商品名称或者商品的通用名称，但不得擅自使用该集体商标。

第二十五条　有本规定第二十二条至第二十四条所述正当使用行为的，行为人不得恶意或者贬损集体商标、证明商标的信誉，扰乱市场竞争秩序，损害其注册人合法权益。

第二十六条　注册人怠于行使权利导致集体商标、证明商标成为核定使用的商品的通用名称或者没有正当理由连续3年不使用的，任何人可以根据商标法第四十九条申请撤销该注册商标。

第二十七条　对从事集体商标、证明商标注册和管理工作的人员以及其他依法履行公职的人员玩忽职守、滥用职权、徇私舞弊、弄虚作假、违法违纪办理商标注册、管理、保护等事项，收受当事人财物，牟取不正当利益，依法依纪给予处分；构成犯罪的，依法追究刑事责任。

第二十八条　本规定自2024年2月1日起施行。

# 农产品地理标志管理办法

(2007年12月25日农业部令第11号公布，2019年4月25日农业农村部令2019年第2号修订)

## 第一章 总 则

**第一条** 为规范农产品地理标志的使用，保证地理标志农产品的品质和特色，提升农产品市场竞争力，依据《中华人民共和国农业法》、《中华人民共和国农产品质量安全法》相关规定，制定本办法。

**第二条** 本办法所称农产品是指来源于农业的初级产品，即在农业活动中获得的植物、动物、微生物及其产品。

本办法所称农产品地理标志，是指标示农产品来源于特定地域，产品品质和相关特征主要取决于自然生态环境和历史人文因素，并以地域名称冠名的特有农产品标志。

**第三条** 国家对农产品地理标志实行登记制度。经登记的农产品地理标志受法律保护。

**第四条** 农业部负责全国农产品地理标志的登记工作，农业部农产品质量安全中心负责农产品地理标志登记的审查和专家评审工作。

省级人民政府农业行政主管部门负责本行政区域内农产品地理标志登记申请的受理和初审工作。

农业部设立的农产品地理标志登记专家评审委员会，负责专家评审。农产品地理标志登记专家评审委员会由种植业、畜牧业、渔业和农产品质量安全等方面的专家组成。

**第五条** 农产品地理标志登记不收取费用。县级以上人民政府农业行政主管部门应当将农产品地理标志管理经费编入本部门年度预算。

**第六条** 县级以上地方人民政府农业行政主管部门应当将农产品地理标志保护和利用纳入本地区的农业和农村经济发展规划，并在政策、资金等方面予以支持。

国家鼓励社会力量参与推动地理标志农产品发展。

## 第二章 登 记

**第七条** 申请地理标志登记的农产品，应当符合下列条件：
（一）称谓由地理区域名称和农产品通用名称构成；
（二）产品有独特的品质特性或者特定的生产方式；
（三）产品品质和特色主要取决于独特的自然生态环境和人文历史因素；
（四）产品有限定的生产区域范围；
（五）产地环境、产品质量符合国家强制性技术规范要求。

**第八条** 农产品地理标志登记申请人为县级以上地方人民政府根据下列条件择优确定的农民专业合作经济组织、行业协会等组织。
（一）具有监督和管理农产品地理标志及其产品的能力；
（二）具有为地理标志农产品生产、加工、营销提供指导服务的能力；
（三）具有独立承担民事责任的能力。

**第九条** 符合农产品地理标志登记条件的申请人，可以向省级人民政府农业行政主管部门提出登记申请，并提交下列申请材料：
（一）登记申请书；
（二）产品典型特征特性描述和相应产品品质鉴定报告；
（三）产地环境条件、生产技术规范和产品质量安全技术规范；
（四）地域范围确定性文件和生产地域分布图；
（五）产品实物样品或者样品图片；
（六）其它必要的说明性或者证明性材料

**第十条** 省级人民政府农业行政主管部门自受理农产品地理标志登记申请之日起，应当在45个工作日内完成申请材料的初审和现场核查，并提出初审意见。符合条件的，将申请材料和初审意见报送农业部农产品质量安全中心；不符合条件的，应当在提出初审意见之日起10个工作日内将相关意见和建议通知申请人。

**第十一条** 农业部农产品质量安全中心应当自收到申请材料和初审意见之日起20个工作日内，对申请材料进行审查，提出审查意见，并组织专家评审。

专家评审工作由农产品地理标志登记评审委员会承担。农产品地理标志登记专家评审委员会应当独立做出评审结论，并对评审结论负责。

**第十二条** 经专家评审通过的，由农业部农产品质量安全中心代表农业部对社会公示。

有关单位和个人有异议的，应当自公示截止日起 20 日内向农业部农产品质量安全中心提出。公示无异议的，由农业部做出登记决定并公告，颁发《中华人民共和国农产品地理标志登记证书》，公布登记产品相关技术规范和标准。

专家评审没有通过的，由农业部做出不予登记的决定，书面通知申请人，并说明理由。

**第十三条** 农产品地理标志登记证书长期有效。

有下列情形之一的，登记证书持有人应当按照规定程序提出变更申请：

（一）登记证书持有人或者法定代表人发生变化的；

（二）地域范围或者相应自然生态环境发生变化的。

**第十四条** 农产品地理标志实行公共标识与地域产品名称相结合的标注制度。公共标识基本图案见附图。农产品地理标志使用规范由农业部另行制定公布。

## 第三章　标志使用

**第十五条** 符合下列条件的单位和个人，可以向登记证书持有人申请使用农产品地理标志：

（一）生产经营的农产品产自登记确定的地域范围；

（二）已取得登记农产品相关的生产经营资质；

（三）能够严格按照规定的质量技术规范组织开展生产经营活动；

（四）具有地理标志农产品市场开发经营能力。

使用农产品地理标志，应当按照生产经营年度与登记证书持有人签订农产品地理标志使用协议，在协议中载明使用的数量、范围及相关的责任义务。

农产品地理标志登记证书持有人不得向农产品地理标志使用人收取使用费。

**第十六条** 农产品地理标志使用人享有以下权利：

（一）可以在产品及其包装上使用农产品地理标志；

（二）可以使用登记的农产品地理标志进行宣传和参加展览、展示及展销。

**第十七条** 农产品地理标志使用人应当履行以下义务：

（一）自觉接受登记证书持有人的监督检查；
（二）保证地理标志农产品的品质和信誉；
（三）正确规范地使用农产品地理标志。

## 第四章 监督管理

**第十八条** 县级以上人民政府农业行政主管部门应当加强农产品地理标志监督管理工作，定期对登记的地理标志农产品的地域范围、标志使用等进行监督检查。

登记的地理标志农产品或登记证书持有人不符合本办法第七条、第八条规定的，由农业部注销其地理标志登记证书并对外公告。

**第十九条** 地理标志农产品的生产经营者，应当建立质量控制追溯体系。农产品地理标志登记证书持有人和标志使用人，对地理标志农产品的质量和信誉负责。

**第二十条** 任何单位和个人不得伪造、冒用农产品地理标志和登记证书。

**第二十一条** 国家鼓励单位和个人对农产品地理标志进行社会监督。

**第二十二条** 从事农产品地理标志登记管理和监督检查的工作人员滥用职权、玩忽职守、徇私舞弊的，依法给予处分；涉嫌犯罪的，依法移送司法机关追究刑事责任。

**第二十三条** 违反本办法规定的，由县级以上人民政府农业行政主管部门依照《中华人民共和国农产品质量安全法》有关规定处罚。

## 第五章 附 则

**第二十四条** 农业部接受国外农产品地理标志在中华人民共和国的登记并给予保护，具体办法另行规定。

**第二十五条** 本办法自 2008 年 2 月 1 日起施行。

# 中华人民共和国产品质量法

（1993年2月22日第七届全国人民代表大会常务委员会第三十次会议通过　根据2000年7月8日第九届全国人民代表大会常务委员会第十六次会议《关于修改〈中华人民共和国产品质量法〉的决定》第一次修正　根据2009年8月27日第十一届全国人民代表大会常务委员会第十次会议《关于修改部分法律的决定》第二次修正　根据2018年12月29日第十三届全国人民代表大会常务委员会第七次会议《关于修改〈中华人民共和国产品质量法〉等五部法律的决定》第三次修正）

## 第一章　总　则

**第一条**　为了加强对产品质量的监督管理，提高产品质量水平，明确产品质量责任，保护消费者的合法权益，维护社会经济秩序，制定本法。

**第二条**　在中华人民共和国境内从事产品生产、销售活动，必须遵守本法。

本法所称产品是指经过加工、制作，用于销售的产品。

建设工程不适用本法规定；但是，建设工程使用的建筑材料、建筑构配件和设备，属于前款规定的产品范围的，适用本法规定。

**第三条**　生产者、销售者应当建立健全内部产品质量管理制度，严格实施岗位质量规范、质量责任以及相应的考核办法。

**第四条**　生产者、销售者依照本法规定承担产品质量责任。

**第五条**　禁止伪造或者冒用认证标志等质量标志；禁止伪造产品的产地，伪造或者冒用他人的厂名、厂址；禁止在生产、销售的产品中掺杂、掺假，以假充真，以次充好。

**第六条**　国家鼓励推行科学的质量管理方法，采用先进的科学技术，鼓励企业产品质量达到并且超过行业标准、国家标准和国际标准。

对产品质量管理先进和产品质量达到国际先进水平、成绩显著的单位和个人，给予奖励。

第七条　各级人民政府应当把提高产品质量纳入国民经济和社会发展规划，加强对产品质量工作的统筹规划和组织领导，引导、督促生产者、销售者加强产品质量管理，提高产品质量，组织各有关部门依法采取措施，制止产品生产、销售中违反本法规定的行为，保障本法的施行。

第八条　国务院市场监督管理部门主管全国产品质量监督工作。国务院有关部门在各自的职责范围内负责产品质量监督工作。

县级以上地方市场监督管理部门主管本行政区域内的产品质量监督工作。县级以上地方人民政府有关部门在各自的职责范围内负责产品质量监督工作。

法律对产品质量的监督部门另有规定的，依照有关法律的规定执行。

第九条　各级人民政府工作人员和其他国家机关工作人员不得滥用职权、玩忽职守或者徇私舞弊，包庇、放纵本地区、本系统发生的产品生产、销售中违反本法规定的行为，或者阻挠、干预依法对产品生产、销售中违反本法规定的行为进行查处。

各级地方人民政府和其他国家机关有包庇、放纵产品生产、销售中违反本法规定的行为的，依法追究其主要负责人的法律责任。

第十条　任何单位和个人有权对违反本法规定的行为，向市场监督管理部门或者其他有关部门检举。

市场监督管理部门和有关部门应当为检举人保密，并按照省、自治区、直辖市人民政府的规定给予奖励。

第十一条　任何单位和个人不得排斥非本地区或者非本系统企业生产的质量合格产品进入本地区、本系统。

## 第二章　产品质量的监督

第十二条　产品质量应当检验合格，不得以不合格产品冒充合格产品。

第十三条　可能危及人体健康和人身、财产安全的工业产品，必须符合保障人体健康和人身、财产安全的国家标准、行业标准；未制定国家标准、行业标准的，必须符合保障人体健康和人身、财产安全的要求。

禁止生产、销售不符合保障人体健康和人身、财产安全的标准和要求的工业产品。具体管理办法由国务院规定。

第十四条　国家根据国际通用的质量管理标准，推行企业质量体系认证制度。企业根据自愿原则可以向国务院市场监督管理部门认可的或者国务院市场监督管理部门授权的部门认可的认证机构申请企业质量体系认证。经认证合格的，由认证机构颁发企业质量体系认证证书。

国家参照国际先进的产品标准和技术要求，推行产品质量认证制度。企业根据自愿原则可以向国务院市场监督管理部门认可的或者国务院市场监督管理部门授权的部门认可的认证机构申请产品质量认证。经认证合格的，由认证机构颁发产品质量认证证书，准许企业在产品或者其包装上使用产品质量认证标志。

**第十五条** 国家对产品质量实行以抽查为主要方式的监督检查制度，对可能危及人体健康和人身、财产安全的产品，影响国计民生的重要工业产品以及消费者、有关组织反映有质量问题的产品进行抽查。抽查的样品应当在市场上或者企业成品仓库内的待销产品中随机抽取。监督抽查工作由国务院市场监督管理部门规划和组织。县级以上地方市场监督管理部门在本行政区域内也可以组织监督抽查。法律对产品质量的监督检查另有规定的，依照有关法律的规定执行。

国家监督抽查的产品，地方不得另行重复抽查；上级监督抽查的产品，下级不得另行重复抽查。

根据监督抽查的需要，可以对产品进行检验。检验抽取样品的数量不得超过检验的合理需要，并不得向被检查人收取检验费用。监督抽查所需检验费用按照国务院规定列支。

生产者、销售者对抽查检验的结果有异议的，可以自收到检验结果之日起十五日内向实施监督抽查的市场监督管理部门或者其上级市场监督管理部门申请复检，由受理复检的市场监督管理部门作出复检结论。

**第十六条** 对依法进行的产品质量监督检查，生产者、销售者不得拒绝。

**第十七条** 依照本法规定进行监督抽查的产品质量不合格的，由实施监督抽查的市场监督管理部门责令其生产者、销售者限期改正。逾期不改正的，由省级以上人民政府市场监督管理部门予以公告；公告后经复查仍不合格的，责令停业，限期整顿；整顿期满后经复查产品质量仍不合格的，吊销营业执照。

监督抽查的产品有严重质量问题的，依照本法第五章的有关规定处罚。

**第十八条** 县级以上市场监督管理部门根据已经取得的违法嫌疑证据或者举报，对涉嫌违反本法规定的行为进行查处时，可以行使下列职权：

（一）对当事人涉嫌从事违反本法的生产、销售活动的场所实施现场检查；

（二）向当事人的法定代表人、主要负责人和其他有关人员调查、了解与涉嫌从事违反本法的生产、销售活动有关的情况；

（三）查阅、复制当事人有关的合同、发票、帐簿以及其他有关资料；

（四）对有根据认为不符合保障人体健康和人身、财产安全的国家标准、行业标准的产品或者有其他严重质量问题的产品，以及直接用于生产、销售该项产品的原辅材料、包装物、生产工具，予以查封或者扣押。

**第十九条** 产品质量检验机构必须具备相应的检测条件和能力，经省级以上人民政府市场监督管理部门或者其授权的部门考核合格后，方可承担产品质量检验工作。法律、行政法规对产品质量检验机构另有规定的，依照有关法律、行政法规的规定执行。

**第二十条** 从事产品质量检验、认证的社会中介机构必须依法设立，不得与行政机关和其他国家机关存在隶属关系或者其他利益关系。

**第二十一条** 产品质量检验机构、认证机构必须依法按照有关标准，客观、公正地出具检验结果或者认证证明。

产品质量认证机构应当依照国家规定对准许使用认证标志的产品进行认证后的跟踪检查；对不符合认证标准而使用认证标志的，要求其改正；情节严重的，取消其使用认证标志的资格。

**第二十二条** 消费者有权就产品质量问题，向产品的生产者、销售者查询；向市场监督管理部门及有关部门申诉，接受申诉的部门应当负责处理。

**第二十三条** 保护消费者权益的社会组织可以就消费者反映的产品质量问题建议有关部门负责处理，支持消费者对因产品质量造成的损害向人民法院起诉。

**第二十四条** 国务院和省、自治区、直辖市人民政府的市场监督管理部门应当定期发布其监督抽查的产品的质量状况公告。

**第二十五条** 市场监督管理部门或者其他国家机关以及产品质量检验机构不得向社会推荐生产者的产品；不得以对产品进行监制、监销等方式参与产品经营活动。

## 第三章 生产者、销售者的产品质量责任和义务

### 第一节 生产者的产品质量责任和义务

**第二十六条** 生产者应当对其生产的产品质量负责。

产品质量应当符合下列要求：

（一）不存在危及人身、财产安全的不合理的危险，有保障人体健康和人身、财产安全的国家标准、行业标准的，应当符合该标准；

（二）具备产品应当具备的使用性能，但是，对产品存在使用性能的瑕疵作出说明的除外；

（三）符合在产品或者其包装上注明采用的产品标准，符合以产品说明、实物样品等方式表明的质量状况。

第二十七条　产品或者其包装上的标识必须真实，并符合下列要求：

（一）有产品质量检验合格证明；

（二）有中文标明的产品名称、生产厂厂名和厂址；

（三）根据产品的特点和使用要求，需要标明产品规格、等级、所含主要成份的名称和含量的，用中文相应予以标明；需要事先让消费者知晓的，应当在外包装上标明，或者预先向消费者提供有关资料；

（四）限期使用的产品，应当在显著位置清晰地标明生产日期和安全使用期或者失效日期；

（五）使用不当，容易造成产品本身损坏或者可能危及人身、财产安全的产品，应当有警示标志或者中文警示说明。

裸装的食品和其他根据产品的特点难以附加标识的裸装产品，可以不附加产品标识。

第二十八条　易碎、易燃、易爆、有毒、有腐蚀性、有放射性等危险物品以及储运中不能倒置和其他有特殊要求的产品，其包装质量必须符合相应要求，依照国家有关规定作出警示标志或者中文警示说明，标明储运注意事项。

第二十九条　生产者不得生产国家明令淘汰的产品。

第三十条　生产者不得伪造产地，不得伪造或者冒用他人的厂名、厂址。

第三十一条　生产者不得伪造或者冒用认证标志等质量标志。

第三十二条　生产者生产产品，不得掺杂、掺假，不得以假充真、以次充好，不得以不合格产品冒充合格产品。

### 第二节　销售者的产品质量责任和义务

第三十三条　销售者应当建立并执行进货检查验收制度，验明产品合格证明和其他标识。

第三十四条　销售者应当采取措施，保持销售产品的质量。

**第三十五条** 销售者不得销售国家明令淘汰并停止销售的产品和失效、变质的产品。

**第三十六条** 销售者销售的产品的标识应当符合本法第二十七条的规定。

**第三十七条** 销售者不得伪造产地，不得伪造或者冒用他人的厂名、厂址。

**第三十八条** 销售者不得伪造或者冒用认证标志等质量标志。

**第三十九条** 销售者销售产品，不得掺杂、掺假，不得以假充真、以次充好，不得以不合格产品冒充合格产品。

## 第四章　损害赔偿

**第四十条** 售出的产品有下列情形之一的，销售者应当负责修理、更换、退货；给购买产品的消费者造成损失的，销售者应当赔偿损失：

（一）不具备产品应当具备的使用性能而事先未作说明的；

（二）不符合在产品或者其包装上注明采用的产品标准的；

（三）不符合以产品说明、实物样品等方式表明的质量状况的。

销售者依照前款规定负责修理、更换、退货、赔偿损失后，属于生产者的责任或者属于向销售者提供产品的其他销售者（以下简称供货者）的责任的，销售者有权向生产者、供货者追偿。

销售者未按照第一款规定给予修理、更换、退货或者赔偿损失的，由市场监督管理部门责令改正。

生产者之间，销售者之间，生产者与销售者之间订立的买卖合同、承揽合同有不同约定的，合同当事人按照合同约定执行。

**第四十一条** 因产品存在缺陷造成人身、缺陷产品以外的其他财产（以下简称他人财产）损害的，生产者应当承担赔偿责任。

生产者能够证明有下列情形之一的，不承担赔偿责任：

（一）未将产品投入流通的；

（二）产品投入流通时，引起损害的缺陷尚不存在的；

（三）将产品投入流通时的科学技术水平尚不能发现缺陷的存在的。

**第四十二条** 由于销售者的过错使产品存在缺陷，造成人身、他人财产损害的，销售者应当承担赔偿责任。

销售者不能指明缺陷产品的生产者也不能指明缺陷产品的供货者的，销售者应当承担赔偿责任。

**第四十三条** 因产品存在缺陷造成人身、他人财产损害的,受害人可以向产品的生产者要求赔偿,也可以向产品的销售者要求赔偿。属于产品的生产者的责任,产品的销售者赔偿的,产品的销售者有权向产品的生产者追偿。属于产品的销售者的责任,产品的生产者赔偿的,产品的生产者有权向产品的销售者追偿。

**第四十四条** 因产品存在缺陷造成受害人人身伤害的,侵害人应当赔偿医疗费、治疗期间的护理费、因误工减少的收入等费用;造成残疾的,还应当支付残疾者生活自助具费、生活补助费、残疾赔偿金以及由其扶养的人所必需的生活费等费用;造成受害人死亡的,并应当支付丧葬费、死亡赔偿金以及由死者生前扶养的人所必需的生活费等费用。

因产品存在缺陷造成受害人财产损失的,侵害人应当恢复原状或者折价赔偿。受害人因此遭受其他重大损失的,侵害人应当赔偿损失。

**第四十五条** 因产品存在缺陷造成损害要求赔偿的诉讼时效期间为二年,自当事人知道或者应当知道其权益受到损害时起计算。

因产品存在缺陷造成损害要求赔偿的请求权,在造成损害的缺陷产品交付最初消费者满十年丧失;但是,尚未超过明示的安全使用期的除外。

**第四十六条** 本法所称缺陷,是指产品存在危及人身、他人财产安全的不合理的危险;产品有保障人体健康和人身、财产安全的国家标准、行业标准的,是指不符合该标准。

**第四十七条** 因产品质量发生民事纠纷时,当事人可以通过协商或者调解解决。当事人不愿通过协商、调解解决或者协商、调解不成的,可以根据当事人各方的协议向仲裁机构申请仲裁;当事人各方没有达成仲裁协议或者仲裁协议无效的,可以直接向人民法院起诉。

**第四十八条** 仲裁机构或者人民法院可以委托本法第十九条规定的产品质量检验机构,对有关产品质量进行检验。

## 第五章 罚 则

**第四十九条** 生产、销售不符合保障人体健康和人身、财产安全的国家标准、行业标准的产品的,责令停止生产、销售,没收违法生产、销售的产品,并处违法生产、销售产品(包括已售出和未售出的产品,下同)货值金额等值以上三倍以下的罚款;有违法所得的,并处没收违法所得;情节严重的,吊销营业执照;构成犯罪的,依法追究刑事责任。

**第五十条** 在产品中掺杂、掺假，以假充真，以次充好，或者以不合格产品冒充合格产品的，责令停止生产、销售，没收违法生产、销售的产品，并处违法生产、销售产品货值金额百分之五十以上三倍以下的罚款；有违法所得的，并处没收违法所得；情节严重的，吊销营业执照；构成犯罪的，依法追究刑事责任。

**第五十一条** 生产国家明令淘汰的产品的，销售国家明令淘汰并停止销售的产品的，责令停止生产、销售，没收违法生产、销售的产品，并处违法生产、销售产品货值金额等值以下的罚款；有违法所得的，并处没收违法所得；情节严重的，吊销营业执照。

**第五十二条** 销售失效、变质的产品的，责令停止销售，没收违法销售的产品，并处违法销售产品货值金额二倍以下的罚款；有违法所得的，并处没收违法所得；情节严重的，吊销营业执照；构成犯罪的，依法追究刑事责任。

**第五十三条** 伪造产品产地的，伪造或者冒用他人厂名、厂址的，伪造或者冒用认证标志等质量标志的，责令改正，没收违法生产、销售的产品，并处违法生产、销售产品货值金额等值以下的罚款；有违法所得的，并处没收违法所得；情节严重的，吊销营业执照。

**第五十四条** 产品标识不符合本法第二十七条规定的，责令改正；有包装的产品标识不符合本法第二十七条第（四）项、第（五）项规定，情节严重的，责令停止生产、销售，并处违法生产、销售产品货值金额百分之三十以下的罚款；有违法所得的，并处没收违法所得。

**第五十五条** 销售者销售本法第四十九条至第五十三条规定禁止销售的产品，有充分证据证明其不知道该产品为禁止销售的产品并如实说明其进货来源的，可以从轻或者减轻处罚。

**第五十六条** 拒绝接受依法进行的产品质量监督检查的，给予警告，责令改正；拒不改正的，责令停业整顿；情节特别严重的，吊销营业执照。

**第五十七条** 产品质量检验机构、认证机构伪造检验结果或者出具虚假证明的，责令改正，对单位处五万元以上十万元以下的罚款，对直接负责的主管人员和其他直接责任人员处一万元以上五万元以下的罚款；有违法所得的，并处没收违法所得；情节严重的，取消其检验资格、认证资格；构成犯罪的，依法追究刑事责任。

产品质量检验机构、认证机构出具的检验结果或者证明不实，造成损失的，应当承担相应的赔偿责任；造成重大损失的，撤销其检验资格、认证资格。

产品质量认证机构违反本法第二十一条第二款的规定，对不符合认证标准而使用认证标志的产品，未依法要求其改正或者取消其使用认证标志资格的，对因产品不符合认证标准给消费者造成的损失，与产品的生产者、销售者承担连带责任；情节严重的，撤销其认证资格。

**第五十八条** 社会团体、社会中介机构对产品质量作出承诺、保证，而该产品又不符合其承诺、保证的质量要求，给消费者造成损失的，与产品的生产者、销售者承担连带责任。

**第五十九条** 在广告中对产品质量作虚假宣传，欺骗和误导消费者的，依照《中华人民共和国广告法》的规定追究法律责任。

**第六十条** 对生产者专门用于生产本法第四十九条、第五十一条所列的产品或者以假充真的产品的原辅材料、包装物、生产工具，应当予以没收。

**第六十一条** 知道或者应当知道属于本法规定禁止生产、销售的产品而为其提供运输、保管、仓储等便利条件的，或者为以假充真的产品提供制假生产技术的，没收全部运输、保管、仓储或者提供制假生产技术的收入，并处违法收入百分之五十以上三倍以下的罚款；构成犯罪的，依法追究刑事责任。

**第六十二条** 服务业的经营者将本法第四十九条至第五十二条规定禁止销售的产品用于经营性服务的，责令停止使用；对知道或者应当知道所使用的产品属于本法规定禁止销售的产品的，按照违法使用的产品（包括已使用和尚未使用的产品）的货值金额，依照本法对销售者的处罚规定处罚。

**第六十三条** 隐匿、转移、变卖、损毁被市场监督管理部门查封、扣押的物品的，处被隐匿、转移、变卖、损毁物品货值金额等值以上三倍以下的罚款；有违法所得的，并处没收违法所得。

**第六十四条** 违反本法规定，应当承担民事赔偿责任和缴纳罚款、罚金，其财产不足以同时支付时，先承担民事赔偿责任。

**第六十五条** 各级人民政府工作人员和其他国家机关工作人员有下列情形之一的，依法给予行政处分；构成犯罪的，依法追究刑事责任：

（一）包庇、放纵产品生产、销售中违反本法规定行为的；

（二）向从事违反本法规定的生产、销售活动的当事人通风报信，帮助其逃避查处的；

（三）阻挠、干预市场监督管理部门依法对产品生产、销售中违反本法规定的行为进行查处，造成严重后果的。

第六十六条　市场监督管理部门在产品质量监督抽查中超过规定的数量索取样品或者向被检查人收取检验费用的，由上级市场监督管理部门或者监察机关责令退还；情节严重的，对直接负责的主管人员和其他直接责任人员依法给予行政处分。

第六十七条　市场监督管理部门或者其他国家机关违反本法第二十五条的规定，向社会推荐生产者的产品或者以监制、监销等方式参与产品经营活动的，由其上级机关或者监察机关责令改正，消除影响，有违法收入的予以没收；情节严重的，对直接负责的主管人员和其他直接责任人员依法给予行政处分。

产品质量检验机构有前款所列违法行为的，由市场监督管理部门责令改正，消除影响，有违法收入的予以没收，可以并处违法收入一倍以下的罚款；情节严重的，撤销其质量检验资格。

第六十八条　市场监督管理部门的工作人员滥用职权、玩忽职守、徇私舞弊，构成犯罪的，依法追究刑事责任；尚不构成犯罪的，依法给予行政处分。

第六十九条　以暴力、威胁方法阻碍市场监督管理部门的工作人员依法执行职务的，依法追究刑事责任；拒绝、阻碍未使用暴力、威胁方法的，由公安机关依照治安管理处罚法的规定处罚。

第七十条　本法第四十九条至第五十七条、第六十条至第六十三条规定的行政处罚由市场监督管理部门决定。法律、行政法规对行使行政处罚权的机关另有规定的，依照有关法律、行政法规的规定执行。

第七十一条　对依照本法规定没收的产品，依照国家有关规定进行销毁或者采取其他方式处理。

第七十二条　本法第四十九条至第五十四条、第六十二条、第六十三条所规定的货值金额以违法生产、销售产品的标价计算；没有标价的，按照同类产品的市场价格计算。

## 第六章　附　　则

第七十三条　军工产品质量监督管理办法，由国务院、中央军事委员会另行制定。

因核设施、核产品造成损害的赔偿责任,法律、行政法规另有规定的,依照其规定。

**第七十四条** 本法自 1993 年 9 月 1 日起施行。

# 中华人民共和国标准化法

(1988年12月29日第七届全国人民代表大会常务委员会第五次会议通过 2017年11月4日第十二届全国人民代表大会常务委员会第三十次会议修订)

## 目 录

第一章 总　　则
第二章 标准的制定
第三章 标准的实施
第四章 监督管理
第五章 法律责任
第六章 附　　则

## 第一章 总　　则

**第一条** 为了加强标准化工作，提升产品和服务质量，促进科学技术进步，保障人身健康和生命财产安全，维护国家安全、生态环境安全，提高经济社会发展水平，制定本法。

**第二条** 本法所称标准（含标准样品），是指农业、工业、服务业以及社会事业等领域需要统一的技术要求。

标准包括国家标准、行业标准、地方标准和团体标准、企业标准。国家标准分为强制性标准、推荐性标准，行业标准、地方标准是推荐性标准。

强制性标准必须执行。国家鼓励采用推荐性标准。

**第三条** 标准化工作的任务是制定标准、组织实施标准以及对标准的制定、实施进行监督。

县级以上人民政府应当将标准化工作纳入本级国民经济和社会发展规划，将标准化工作经费纳入本级预算。

**第四条** 制定标准应当在科学技术研究成果和社会实践经验的基础上，深入调查论证，广泛征求意见，保证标准的科学性、规范性、时效性，提高标准质量。

**第五条** 国务院标准化行政主管部门统一管理全国标准化工作。国务院有关行政主管部门分工管理本部门、本行业的标准化工作。

县级以上地方人民政府标准化行政主管部门统一管理本行政区域内的标准化工作。县级以上地方人民政府有关行政主管部门分工管理本行政区域内本部门、本行业的标准化工作。

**第六条** 国务院建立标准化协调机制，统筹推进标准化重大改革，研究标准化重大政策，对跨部门跨领域、存在重大争议标准的制定和实施进行协调。

设区的市级以上地方人民政府可以根据工作需要建立标准化协调机制，统筹协调本行政区域内标准化工作重大事项。

**第七条** 国家鼓励企业、社会团体和教育、科研机构等开展或者参与标准化工作。

**第八条** 国家积极推动参与国际标准化活动，开展标准化对外合作与交流，参与制定国际标准，结合国情采用国际标准，推进中国标准与国外标准之间的转化运用。

国家鼓励企业、社会团体和教育、科研机构等参与国际标准化活动。

**第九条** 对在标准化工作中做出显著成绩的单位和个人，按照国家有关规定给予表彰和奖励。

## 第二章 标准的制定

**第十条** 对保障人身健康和生命财产安全、国家安全、生态环境安全以及满足经济社会管理基本需要的技术要求，应当制定强制性国家标准。

国务院有关行政主管部门依据职责负责强制性国家标准的项目提出、组织起草、征求意见和技术审查。国务院标准化行政主管部门负责强制性国家标准的立项、编号和对外通报。国务院标准化行政主管部门应当对拟制定的强制性国家标准是否符合前款规定进行立项审查，对符合前款规定的予以立项。

省、自治区、直辖市人民政府标准化行政主管部门可以向国务院标准化行政主管部门提出强制性国家标准的立项建议，由国务院标准化行政主管部门会同国务院有关行政主管部门决定。社会团体、企业事业组织以及公民可以向国务院标准化行政主管部门提出强制性国家标准的立项建议，国务院标准化行政主管部门认为需要立项的，会同国务院有关行政主管部门决定。

强制性国家标准由国务院批准发布或者授权批准发布。

法律、行政法规和国务院决定对强制性标准的制定另有规定的，从其规定。

**第十一条** 对满足基础通用、与强制性国家标准配套、对各有关行业起引领作用等需要的技术要求，可以制定推荐性国家标准。

推荐性国家标准由国务院标准化行政主管部门制定。

**第十二条** 对没有推荐性国家标准、需要在全国某个行业范围内统一的技术要求，可以制定行业标准。

行业标准由国务院有关行政主管部门制定，报国务院标准化行政主管部门备案。

**第十三条** 为满足地方自然条件、风俗习惯等特殊技术要求，可以制定地方标准。

地方标准由省、自治区、直辖市人民政府标准化行政主管部门制定；设区的市级人民政府标准化行政主管部门根据本行政区域的特殊需要，经所在地省、自治区、直辖市人民政府标准化行政主管部门批准，可以制定本行政区域的地方标准。地方标准由省、自治区、直辖市人民政府标准化行政主管部门报国务院标准化行政主管部门备案，由国务院标准化行政主管部门通报国务院有关行政主管部门。

**第十四条** 对保障人身健康和生命财产安全、国家安全、生态环境安全以及经济社会发展所急需的标准项目，制定标准的行政主管部门应当优先立项并及时完成。

**第十五条** 制定强制性标准、推荐性标准，应当在立项时对有关行政主管部门、企业、社会团体、消费者和教育、科研机构等方面的实际需求进行调查，对制定标准的必要性、可行性进行论证评估；在制定过程中，应当按照便捷有效的原则采取多种方式征求意见，组织对标准相关事项进行调查分析、实验、论证，并做到有关标准之间的协调配套。

**第十六条** 制定推荐性标准，应当组织由相关方组成的标准化技术委员会，承担标准的起草、技术审查工作。制定强制性标准，可以委托相关标准化技术委员会承担标准的起草、技术审查工作。未组成标准化技术委员会的，应当成立专家组承担相关标准的起草、技术审查工作。标准化技术委员会和专家组的组成应当具有广泛代表性。

**第十七条** 强制性标准文本应当免费向社会公开。国家推动免费向社会公开推荐性标准文本。

**第十八条** 国家鼓励学会、协会、商会、联合会、产业技术联盟等社会团体协调相关市场主体共同制定满足市场和创新需要的团体标准，由本团体成员约定采用或者按照本团体的规定供社会自愿采用。

制定团体标准，应当遵循开放、透明、公平的原则，保证各参与主体获取相关信息，反映各参与主体的共同需求，并应当组织对标准相关事项进行调查分析、实验、论证。

国务院标准化行政主管部门会同国务院有关行政主管部门对团体标准的制定进行规范、引导和监督。

**第十九条** 企业可以根据需要自行制定企业标准，或者与其他企业联合制定企业标准。

**第二十条** 国家支持在重要行业、战略性新兴产业、关键共性技术等领域利用自主创新技术制定团体标准、企业标准。

**第二十一条** 推荐性国家标准、行业标准、地方标准、团体标准、企业标准的技术要求不得低于强制性国家标准的相关技术要求。

国家鼓励社会团体、企业制定高于推荐性标准相关技术要求的团体标准、企业标准。

**第二十二条** 制定标准应当有利于科学合理利用资源，推广科学技术成果，增强产品的安全性、通用性、可替换性，提高经济效益、社会效益、生态效益，做到技术上先进、经济上合理。

禁止利用标准实施妨碍商品、服务自由流通等排除、限制市场竞争的行为。

**第二十三条** 国家推进标准化军民融合和资源共享，提升军民标准通用化水平，积极推动在国防和军队建设中采用先进适用的民用标准，并将先进适用的军用标准转化为民用标准。

**第二十四条** 标准应当按照编号规则进行编号。标准的编号规则由国务院标准化行政主管部门制定并公布。

## 第三章 标准的实施

**第二十五条** 不符合强制性标准的产品、服务，不得生产、销售、进口或者提供。

**第二十六条** 出口产品、服务的技术要求，按照合同的约定执行。

**第二十七条** 国家实行团体标准、企业标准自我声明公开和监督制度。企业应当公开其执行的强制性标准、推荐性标准、团体标准或者企业标准的编号和名称；企业执行自行制定的企业标准的，还应当公开产品、服务的功能指标和产品的性能指标。国家鼓励团体标准、企业标准通过标准信息公共服务平台向社会公开。

企业应当按照标准组织生产经营活动，其生产的产品、提供的服务应当符合企业公开标准的技术要求。

**第二十八条** 企业研制新产品、改进产品，进行技术改造，应当符合本法规定的标准化要求。

**第二十九条** 国家建立强制性标准实施情况统计分析报告制度。

国务院标准化行政主管部门和国务院有关行政主管部门、设区的市级以上地方人民政府标准化行政主管部门应当建立标准实施信息反馈和评估机制，根据反馈和评估情况对其制定的标准进行复审。标准的复审周期一般不超过五年。经过复审，对不适应经济社会发展需要和技术进步的应当及时修订或者废止。

**第三十条** 国务院标准化行政主管部门根据标准实施信息反馈、评估、复审情况，对有关标准之间重复交叉或者不衔接配套的，应当会同国务院有关行政主管部门作出处理或者通过国务院标准化协调机制处理。

**第三十一条** 县级以上人民政府应当支持开展标准化试点示范和宣传工作，传播标准化理念，推广标准化经验，推动全社会运用标准化方式组织生产、经营、管理和服务，发挥标准对促进转型升级、引领创新驱动的支撑作用。

## 第四章　监督管理

**第三十二条** 县级以上人民政府标准化行政主管部门、有关行政主管部门依据法定职责，对标准的制定进行指导和监督，对标准的实施进行监督检查。

**第三十三条** 国务院有关行政主管部门在标准制定、实施过程中出现争议的，由国务院标准化行政主管部门组织协商；协商不成的，由国务院标准化协调机制解决。

**第三十四条** 国务院有关行政主管部门、设区的市级以上地方人民政府标准化行政主管部门未依照本法规定对标准进行编号、复审或者备案的，国务院标准化行政主管部门应当要求其说明情况，并限期改正。

**第三十五条** 任何单位或者个人有权向标准化行政主管部门、有关行政主管部门举报、投诉违反本法规定的行为。

标准化行政主管部门、有关行政主管部门应当向社会公开受理举报、投诉的电话、信箱或者电子邮件地址，并安排人员受理举报、投诉。对实名举报人或者投诉人，受理举报、投诉的行政主管部门应当告知处理结果，为举报人保密，并按照国家有关规定对举报人给予奖励。

## 第五章 法律责任

**第三十六条** 生产、销售、进口产品或者提供服务不符合强制性标准，或者企业生产的产品、提供的服务不符合其公开标准的技术要求的，依法承担民事责任。

**第三十七条** 生产、销售、进口产品或者提供服务不符合强制性标准的，依照《中华人民共和国产品质量法》《中华人民共和国进出口商品检验法》《中华人民共和国消费者权益保护法》等法律、行政法规的规定查处，记入信用记录，并依照有关法律、行政法规的规定予以公示；构成犯罪的，依法追究刑事责任。

**第三十八条** 企业未依照本法规定公开其执行的标准的，由标准化行政主管部门责令限期改正；逾期不改正的，在标准信息公共服务平台上公示。

**第三十九条** 国务院有关行政主管部门、设区的市级以上地方人民政府标准化行政主管部门制定的标准不符合本法第二十一条第一款、第二十二条第一款规定的，应当及时改正；拒不改正的，由国务院标准化行政主管部门公告废止相关标准；对负有责任的领导人员和直接责任人员依法给予处分。

社会团体、企业制定的标准不符合本法第二十一条第一款、第二十二条第一款规定的，由标准化行政主管部门责令限期改正；逾期不改正的，由省级以上人民政府标准化行政主管部门废止相关标准，并在标准信息公共服务平台上公示。

违反本法第二十二条第二款规定，利用标准实施排除、限制市场竞争行为的，依照《中华人民共和国反垄断法》等法律、行政法规的规定处理。

**第四十条** 国务院有关行政主管部门、设区的市级以上地方人民政府标准化行政主管部门未依照本法规定对标准进行编号或者备案，又未依照本法

第三十四条的规定改正的，由国务院标准化行政主管部门撤销相关标准编号或者公告废止未备案标准；对负有责任的领导人员和直接责任人员依法给予处分。

国务院有关行政主管部门、设区的市级以上地方人民政府标准化行政主管部门未依照本法规定对其制定的标准进行复审，又未依照本法第三十四条的规定改正的，对负有责任的领导人员和直接责任人员依法给予处分。

第四十一条　国务院标准化行政主管部门未依照本法第十条第二款规定对制定强制性国家标准的项目予以立项，制定的标准不符合本法第二十一条第一款、第二十二条第一款规定，或者未依照本法规定对标准进行编号、复审或者予以备案的，应当及时改正；对负有责任的领导人员和直接责任人员可以依法给予处分。

第四十二条　社会团体、企业未依照本法规定对团体标准或者企业标准进行编号的，由标准化行政主管部门责令限期改正；逾期不改正的，由省级以上人民政府标准化行政主管部门撤销相关标准编号，并在标准信息公共服务平台上公示。

第四十三条　标准化工作的监督、管理人员滥用职权、玩忽职守、徇私舞弊的，依法给予处分；构成犯罪的，依法追究刑事责任。

## 第六章　附　　则

第四十四条　军用标准的制定、实施和监督办法，由国务院、中央军事委员会另行制定。

第四十五条　本法自2018年1月1日起施行。

# 地理标志保护和运用"十四五"规划

(国知发保字〔2021〕37号)

地理标志是重要的知识产权，是促进区域特色经济发展的有效载体，是推进乡村振兴的有力支撑，是推动外贸外交的重要领域，是保护和传承传统优秀文化的鲜活载体，也是企业参与市场竞争的重要资源。中国拥有悠久的历史和深厚的文化积淀，地理标志资源丰富。为贯彻落实《知识产权强国建设纲要（2021—2035年）》《"十四五"国家知识产权保护和运用规划》《关于强化知识产权保护的意见》，提升地理标志保护和运用水平，制定本规划。

## 一、规划背景

党中央、国务院高度重视地理标志保护工作，对地理标志保护工作作出一系列重要部署。"十三五"时期，我国地理标志保护和运用工作取得重要进展，按照党和国家机构改革方案，实现了原产地地理标志的集中统一管理。地理标志制度不断完善，修订《国外地理标志产品保护办法》《商标审查审理指南》，发布《地理标志专用标志使用管理办法（试行）》，有效发挥《商标法》《商标法实施条例》《集体商标、证明商标的注册和管理办法》作用，地理标志工作朝着有法可依、有章可循、严格保护的方向持续迈进。注册认定工作稳步推进，截至"十三五"末，我国累计保护地理标志产品2391个，地理标志专用标志使用市场主体达到9479家，以地理标志作为集体商标、证明商标注册达到6085件，专用标志使用市场主体年直接产值超过6000亿元。建成国家地理标志产品保护示范区16个。地理标志运用效益显著，地理标志运用促进工程落地生根。地理标志保护国际合作取得重要进展，中欧地理标志保护与合作协定签署生效。

同时，地理标志保护和运用工作也面临许多挑战。一是制度协调统一有待加强。二是保护能力水平与营造一流营商环境的要求仍有距离。三是审查认定体系尚待完善。四是产品特色质量管理与监督有待强化。五是地理标志品牌价值尚未充分显现。

"十四五"时期是我国全面建成小康社会、实现第一个百年奋斗目标之后，乘势而上开启全面建设社会主义现代化国家新征程、向第二个百年奋斗目标进军的重要阶段，也是知识产权强国建设的关键时期，经济社会高质量发展的需求更加迫切，我国地理标志工作面临重要发展机遇。要充分发挥我国超大规模市场优势和内需潜力，以满足国内需求为出发点和落脚点，加快构建完善的地理标志保护和运用体系，加快适应以国内大循环为主体、国内国际双循环相互促进的新发展格局，培育我国地理标志产品的竞争新优势。

## 二、总体要求

### （一）指导思想

以习近平新时代中国特色社会主义思想为指导，全面贯彻党的十九大和十九届历次全会精神，紧紧围绕统筹推进"五位一体"总体布局和协调推进"四个全面"战略布局，贯彻落实新发展理念，全面落实《知识产权强国建设纲要（2021—2035年）》《"十四五"国家知识产权保护和运用规划》《关于强化知识产权保护的意见》要求，以高水平保护、高质量发展、高标准建设、高效益运用为主线，进一步完善地理标志保护和运用体系，强化地理标志保护，提升我国地理标志产品的价值内涵，推动地理标志与特色产业发展、生态文明建设、历史文化传承和乡村振兴有机融合，为推进供给侧结构性改革、培育经济发展新动能、实现可持续发展提供重要支撑。

### （二）发展目标

地理标志制度进一步完善，保护水平显著提升，运用效益充分显现，我国地理标志产品市场竞争力和国际影响力不断增强，地理标志服务国内大循环为主体、国内国际双循环发展格局的重要作用进一步体现。

——地理标志保护基础更加坚实。地理标志审查认定效率和质量进一步提升，地理标志标准化体系进一步完善，地理标志保护资源统计分析制度初步建立，新建成一批特色显著、成效明显的地理标志产品保护示范区。

——地理标志运用效益更加凸显。地理标志品牌效应显著提高，地理标志产品的市场竞争力有效增强，以地理标志品牌为核心，企业商标和区域品牌相结合，共同发展的地理标志品牌体系更加完善，地理标志相关产业链更加健全。

——地理标志互认互保范围进一步扩大。地理标志保护国际交流合作的广度和深度进一步拓展，中国地理标志产品国际市场竞争力进一步提升。

到 2025 年，地理标志认定数量保持稳定合理增长，使用地理标志专用标志的市场主体达到 1.8 万家以上，年直接产值保持稳定增长，制修订一批地理标志领域国家标准、地方标准和团体标准，建成国家地理标志产品保护示范区 100 家，推动更多中国地理标志在海外获得保护（以上指标均为预期性指标）。

## 三、主要任务

### （一）夯实地理标志保护和管理基础

1. 健全地理标志法律制度。积极推动地理标志专门立法工作，深入开展地理标志立法调研论证，加强国外地理标志法律制度比较研究，健全专门保护与商标保护相互协调的统一地理标志保护制度。明晰地理标志的权利内容和保护范围，明确行政保护的基本原则、管理机关的监管职责和相关市场主体的权利义务，优化地理标志保护程序，提高地理标志保护水平，构建中国特色地理标志保护法律制度。（条法司、保护司、商标局按职责分工负责）

2. 建立协调有序的地理标志统一认定制度。有序推进地理标志统一认定和立体保护机制。完善地理标志认定机制，统一规范不同保护渠道的地理标志名称、保护地域范围划定等认定要素，优化地理标志认定流程，制定发布地理标志认定产品分类标准。推动在地理标志保护机制下，强化初级农产品、加工食品、道地药材、传统手工艺品等的保护。（条法司、保护司、商标局按职责分工负责）

3. 优化地理标志审查工作机制。严格地理标志保护申请审核认定规则和审查流程，完善作为集体商标、证明商标注册的地理标志审查质量管理体系。强化信息化手段，推进审查智能化。加强审查认定人员能力建设，打造高水平的专业人才队伍。积极发挥产品技术、质量、标准、历史文化等领域专家作用，为地理标志审查工作提供有效智力支持。（条法司、保护司、商标局按职责分工负责）

4. 健全地理标志标准化体系。充分发挥全国知识管理标准化技术委员会地理标志分技术委员会作用，加快构建涵盖地理标志保护、运用、管理、服务的地理标志标准体系。加强地理标志保护关键技术标准研究，推进地理标志基础通用类和产品类国家标准制修订工作。强化地理标志产品原产地政府在地理标志标准实施中的作用，定期监测和评估标准实施效果。鼓励开展地理标志相关标准外文版研制，提升我国地理标志品牌的国际传播力。鼓励研制地理标志国家标准样品。支持各地建立健全以地方标准为基础的标准体系。（保护司负责，各地方知识产权管理部门参与）

5. 建立地理标志保护资源动态管理制度。规范地理标志相关数据指标体系、分析方法和数据报表。推进地理标志保护资源管理信息化建设，建立完善地理标志保护资源数据库和电子化应用平台。探索建立地理标志保护资源管理数据发布机制，探索研究发布地理标志年度公报。（保护司负责，各地方知识产权管理部门参与）

6. 加强地理标志保护基础理论研究。布局建设一批国家地理标志保护理论研究基地，开展地理标志保护理论与实践研究。鼓励开展地理标志产品产地溯源、假冒线索搜集等方面的技术研发，强化运用技术手段保护地理标志。发布地理标志行政保护典型案例和指导案例。（办公室、保护司按职责分工负责，各地方知识产权管理部门参与）

### （二）提升地理标志保护和管理水平

7. 加强地理标志专用标志管理。深入推进地理标志专用标志使用核准改革，完善地理标志专用标志使用管理制度。提升地理标志专用标志使用管理智能化和便利化水平，强化监管效果。加大宣传推广力度，提高合法使用人规范使用地理标志专用标志的意识。优化地理标志专用标志使用信息查询服务，加大专用标志使用监管情况向社会公开的力度。建立健全举报投诉机制，完善调查处理程序。严格监督和查处地理标志专用标志使用人未按管理规范或集体商标、证明商标使用管理规则组织生产的违规违法行为。（保护司负责，各地方知识产权管理部门参与）

8. 强化地理标志产地质量管控。推动原产地政府加强应用标准、检验检测、认证等质量基础设施建设，构建政府监管、行业管理、生产者自律的质量保证体系。鼓励综合运用大数据、区块链、电子围栏等技术，建立来源可查、去向可追、责任可究的地理标志来源追溯机制。落实地理标志产品生产者主体责任，加大对生产经营主体的培训力度，加强地理标志相关产品标准的实施应用和示范推广，提高地理标志产品生产者质量管理水平。探索开展地理标志产区等级划分和产品特色质量品级划分，科学合理设定分级指标和要求。（保护司负责，各地方知识产权管理部门参与）

9. 强化地理标志保护监管。健全"双随机、一公开"行政监管机制，聚焦重点地理标志产品加强行政保护。建立地理标志领域的信用监管机制。建立地理标志保护检查对象随机抽查名录，制定抽查事项清单、工作细则和抽查计划。结合地理标志产品的区域性、季节性等特点，加强重点地理标志执法保护。针对示范区地理标志产品、高价值产品、热销产品和互认互保产品等，加强对擅自使用地理标志的生产、销售等违法行为的执法保护力度，严格规范在营销宣传和产品外包装中使用地理标志的行为。加强对相同或近似产品上使用意译、音译、字译或标注"种类""品种""风格""仿制"等地理标志"搭便车"行为的规制和打击。（保护司负责，各地方知识产权管理部门参与）

10. 增强地理标志公共服务能力。支持引导各级各类知识产权公共服务机构开展地理标志信息查询检索、咨询、预警、公益讲座、专题培训等，积极推动高校、科研院所、图书情报等机构参与提供地理标志信息公共服务。依托知识产权保护信息平台、国家知识产权大数据中心和国家知识产权公共服务平台等，统筹开展地理标志信息化建设，实现平台数据共享、互联互通，推动实现面向公众的地理标志"一站式"信息服务。（保护司、公共服务司按职责分工负责，各地方知识产权管理部门参与）

---

**专栏1　地理标志保护工程**

**（一）实施地理标志保护提升行动**

1. 开展地理标志强基计划

提升地理标志审查能力。打造专业化的审查人才队伍，强化专业技术培训工作，提升审查人才队伍业务能力，促进审查标准一致。建设完善地理标志审查专家库，提升地理标志技术审查专业化水平。

完善地理标志信息化工作平台。完善地理标志产品保护申请电子受理平台，全面实现地理标志产品申报、受理、审查、认定、专用标志核准等全流程信息化服务。丰富地理标志保护数据管理系统功能，实现地理标志保护数据资源、执法监督案例等线上报送与统计。

加强地理标志标准制定。以基础术语、产品分类与编码、产地关联性分析、特色质量控制、区域经济贡献评价为重点，推进基础通用类国家标准制定。依据产品的传统特色、知名度和出口量，分批次启动地理标志产品类国家标准制定工作。开展地理标志保护标准、保护要求外文版研制。支持各地制修订地理标志地方标准。

2. 开展地理标志筑篱计划

开展地理标志专用标志"放管服"改革试点。深化地理标志专用标志使用核准改革工作，推动市场主体使用地理标志专用标志覆盖率达到80%以上。建立专用标志使用管理台账，完善常态化监督检查工作制度，将专用标志使用情况纳入年度监督抽查计划，定期组织开展专项抽查。协同推进专用标志使用监管方式创新，积极探索新型监管模式，落实地方知识产权管理部门监管责任。鼓励省级知识产权管理部门将地理标志专用标志相关信息向社会公开，推动相关服务纳入知识产权领域"好差评"政务事项，评估结果按相关规定纳入政府绩效评价。

建设地理标志产品保护示范区。统筹规划示范区建设布局，兼顾地区平衡，支持"一区一品""一区多品"等多类型、国家级与省级多层级示范区建设。重点支持建设200个体系完善、特色显著、效益突出、人文内涵丰富、辐射带动力强的示范区。加大示范区内地理标志日常管理和监督力度，加强地理标志专用标志使用监管，严厉查处地理标志侵权违法行为，推动示范区建立健全质量基础体系、信用体系、协同监管体系、执法维权体系、宣传推介体系，进一步推广示范经验，发挥引领作用。

加强地理标志保护维权援助。建立健全地理标志维权援助工作机制。发挥知识产权保护中心作用，对接各类知识产权快速协同保护、维权援助公共服务平台，结合纠纷多元解决、诚信体系建设等工作，加强地理标志维权援助工作。加强农业展览会等商贸流通领域地理标志维权援助服务。探索建立海外知识产权维权援助机制，加强海外地理标志纠纷应对指导，强化海外地理标志纠纷预警防范。

3. 开展地理标志挖潜计划

建设地理标志保护资源分析机制。研究确定地理标志保护资源数据内容与格式，完善地理标志保护资源数据库，强化资源分析功能设计，实现基础数据报表及分析自动化。推动建立地理标志保护资源年报制度。

实施潜在地理标志保护资源摸底。开展全国潜在地理标志保护资源调研，以县域为基础，围绕当地具有独特品质的产品，采集特色质量、特殊工艺、人文历史、产地环境、地理范围、发展状况等基础信息数据及纸质、影像等代表性实物资料，建立潜在地理标志保护资源基础数据库，加强对初级农产品、加工食品、道地药材、传统手工艺品等的保护。

（二）实施地理标志农产品保护工程

强化特色产品保护管理。对符合要求的特色农产品采取地理标志产品保护等措施予以保护，实现生产加工布局合理、产品特色质量可控、生产记录可查、来源去向可溯、责任问题可追。

促进特色产品品质提升。针对符合地理标志保护的特色农产品，完善保护机制，建立健全特色质量保证体系、技术标准体系、检验检测体系，发挥地理标志品牌效应，加强与重要农业文化遗产等的融合发展，打造一批品质高、口碑好、影响大的地理标志农产品品牌。

## （三）加强地理标志品牌建设

11. 强化地理标志品牌效应。加强品牌培育规划，打造一批品质优越、市场占有率高、经济效益好、有较高知名度的地理标志品牌。加强品牌培育指导，围绕地理标志产业建设一批商标品牌指导站，强化对市场主体商标品牌注册、运用、管理、保护与推广的指导和服务，建立健全商标品牌管理制度。宣传推广一批地理标志产品经典案例。健全地理标志新闻发布制度，拓展信息发布渠道。充分利用全国知识产权宣传周、知识产权服务万里行、中国国际商标品牌节等各种活动载体宣传地理标志，提高中国地理标志的影响力。开展地理标志知识进校园、进农村等活动。推动地理标志产品进驻社区市场，提升地理标志公众知晓率和认知度。（办公室、战略规划司、保护司、运用促进司、人事司、商标局等按职责分工负责，各地方知识产权管理部门参与）

12. 提升地理标志品牌价值和影响力。注重品牌建设与文化传承有机结合，突出地理标志品牌特色，强化品牌推广运用，提升地理标志品牌影响力和国际价值。结合地方特色和需求，建设地理标志展示推广中心，加强产品展示、品牌推介、文化传承，打造地理标志名片。用好新媒体，拓展营销渠道。在推动品牌运营中心建设中，强化地理标志品牌研究、品牌设计、品牌定位和品牌沟通，完善地理标志品牌经营管理体系，加强品牌推介和经营管理。（办公室、运用促进司、国际合作司等按职责分工负责，各地方知识产权管理部门参与）

13. 打造地理标志特色会展。充分利用大型展会举办地理标志品牌和产品推介活动，打响地理标志品牌，促进产销对接。鼓励资源丰富的地方打造地理标志特色展会，建设地理标志产品品牌展示馆和产品体验地，全方位开展品牌价值传递和文化传播。鼓励电子商务平台、展会服务平台等开设地理

标志产品线上专区，拓展地理标志产品推介渠道。（运用促进司负责，各地方知识产权管理部门参与）

### （四）发展地理标志特色产业

14. 建立健全地理标志相关产业发展推进体系。明确地理标志相关产业发展目标、规划产业布局，加强组织领导、确定责任主体。建立与市场监管、发展改革、财政、商务、文化旅游、农村农业、乡村振兴等多部门工作协同机制，推动形成以地理标志产品生产为主导，带动种植、储藏、加工、运输、销售、文化旅游等上下游产业联动的发展格局，推动形成具有规模效应和积聚效应的区域品牌和产业集群。开展地理标志产业集群区域经济贡献研究。（联席办、运用促进司等按职责分工负责，各地方知识产权管理部门参与）

15. 强化地理标志市场主体惠益共享。培育地理标志产品生产龙头企业，鼓励支持发展产业联合体，通过信息互通、技术共享、品牌共建等方式加强惠益共享。建立协会、企业、生产者等各主体之间的利益分享机制，加强技术指导、创业孵化等服务，完善配套设施，延伸产业链条，提高市场主体的抗风险能力，加快实现地理标志产业化带动区域特色经济发展。（运用促进司负责，各地方知识产权管理部门参与）

16. 加强协同运用服务地理标志产业发展。综合发挥专利在助推技术攻关、前瞻布局，地理标志在助推品种保护、品质保障，商标在助推品牌打造、市场拓展等方面的独特优势，服务支撑地理标志相关产业的产品研发、生产、包装、销售等各环节，综合发挥知识产权运用效能，塑造地理标志产品相关生产企业品牌，促进地理标志产业高质量发展。（运用促进司负责，各地方知识产权管理部门参与）

17. 推动地理标志产业实现跨界融合发展。推动地理标志特色产业发展与生态文明建设、历史文化传承等有机融合，推进特色经济与生态文明协同发展。促进地理标志与互联网、电子商务、文化创意、生态旅游等产业深度融合，促进实现经济效益的多行业联动发展。支持开展地理标志产业发展相关研究，积极探索延伸产业链条、扩大产业参与群体、增强产业发展韧性。（运用促进司负责，各地方知识产权管理部门参与）

> **专栏 2　地理标志运用促进工程**
>
> **（一）实施地理标志品牌价值提升行动**
>
> 提升区域品牌内涵。结合地区资源禀赋，立足传统优势和种养习惯，着力打造优质地理标志产品基地，打造特点鲜明、品质性状独特的地理标志产品。支持改善生产设施条件，保护特定产地环境，促进适度规模发展。完善区域品牌的生产标准、产品质量标准、包装标准体系。推行品牌基地标准化生产，突出技术标准和操作规范，实行从生产到市场的全过程标准化管理，保持区域内地理标志产品特色品质。
>
> 助力地理标志品牌推广。充分发挥新媒体传播快、渠道广特性，综合短视频、直播平台等多种媒体渠道，开展地理标志品牌推广行动。鼓励各地开展"为家乡地理标志代言"等特色推广活动，扩大宣传受众面。
>
> 提升地理标志品牌影响力。重点遴选一批优质地理标志，深挖产品价值和历史人文故事，打通市场调研、产品开发、商标注册、品牌策划推广等链条，强化品牌研究、品牌设计、品牌定位和品牌沟通，量身打造、精耕细作、集中力量塑造高端品牌形象。
>
> 加强地理标志文化知识传播。全面展示和推介地方特色产品，加强民众地理标志特色产品意识。以世界知识产权日集中宣传地理标志产品为主，以地理标志产品进驻综艺、纪录片展现、编写科普丛书等宣传推介活动为辅，让地理标志代表的文化故事、品牌价值以及质量优势深入人心。
>
> **（二）实施地理标志赋能行动**
>
> 推动产业融合。促进地理标志与旅游、文化产业的协同，带动餐饮、住宿、交通等相关行业的多行业联动发展，提高地理标志区域经济增长贡献。围绕地理标志运用加强技术指导、创业孵化、金融扶持、带农惠农等服务配套，发展电子商务和冷链物流，促进产业集群化、复合化发展。以地理标志为纽带，带动当地产业链采购，引导地理标志产业链中加工、包装、运输、仓储等环节采购当地资源。
>
> 助力乡村振兴。发挥好农业适度规模经营的引领作用，增加地理标志产品有效供给，推动消费升级，促进农产品向高水平供需平衡跃升。以地理标志为纽带，凝聚各方力量，培育出一批地域特点鲜明、品质性状独特的地方特产，共同推动特色产业发展，发挥产业供给、生态屏障、文化传承等功能，优化农村生产生活生态空间，激发乡村发展活力，吸纳农村人口就业，促进产业兴旺，实现兴农富农。

### （五）扩大地理标志对外交流

18. 加强地理标志国际交流合作。积极落实中欧地理标志保护与合作协定、中法地理标志合作议定书、中泰地理标志保护协议等，推动与更多国家开展地理标志国际互认互保谈判磋商。加强与国外知识产权机构地理标志领域的交流合作，强化审查认定标准交流和信息共享。加强对共建"一带一路"等重点国家和地区的地理标志发展经验分享。在世界知识产权组织等多双边平台积极推介中国地理标志保护运用优秀案例。开展面向相关重点国家和地区的需求调研和对比研究，研判国际合作形势与政策，开展法律政策交流。加强对运用马德里渠道开展集体商标、证明商标海外注册的指导。（办公室、条法司、保护司、运用促进司、国际合作司、商标局按职责分工负责，各地方知识产权管理部门参与）

19. 服务地理标志产品"走出去"。支持举办面向海外的中国地理标志产品推介展示活动。鼓励在我国获得保护的国外地理标志产品在华经销商使用我国地理标志官方标志，指导中国相关企业在海外使用欧盟地理标志官方标志。开展国外地理标志保护法律政策信息收集，加强海外纠纷应对指导和信息推送，支持企业海外维权，推动地理标志产品在海外依法获得保护。（办公室、保护司、运用促进司、国际合作司按职责分工负责，各地方知识产权管理部门参与）

## 四、保障措施

### （一）加强组织领导

各地区、局各有关部门单位要高度重视，加强组织领导，明确责任分工，密切协调配合，健全工作机制，结合实际细化落实本规划提出的目标任务，制定年度计划和配套政策，推动规划的有效落实。加强对规划实施情况的跟踪监测，通过第三方评估等形式开展规划实施的中期评估、总结评估，及时发现实施中存在的问题，并研究解决对策。（保护司、运用促进司牵头，局各部门单位、各地方知识产权管理部门按职责分工负责）

### （二）加强政策支持

加强财政、投资、金融、科技等政策对地理标志保护和运用的保障。围绕地理标志保护管理、产业促进等方面出台支持政策措施，切实推动从注重注册申请向注重保护运用、从追求数量向提高质量的转变，切实保障规划的落实。（局各部门单位、各地方知识产权管理部门按职责分工负责）

### （三）加强人才队伍建设

加大人才培养力度，扩大人才培养规模，建立健全人才使用与激励机制。建立多领域、多层次、高水平的地理标志智库。加强人才交流，加快培养一支精通地理标志政策研究、国际合作、品牌培育、行业管理、保护运用的高水平、高层次人才队伍。（局各部门单位、各地方知识产权管理部门按职责分工负责）

### （四）加大宣传引导

加强地理标志政策解读，及时回应社会关切。加强典型宣传，提高消费者对地理标志产品的认知度。建立健全多层级的地理标志培训机制，加强公益性地理标志保护培训。创新宣传培训方式，通过新媒介宣传、成果展示展览、论坛研讨等宣传地理标志知识。注重地理标志蕴含深厚的历史和文化价值，发挥地理标志产品传承和创新中国传统文化的重要作用。（办公室牵头，局各部门单位、各地方知识产权管理部门按职责分工负责）

# 国家知识产权局　国家市场监督管理总局
# 关于进一步加强地理标志保护的指导意见

(国知发保字〔2021〕11号)

各省、自治区、直辖市和新疆生产建设兵团知识产权局、市场监管局（厅、委），各有关单位：

地理标志是重要的知识产权类型，是促进区域特色经济发展的有效载体，是推进乡村振兴的有力支撑，是推动外贸外交的重要领域，是保护和传承传统优秀文化的鲜活载体，也是企业参与市场竞争的重要资源。为落实习近平总书记有关地理标志工作的指示要求和中共中央办公厅、国务院办公厅印发的《关于强化知识产权保护的意见》，进一步加强地理标志保护，严格地理标志管理，现提出以下指导意见。

## 一、指导思想和基本原则

### （一）指导思想

坚持以习近平新时代中国特色社会主义思想为指导，深入贯彻落实党的十九大和十九届二中、三中、四中、五中全会精神，深入贯彻习近平总书记在中央政治局第二十五次集体学习时的重要讲话精神，全面落实党中央、国务院强化知识产权保护的决策部署，深化地理标志管理改革，强化地理标志保护，提升地理标志领域治理能力，有力支撑经济高质量发展，推动构建以国内大循环为主体、国内国际双循环相互促进的新发展格局。

### （二）基本原则

坚持高水平保护。完善地理标志法律制度体系，提高地理标志保护法治化水平，严格地理标志审查认定，严厉打击地理标志侵权假冒行为，统筹推进地理标志保护国际合作，提升地理标志保护水平。

坚持高标准管理。加强地理标志保护顶层设计，强化规划引领，深化管理体制机制改革，建立健全特色质量保证体系、技术标准体系与检验检测体系。

坚持高质量发展。坚守中国特色，突出"原汁原味"，扩大地理标志专用标志使用覆盖面，提升地理标志产品市场竞争力，更好满足人民日益增长的美好生活需要。

## 二、夯实地理标志保护工作基础

### （三）提高地理标志保护法治化水平

深入开展地理标志立法调研论证，推动加快地理标志立法步伐，明确主管部门行政职责和各方权利义务，做好地理标志保护产品认定与地理标志集体商标、证明商标注册的衔接，推动地理标志保护与动植物品种保护的有效衔接，确定违法行为、法律责任及保护途径，提出立法建议。完善地理标志保护政策、标准和制度。推动在地理标志保护机制下，强化初级农产品、加工食品、道地药材、传统手工艺品等的保护。

### （四）强化地理标志保护申请质量监管

严格把控地理标志保护申请质量，加强地理标志保护申请质量监控和通报。规范地理标志保护申请行为，对申请材料弄虚作假等行为从严处置，驳回有关地理标志保护申请，加强信用监管，并与知识产权保护考核检查等形成联动约束，切实推动从追求数量向提高质量转变。

### （五）严格地理标志审核认定

强化地理标志保护产品认定与地理标志集体商标、证明商标注册的程序衔接协调，加强地理标志保护产品认定与地理标志作为集体商标、证明商标注册的数据交换、信息通报与资源共享，在普通商标注册审查过程中依法考虑地理标志保护产品认定与地理标志作为集体商标、证明商标注册在先审查结果。研究完善地理标志保护申请审核认定规则，统一规范地理标志名称、保护地域范围划定等认定要素，判断通用名称时综合考虑消费者理解认知等因素。研究建立有效反映地理标志特色的专门分类制度。

## （六）优化地理标志保护扶持引导政策

清理和规范对地理标志保护申请的资助、奖励政策。着力优化资源投入方向，重点加大对强化地理标志行政保护、创新监管手段、核准专用标志使用、实施质量管控、建设地理标志产品保护示范区等方面的支持，切实改变"重申报、轻保护"的偏向，推动加强地理标志全链条保护，进一步提升地理标志知名度和市场竞争力。深化地理标志专用标志核准改革，探索进一步下放专用标志使用核准权和注销权，优化核准流程，压缩核准周期，进一步畅通合法使用人使用地理标志专用标志渠道。

## 三、健全地理标志保护业务体系

## （七）完善特色质量保证体系

落实地理标志产品生产者主体责任，提高地理标志产品生产者质量管理水平。推动人工智能、大数据等新一代信息技术与地理标志特色质量管理融合，支持和鼓励地理标志专用标志合法使用人应用过程控制、产地溯源等先进管理方法和工具，加快建立以数字化、网络化、智能化为基础的地理标志特色质量保证体系，有效支撑地理标志高质量发展。

## （八）建立健全技术标准体系

优化完善地理标志保护标准体系，推进地理标志保护基础通用国家标准制定，有效发挥全国知识管理标准化技术委员会地理标志分技术委员会作用，加快标准立改废释步伐，提升高质量地理标志保护产品标准的有效供给。鼓励研制地理标志国家标准样品。鼓励地理标志保护标准协调配套与协同发展，获得保护的地理标志可以根据保护地域范围、类别、知名度等方面的因素，制修订相应的国家标准、地方标准或团体标准，加强与地理标志保护要求的衔接。鼓励开展地理标志保护标准外文版研制，提升我国地理标志保护标准国际化水平。

## （九）强化检验检测体系

鼓励有条件的地理标志产品产地建设专业化检验检测机构，畅通政府部门、行业协会等采信检验检测结果的信息渠道。完善专业化地理标志检验检测服务网点建设，不断满足消费市场需求，为消费者提供权威、可靠的专业技术服务。鼓励第三方检测机构为地理标志保护提供数据和技术支持。

## 四、加强地理标志行政保护

### （十）严厉打击地理标志侵权假冒行为

加强执法检查和日常监管，严格依据《中华人民共和国产品质量法》等有关伪造产地的处罚规定和《中华人民共和国商标法》《中华人民共和国反不正当竞争法》相关规定，打击伪造或者擅自使用地理标志的生产、销售等违法行为，规范在营销宣传和产品外包装中使用地理标志的行为。加强对相同或近似产品上使用意译、音译、字译或标注"种类""品种""风格""仿制"等地理标志"搭便车"行为的规制和打击。严格监督和查处地理标志专用标志使用人未按管理规范或相关使用管理规则组织生产的违规违法行为。加强地理标志领域的行政执法与刑事司法衔接，全方位提高地理标志执法保护水平。

### （十一）强化涉及地理标志的企业名称登记管理

建立地理标志保护和企业名称的信息互通机制，研究将地理标志有关字段依法纳入全国名称规范管理系统，在企业名称登记管理中加强对地理标志的保护。企业在名称中使用地理标志有关字段的，应与地理标志保护申请机构达成一致或经过地理标志保护申请机构依法依规授权，并符合企业名称登记管理有关规定。

### （十二）加强地理标志专用标志使用日常监管

建立健全地理标志专用标志使用情况年报制度，及时有效掌握地理标志专用标志中介机构使用信息并对社会公开。采用"双随机、一公开"与专项检查相结合的方式，聚焦特色质量，实行重点地理标志清单式监管。依法推动将地理标志产品生产、地理标志专用标志使用纳入知识产权信用监管。探索建立地理标志专用标志使用异常名录。

## 五、构建地理标志协同保护工作格局

### （十三）加强地理标志快速协同保护

加强地理标志产品生产集中地、销售集散地、网络平台企业总部所在地知识产权部门违法线索、监管标准、保护信息的互联互通。支持和鼓励区域知识产权保护协作机制中纳入地理标志保护措施，开展联合保护行动。充分发挥知识产权保护中心作用，加强舆情监测和地理标志侵权假冒线索搜集报送，有效支撑相关执法部门开展联动执法。

### （十四）健全涉外地理标志保护机制

严格履行《中华人民共和国政府与欧洲联盟地理标志保护与合作协定》《中华人民共和国政府和美利坚合众国政府经济贸易协议》《区域全面经济伙伴关系协定》等国际协议义务。加强与国外地理标志审查认定机构的交流与合作。鼓励在我国获得保护的国外地理标志产品在华经销商使用我国地理标志官方标志，指导互认互保清单中方产品在海外市场使用外方地理标志官方标志。完善国外地理标志产品在华保护以及我国地理标志产品在外保护年度报告制度。

## 六、加强地理标志保护组织保障

### （十五）加强组织领导和资源投入

各级市场监管部门和知识产权部门要高度重视地理标志保护工作，立足本地实际、更新工作理念、创新工作方式，加强规划引领，抓好工作落实。争取各级财政部门、人事部门政策支持，加大资源投入力度，加强地理标志保护队伍建设，充分利用现有奖励制度，对为地理标志保护作出突出贡献的集体和个人，按国家有关规定给予表彰奖励。加强地理标志保护申请电子受理平台建设，完善平台功能，提升综合服务能力。国家知识产权局知识产权保护司牵头加强制度机制建设，会同国家市场监督管理总局相关司局建立地理标志保护和监管协调机制，不断加强业务指导。

## （十六）加强学术研究和宣传培训

推动加强地理标志学术研究工作，夯实地理标志工作理论基础。将地理标志保护培训纳入行政保护培训计划，积极组织开展业务和技能培训、案例研讨等活动。积极做好地理标志行政保护典型案例和指导案例的遴选和报送，加强对地理标志保护措施成效、先进经验的宣传报道。加大涉外宣传力度，助推我国地理标志产品走出国门，开拓国际市场，大力弘扬中华优秀传统文化。

各级知识产权管理部门、市场监管部门和各有关单位要履职尽责，结合实际，细化工作任务和政策措施，认真落实各项措施和要求，确保各项重点任务落地见效。工作进展及重大问题及时向国家知识产权局、国家市场监督管理总局反馈。

国家知识产权局　国家市场监督管理总局

2021 年 5 月 21 日

# 国家知识产权局关于组织开展地理标志
# 助力乡村振兴行动的通知

(国知发运字〔2021〕20号)

各省、自治区、直辖市和新疆生产建设兵团知识产权局,四川省知识产权服务促进中心,广东省知识产权保护中心;国家知识产权局机关各部门,商标局:

习近平总书记强调,发展特色产业是地方做实做强做优实体经济的一大实招,要结合自身条件和优势,推动高质量发展。要弘扬伟大脱贫攻坚精神,加快推进乡村振兴,继续支持脱贫地区特色产业发展。近年来,全国知识产权系统落实决战决胜脱贫攻坚这一重大政治任务,以实施地理标志运用促进工程为抓手,充分发挥知识产权制度优势,大力发展特色产业,积极打造区域品牌,助力贫困地区打赢脱贫攻坚战。为深入学习贯彻习近平总书记在中央政治局第二十五次集体学习时的重要讲话精神,认真落实党中央、国务院关于全面推进乡村振兴的决策部署,按照2021年全国知识产权局局长会议工作安排,决定继续深入实施地理标志运用促进工程,组织开展地理标志助力乡村振兴行动。现将有关事项通知如下:

## 一、充分认识开展地理标志助力乡村振兴行动的重要意义

### (一)开展地理标志助力乡村振兴行动是促进农业高质高效,推进农业供给侧结构性改革的关键举措

加强农业供给侧结构性改革,核心在于提高农业供给体系质量和效率。地理标志产品品质优良、特色鲜明、美誉度高,具有显著比较优势和市场竞争力。开展地理标志助力乡村振兴行动,增加地理标志产品有效供给,积极发展特色产业,有利于发挥好农业适度规模经营的引领作用,以重点突破带动整体提升,满足多元需求,推动消费升级,促进农产品向高水平供需平衡跃升。

## （二）开展地理标志助力乡村振兴行动是促进乡村宜居宜业，充分激发乡村发展活力的重要途径

走中国特色社会主义乡村振兴道路，要求全面推进乡村产业、人才、文化、生态、组织振兴。地理标志是区域文化和形象的代表符号和传承载体，具有深厚的人文历史底蕴。开展地理标志助力乡村振兴行动，推动地理标志产业发展与生态旅游建设、历史文化传承等有机融合，把发展方向转向推进当地自然资源的科学经营，有利于充分发挥农业产业供给、生态屏障、文化传承等功能，不断优化农村生产生活生态空间，激发乡村发展活力。

## （三）开展地理标志助力乡村振兴行动是促进农民富裕富足，巩固拓展脱贫攻坚成果的重要抓手

因地制宜选择扶贫富民产业，是实现脱贫的根本之策，也是乡村振兴的关键之举。地理标志代表特定区域共同利益，更有利于建立更加稳定的利益联结，促进产业规模化、集约化和品牌化发展，吸纳更多农村人口就业。开展地理标志助力乡村振兴行动，以地理标志为纽带，凝聚各方力量共同推动特色产业发展，是促进农村产业兴旺的重要手段，也是持续增强脱贫地区造血功能、实现兴农富农的长远之计。

## 二、深入开展地理标志助力乡村振兴行动

### （一）提质强基行动

一是不断加强地理标志规划政策引领。加强地理标志法律制度建设和地方立法指导，落实好"十四五"知识产权保护和运用规划部署，将地理标志助力乡村振兴作为地方相关立法和规划重要内容。结合实际，研究制定地理标志相关产业和区域发展规划。优化政策导向，围绕地理标志产品质量管理、品牌推广、产业促进等方面出台扶持政策措施，切实推动从注重申请注册到注重运用保护，从追求数量向提高质量转变。二是建立健全地理标志基层工作体系。加强地理标志基层工作力量和经费保障。建立知识产权、乡村振兴、市场监管、发展改革、财政、商务、农业、林业、文化旅游等多部门工作协调机制，实现政策协同、业务联动和信息共享。健全政府部门与地理标志行

业协会、龙头企业等各类市场主体间的有效联动机制，形成行业协作合力。三是巩固强化地理标志产业化利益联结机制。支持发展各类地理标志产业化联合体，加强信息互通、技术共享、品牌共建，建立长期稳定利益共同体。鼓励培育以地理标志龙头企业为主的新型联合经营主体，支持发展符合乡情村情的"企业＋地理标志＋农户"等多种形式利益联结。鼓励银行、保险等金融机构研发适合地理标志产业发展特点的金融产品和融资模式。（条法司、战略规划司、保护司、运用促进司、各地方知识产权局负责）

### （二）品牌建设行动

一是加强地理标志品牌培育指导。在符合相关法规基础上，畅通地理标志证明商标、集体商标注册申请的"绿色通道"，提高审查效率。围绕地理标志产业和区域建设一批商标品牌指导站，加强对市场主体商标品牌注册、运用、管理、保护与推广的指导和服务，增强商标注册意识，提升商标运用能力，建立健全商标品牌管理制度，强化商标维权保护。二是加快地理标志产品标准引领。加快完善地理标志产品标准体系建设，公开征集地理标志产品标准制修订计划项目需求，开展地理标志产品认定分类、基础术语等基础通用标准研制。结合实际，加快推进相关地理标志产品种植养殖、生产加工、经营管理等领域标准制修订，保障地理标志产品质量和品质。三是加强地理标志品牌宣传推广。积极拓展地理标志品牌营销渠道，用好互联网新媒体，通过网络直播、短视频等群众喜闻乐见方式，提高品牌国内外影响力。积极参与地理标志国际合作，用好各类国际交流合作平台，加快中国地理标志产品"走出去"。四是加速地理标志品牌价值提升。支持围绕服务地方经济开展产业和区域地理标志产品综合展示交易，举办商标品牌推介、产品产销对接等线上线下活动。支持研究探索地理标志品牌运营，强化品牌研究、品牌设计、品牌定位和品牌沟通，构建完善地理标志品牌经营管理体系。重点遴选一批优质地理标志，深挖产品价值和历史人文故事，打通市场调研、产品开发、商标注册、品牌策划推广等链条，集中力量、精耕细作、量身塑造品牌形象，彰显品牌价值。（保护司、运用促进司、国际合作司、商标局、各地方知识产权局负责）

### （三）产业强链行动

一是加强地理标志产业技术创新支撑。围绕地理标志产业链开展关键核心技术专利导航，助力解决种源、种植及加工等技术难题，培育高价值专利。深入实施专利转化专项计划，引导相关专利技术向地理标志产业转移转化。遴选一批创新能力强、发展潜力大、市场前景好的地理标志龙头企业作为知识产权优势示范企业。二是综合运用知识产权服务地理标志产业发展。根据区域产业特点和实际需求，综合发挥专利在助推技术攻关、前瞻布局，地理标志在助推标准管理、品质升级，商标在助推品牌打造、市场拓展等方面的独特优势，服务支撑产品研发、生产、包装、销售等各环节，促进地理标志产业高质量发展。三是推动地理标志产业实现跨界融合发展。推进"地理标志+"发展模式，促进地理标志与旅游、文创等关联产业相融互促，与互联网、电子商务等领域跨界融合，积极开发高附加值产品和周边产品。支持开展地理标志产业发展相关研究，积极探索延伸产业链条、培育产业群体、扩大产业覆盖、增强产业韧性的有效路径。（运用促进司、各地方知识产权局负责）

## （四）能力提升行动

一是加大地理标志知识普及力度。充分利用全国知识产权宣传周、中国知识产权年会、中国国际商标品牌节等各种活动载体，普及地理标志基础知识，宣传地理标志社会、经济和生态效益，增强社会认知，提高社会意识，激发市场主体运用地理标志参与市场竞争的积极性和主动性。二是加强地理标志基础服务供给。深化"知识产权服务万里行"活动，走基层、办实事，深入县域乡村开展地理标志技术讲座、现场观摩、咨询培训等活动，向农村地区提供专利、商标、地理标志等一站式便利化服务。提升地理标志公共服务能力，聚焦地理标志相关产业完善便民利民的知识产权公共服务体系，汇聚地理标志信息资源和优质服务资源，主动搭建供需对接和服务共享平台。三是加强地理标志业务指导培训。做好知识产权行政人员能力提升轮训工作，开展地理标志政策解读和经验交流。组织专家深入基层传授地理标志专业知识，带动新技术、新人才、新理念等向农业农村流动。推动地方建立政府主导、校企联合、产业带动的地理标志人才培养机制，培训新型职业农民，提升从业人员技能。（办公室、保护司、运用促进司、公共服务司、人事司、商标局、各地方知识产权局负责）

## 三、加强组织领导，确保行动有序开展

### （一）强化有效衔接

要注重做好巩固脱贫攻坚成果同乡村振兴有效衔接，逐步实现由集中资源支持脱贫攻坚向全面推进乡村振兴平稳过渡，在深入实施地理标志运用促进工程的基础上，在更大范围、更高水平接续开展地理标志助力乡村振兴行动。对已纳入地理标志运用促进工程的脱贫地区，要确保工作指导不断、支持力度不减。对于新组织实施的项目或试点，要优先支持脱贫地区申报开展。

### （二）提升综合效能

各地方知识产权局要结合实际，抓紧研究制定具有针对性和可操作性的本地区行动方案，细化目标任务和推进计划，明确实施路径和责任分工。要认真贯彻落实《国家知识产权局 国家市场监督管理总局关于进一步加强地理标志保护的指导意见》等政策文件要求，综合发挥专利、商标、版权、地理标志等不同类型知识产权的特色功能优势，提升知识产权综合管理效能。

### （三）突出示范引领

深化知识产权局省合作会商机制，指导各省将地理标志助力乡村振兴行动作为重点任务大力推进，并鼓励在市县层面率先行动，争创标杆。获得专利转化专项计划奖补资金的省份和知识产权运营服务体系建设重点城市要统筹用好中央财政资金，围绕有关工作加大投入力度。

### （四）加强重点联系

要突出工作重点，切实围绕用好一件地理标志，做强一个品牌，发展一个产业，造福一方百姓，以地理标志运用促进工程项目为抓手，开展地理标志助力乡村振兴工作。对于行动积极、成效突出、示范带动作用明显的地方项目，可推荐至我局予以重点指导联系。各省级知识产权局请于2021年9月15日前将推荐书电子件、纸件（加盖单位公章）统一报送至我局知识产权运用促进司。我局将遴选确定一批重点优势项目，加强工作联系、业务指导和政策扶持。

## （五）做好宣传总结

各地方知识产权局要及时总结工作中的好经验好做法，宣传推广好地理标志助力乡村振兴的典型案例。各省级知识产权局要牵头抓好本地区工作落实，梳理行动进展、存在问题、工作成效和下一步打算，于每年12月10日前将工作总结报送我局知识产权运用促进司。我局将以适当形式及时总结梳理地方工作典型经验并向全国复制推广。

特此通知。

国家知识产权局

2021年7月19日

# 地理标志运用促进工程实施方案

(国知办发运字〔2019〕26号)

地理标志是现代知识产权制度的重要组成部分，是知识产权推动经济社会发展的重要支撑。为深入贯彻落实党中央、国务院决策部署，适应经济社会发展对地理标志工作提出的新要求，抓重点、补短板、强基础，围绕"巩固、增强、提升、畅通"，切实做好地理标志运用促进工作，扎实推动知识产权事业高质量发展，制定本方案。

## 一、总体要求

### （一）指导思想

以习近平新时代中国特色社会主义思想为指导，全面贯彻党的十九大和十九届二中、三中全会精神，以强化知识产权创造、保护、运用为主题，围绕加快建设知识产权强国这一主线，聚焦地理标志发展的现实性问题，以服务区域经济发展为重点，以支撑产业发展为关键，以完善地理标志运用体系为基础，着力提升地理标志价值内涵，探索地理标志"标志－产品－品牌－产业"发展路径，统筹实施各类工程项目和行动计划，推动地理标志与特色产业发展、生态文明建设、历史文化传承有机融合，为推进供给侧结构性改革，培育经济发展新动能，实现绿色生态可持续发展提供基础支撑。

### （二）基本原则

——坚持市场配置，政府引导。充分发挥市场配置资源的决定性作用，更好发挥政府作用。强化市场主导地位，增强企业内生动力，切实提高地理标志使用效能。健全地理标志运用促进工作体系，转变政府职能，创新服务方式，协同推进工作落实。

——坚持统筹推进，以点带面。加强系统规划，统筹兼顾地理标志运用、保护和服务工作,健全产业发展利益联结机制,促进地理标志资源合理利用。以点带面,吸引更多市场主体参与到地理标志产业融合发展中,厚植扶贫富农根基,推进产业做大做强,更好地促进地方经济发展和农民脱贫致富。

——坚持因地制宜,分类指导。充分考虑各地资源禀赋、经济社会发展和产业创新发展差异,鼓励地方因地制宜、大胆探索,为地理标志运用促进提供鲜活经验。加强地理标志品牌培育,支持各地深入挖掘地域资源和品牌特色,带动特色产业壮大发展,扩大地理标志助力精准扶贫辐射效应。

——坚持资源整合,繁荣产业。按照"繁荣产业、嵌入生态、传承文化"的思路,以地理标志为纽带,加快实现产业发展与资源优势融合,弘扬区域特色产业文化和生态文明,促进相关产业向集约化、规模化、产业化和品牌化发展。

### (三)总体目标

对标高质量发展要求,到2021年,构建起中国特色、世界一流的地理标志运用体系,地理标志开发利用效率明显提升,质量效益全面凸显,产业发展规模不断扩大,为完善知识产权制度体系、促进经济社会发展和产业转型升级、推动形成知识产权强国建设新格局提供有力支撑。

## 二、重点任务

### (一)健全地理标志运用促进工作体系

1. 加强地理标志运用促进工作宏观统筹

将地理标志运用促进工作融入地方经济社会发展大局,完善知识产权会商合作机制,积极争取地方党委政府重视支持,将地理标志工作纳入政府绩效考核体系。将地理标志运用促进作为"十四五"知识产权发展规划前期预研重点。推进地理标志运用促进相关统计监测和分析工作。充分运用标准化手段支撑地理标志产业发展,加快筹建地理标志标准化分技术委员会。

2. 加大地理标志运用促进政策扶持力度

将地理标志工作作为知识产权强省强市创建重点之一,支持各地围绕地理标志出台专项扶持奖励政策措施。重点面向东北和中西部省份组织开展地理标志运用促进的对口帮扶工作。组织开展地理标志运用情况摸底调查,引导各地从特色优势中挖掘地理标志产业潜力。研究地理标志与专利、商标一并设立知识产权相关奖项的推进路径。

3. 推进地理标志运用促进工作多方参与

加强与发改、财政、商务、市场监管、农业、林业、文化旅游等部门的工作协调，实现政策协同、业务联动和信息共享。加大地理标志信息公共服务力度，将地理标志运用促进相关信息归集、共享和查询检索等信息公共服务纳入知识产权大数据中心和信息公共服务平台建设。鼓励建立以龙头企业等为主导的行业协会，规范各类地理标志行业协会发展。进一步发挥地理标志服务机构专业优势，搭建交流合作平台，共同推动地理标志产业集群发展。

### （二）深化地理标志产业经济融合发展

1. 开展区域地理标志优势产业培育

开展地理标志支撑产业区域特色经济发展研究，探索地理标志与专利、商标等多类型知识产权协同运用支撑产业区域创新发展机制。三类知识产权强省建设试点省率先探索形成若干地理标志支撑发展的优势产业。充分发挥好财政资金扶持作用，在条件具备的国家知识产权运营服务体系建设重点城市先行培育若干地理标志优势产业。支持建设一批具备条件的以发展地理标志产业为特色的国家知识产权试点示范园区。

2. 完善地理标志产业化带农惠农机制

面向地理标志企业积极培育一批国家知识产权优势企业和示范企业，引领地理标志产业发展。发挥地理标志龙头企业对农户带动作用，将农户纳入地理标志产业体系。鼓励和支持发展地理标志产业化联合体，以地理标志为纽带，通过信息互通、技术共享、品牌共创、增信融资等方式，与农户形成稳定利益共同体。

3. 推动地理标志特色产业融合发展

将地理标志特色产业培育与生态文明建设有机结合，实现经济发展与环境保护协调统一。围绕地理标志运用加强技术指导、创业孵化等公共服务，完善配套设施，提高发展地理标志新产业新业态能力。倡导发展新模式新业态，推动地理标志与互联网、电子商务、文化创意、生态旅游等产业深度融合，实现经济效益倍增的裂变效应。

## （三）全面提升地理标志品牌价值

1. 开展地理标志品牌提升工作试点

强化政府资金引导和项目扶持，以龙头企业、农村合作社和家庭农场等为主体，集中力量培育一批市场占有率高、经济效益好、辐射带动强、有较高知名度的地理标志品牌。鼓励支持各地加强地理标志品牌培育，制定培育发展规划，建立产品目录和档案。

2. 发挥不同市场主体在地理标志品牌培育中的作用

推动地理标志企业贯彻企业知识产权管理规范国家标准，提升企业地理标志品牌培育能力。支持培育一批地理标志品牌服务机构，为企业提供定制化、专业化服务。加强地理标志各类市场主体的行业协作，引导同一区域同一产业强化地理标志品牌开发利用。

3. 提升地理标志品牌影响力

加强地理标志品牌建设与历史文化传承发展有机结合，进一步强化中华传统技艺和文化产品的地理标志品牌运用推广。推动拍摄国家地理标志大型专题片，加快中国地理标志走出去步伐，加强品牌国际化建设。突出地理标志特色品质，打造市场声誉口碑，提高品牌附加值和竞争力。

## （四）深入推进地理标志助力精准扶贫

1. 加强贫困地区地理标志业务指导

贯彻乡村振兴战略，深入实施国家知识产权强县工程，将地理标志运用工作作为重要抓手，增强造血功能，创新发展模式。面向三区三州、集中连片深度贫困地区、国家扶贫开发工作重点县等贫困地区开展地理标志运用专项培训。注重运用地理标志发展长效扶贫产业，提高贫困人口参与度和直接受益水平。

2. 推广地理标志助力精准扶贫经验模式

结合精准扶贫工作，用好用活地理标志，打造助力精准扶贫"金字招牌"。以地理标志龙头企业和特色产业为带动，优先吸纳农村剩余劳动力和精准扶贫户。推动电商深化地理标志扶贫频道建设，开展电商地理标志扶贫品牌推介活动，推动贫困地区地理标志与知名电商企业对接。

3. 开展地理标志助力精准扶贫宣讲交流

面向中西部地区举办地理标志助力精准扶贫系列宣讲活动，开展面对面、点对点结对帮扶。依托"知识产权服务万里行"等活动载体，组织专家深入基层广泛宣讲地理标志专业知识和运用案例。适时组织召开地理标志助力精准扶贫地方经验交流，总结推广一批可复制可推广的地理标志助力精准扶贫经验。

### （五）大力加强地理标志运用促进能力建设

1. 实施地理标志专业服务提升计划

鼓励专利代理、商标代理等各类知识产权服务机构，拓展地理标志服务业务。打造一批地理标志品牌服务机构，提升地理标志服务能力和水平。加大地理标志专业人才队伍培养力度，培养一批熟悉地理标志运用制度和规则的实务型人才。

2. 推动地理标志产品流通和展示推介

依托国家重点展会和知识产权大型展会，以及"中国品牌日"等活动，促进地理标志产品市场流通和品牌提升。指导国家和地方知识产权运营平台开辟地理标志专区，加大地理标志产品展示推介力度。发展地理标志产品电子商务，鼓励开展农户网络购销对接，促进地理标志产品流通线上线下有机结合。

3. 进一步扩大地理标志社会认知

高度重视地理标志运用促进的宣传工作，充分利用新闻媒体和各类信息平台，宣传展示地理标志运用促进成效，突出地理标志的社会效益、经济效益和生态效益。通过举办研讨会、讲座等活动，激发企业运用地理标志参与市场竞争的积极性、主动性，形成良好社会认知。加强与"一带一路"沿线国家，多边、双边地理标志的国际交流与合作，增强中国地理标志国际影响。

## 三、保障措施

### （一）强化统筹协调

国家知识产权局运用促进司要充分发挥牵头作用，加强部门协同，有效整合资源，及时研究解决地理标志运用促进工作中的重大问题。

## （二）完善投入机制

充分利用现有财政资金渠道，推动设立专项资金，对相关项目给予必要资助。推动地理标志产业与资本市场对接，引导社会力量参与，鼓励银行、保险、信托等金融机构研发适合地理标志产业发展特点的金融产品和融资模式，拓宽地理标志企业的融资渠道。

## （三）注重宣传指导

做好政策宣传，加强调查研究，及时掌握地理标志运用促进工程推进实施过程中出现的新情况新问题。加强舆论引导，推介典型经验，宣传表彰先进，努力营造良好氛围。

# 地理标志保护工程实施方案

(国知办发保字〔2024〕1号)

为深入贯彻落实中共中央、国务院印发的《知识产权强国建设纲要(2021—2035年)》和国务院印发的《"十四五"国家知识产权保护和运用规划》决策部署，按照国家知识产权局印发的《地理标志保护和运用"十四五"规划》关于"实施地理标志保护工程"的部署要求，加大对地理标志保护发展的支持力度，提升地理标志保护能力和水平，结合工作实际，制定本方案。

## 一、总体要求

坚持以习近平新时代中国特色社会主义思想为指导，全面贯彻党的二十大精神，认真落实习近平总书记关于加强知识产权保护工作的重要指示精神，坚持以高水平保护为主线，通过实施地理标志保护工程，布局一批引领带动性强、发展潜力大的项目，打造地理标志保护高地，充分发挥地理标志保护在发展区域特色经济、传承弘扬传统文化、助力乡村振兴、扩大对外开放等方面的重要作用，有效支撑经济社会高质量发展。

## 二、工作目标

打造一批地理标志保护重点产品，加强引领带动，推动地理标志保护体系进一步完善，保护能力和水平显著增强，地理标志产品特色品质持续提升，地理标志文化传承载体作用有效发挥，地理标志保护在提高人民生活品质等方面的作用更加凸显。

## 三、重点任务

### （一）建立健全地理标志保护制度体系

推动地理标志保护地方性专门法规立项、制定和实施，建立完善地理标志保护标准体系，健全规范地理标志保护管理政策体系。制定出台有效保护措施，加强道地中药材地理标志保护。推进运用地理标志保护手段，加强非物质文化遗产知识产权保护。

### （二）建立统筹协调的地理标志保护机制

协调推动专门保护和商标保护地理标志名称、保护地域范围等的统一。加强地理标志产品保护要求与以地理标志注册的集体商标、证明商标使用管理规则中的特定品质等指标的一致。加强地理标志保护与商标注册、动植物品种登记、企业名称登记等的统筹协调。探索建立地理标志产区等级划分和产品质量特色品级划分机制，科学合理设定分级指标和要求。

### （三）建设地理标志重点保护资源名录

开展地理标志资源普查，采集基础信息数据及纸质、影像等代表性实物资料，系统集成地理标志名称、保护申请人、保护地域、生产加工流程、质量特色、专用标准、检验检测机构、监督管理信息。建立完善地理标志保护档案，联通市场监管、农业农村等相关部门资源数据，汇集地理标志与专用标志使用市场经营主体、相关商标注册的映射信息。

### （四）强化地理标志特色质量保证控制

鼓励以区块链等技术为依托，建立来源可查、去向可追、责任可究的地理标志来源追溯机制。构建政府监管、行业协同、生产者自律的质量保证体系。推动建设特色质量检验检测机构，遴选发布机构名录，完善地理标志检验检测服务网点建设布局，引导企业自建地理标志产品检测实验室，支持第三方检测机构提供专业检测服务。

### （五）加大地理标志保护监管力度

开展电商领域地理标志侵权线索网络监测，建立完善侵权投诉举报机制。结合区域性、季节性等特点，定期组织开展保护专项行动，加强市场巡查和专项执法检查，严厉打击地理标志侵权假冒行为，对相同或近似产品上使用地理标志"搭便车"行为予以规制和打击，公开发布典型案例。

### （六）加快促进地理标志全面发展

加强地理标志保护工程与地理标志运用促进工程衔接。深入挖掘地理标志的历史、文化和生态价值，促进地理标志与"老字号""非遗"等融合发展，推动打造特色地理标志文旅项目和旅游线路，开发工业旅游，探索建设地理标志旅游基地、地理标志线上线下展览馆、展示体验中心和相关主题公园等，将地理标志与农产品商贸有机结合，进一步塑造地理标志知名度。

### （七）夯实地理标志基础保障

加大地理标志保护人才培养力度，组建专家团队，建立指导服务站，加强业务培训和经验交流。大力开展品牌宣传，创新宣传方式，通过制作宣传片、创建官方微信公众号和视频号、成果展示展览、学术研讨、开展进企业、进市场、进社区、进学校、进网络活动等方式，广泛宣传地理标志，加强地理标志信息传播利用，增强社会认知，提高社会意识，营造良好的地理标志保护环境和氛围。

## 四、组织实施

### （一）建设和实施条件

拟实施地理标志保护工程项目的地理标志需获得国家地理标志产品认定保护时间超过 2 年或者地理标志作为集体商标、证明商标注册时间超过 5 年，产品质量特色优，使用地理标志专用标志的生产者生产管理规范，预期取得较高经济、社会和生态效益。国家地理标志产品保护示范区相关产品不参与保护工程项目申报。省级知识产权管理部门负责具体组织实施保护工程，根据实施方案明确的重点任务制定本省地理标志保护工程项目实施名录和年度实施方案，明确建设目标、建设内容、时间节点、政策配套、工作考评等相关要求，组织相关市县遴选推荐地理标志保护工程项目。实施单位制定工程项目实施方案，经省级知识产权管理部门审核，报国家知识产权局批准后予以实施，一年内完成工程项目。

### （二）支持方式

国家知识产权局从地理标志保护体系建设、加强快速协同保护、专业化人才培养、便利化专用标志使用核准等方面对入选项目给予业务指导和政策支持，优秀实施项目在国家地理标志产品保护示范区申报评定中予以优先考虑。各地知识产权管理部门对入选地理标志加强资源保障，积极争取有利于地理标志保护发展的政策和财政支持，组织专家对入选地理标志开展专业指导，协调各方推动解决工程实施中的重点难点问题。

## 五、工作要求

### （一）加强组织领导

各地知识产权管理部门要高度重视，将地理标志保护工程实施纳入部门重点工作，制定完善相关政策措施，建立健全工作推进机制，加强部门协调联动，强化人才支持和条件保障。

### （二）加强实施管理

省级知识产权管理部门要加强对地理标志保护工程项目实施情况的跟踪监测，相关信息和典型案例及时报送国家知识产权局。国家知识产权局组织开展验收评估，将通过验收的列入国家地理标志保护工程入选地理标志，工作成效纳入年度知识产权保护相关考核。

### （三）加强宣传总结

充分利用各类媒体、多种渠道，加大对地理标志保护工程实施进展和工作成效的宣传，选树典型，总结推广经验做法和典型案例。

# 广东省发展地理标志产业实施方案

(粤市监知保〔2023〕321号)

地理标志是金字招牌、无形资产，是促进区域特色经济发展的有效载体，是保护和传承传统优秀文化的鲜活载体，也是企业参与市场竞争的重要资源。为深入学习贯彻党的二十大精神，全面落实省委关于促进城乡区域协调发展的工作部署，发挥地理标志服务特色产业发展、促进生态文明建设、推动历史文化传承作用，提升地理标志产品质量和特色，促进地理标志产业发展，制定如下方案。

## 一、总体要求

坚持以习近平新时代中国特色社会主义思想为指导，全面贯彻党的二十大精神，深入贯彻习近平总书记关于知识产权工作的重要论述，贯彻落实省委十三届三次全会精神，以推动高质量发展为主题，以服务乡村振兴战略、区域协调发展战略为牵引，加强地理标志产品培育，提高地理标志产品质量，促进地理标志产品贸易，强化地理标志产品保护，提升地理标志品牌效应，促进地理标志产业融合发展，久久为功、深耕细作，把地理标志资源优势转化为高质量发展的市场优势，助力乡村振兴和城乡区域协调发展向着更高水平和更高质量迈进。

到2025年，全省地理标志培育、运用、管理、保护和服务能力水平大幅提升，地理标志产品保护申请数量累计达到200个，以地理标志注册的商标累计达到200件，获准使用地理标志专用标志的市场主体达到2000家，全省地理标志专用标志使用市场主体直接年产值达500亿元，力争地理标志全产业链年产值达到3000亿元。

## 二、加强地理标志统筹协调

### （一）强化宏观统筹

推动建立省级地理标志跨部门联动机制，加强部门资源整合和职责分工，全面贯彻落实国家地理标志实施有关政策，统筹协调我省地理标志产品培育和保护实施工作。强化跨部门、跨区域地理标志工作协同联动，强化行业主管部门与综合监管部门间的协同互动。根据国家关于地理标志统一认定改革的部署，稳步推进我省地理标志统一认定制度的落实。（省市场监管局，各地级以上市人民政府按职责分工负责；各地级以上市人民政府以下均有参与，不再单独列出）

### （二）加强条例宣贯

注重发挥省政府立法基层联系点作用，加强《广东省地理标志条例》（以下简称《条例》）宣传，扩大在地理标志社会组织、行业服务机构和地理标志产品生产者、消费者中的影响。强化《条例》贯彻实施，依据《条例》规定开展地理标志运用、保护、管理和服务，发挥《条例》对我省地理标志高质量发展的支撑作用。指导地市结合实际，制定本地特色产业地理标志配套政策或年度计划，细化目标任务，推动工作落实。（省市场监管局、省司法厅、省农业农村厅、省商务厅、省文化和旅游厅按职责分工负责）

### （三）建设特色强县

健全县域地理标志管理体系、政策体系和工作体系，提升县域地理标志治理能力和治理水平。鼓励地理标志产品核心产区所在县区提升传统优势地理标志产业，融合特色产业、休闲农业、乡村旅游、历史文化等要素，推动地理标志全产业链发展，支持增城、新会、高州、德庆等地理标志产业特色优势突出、辐射带动强、市场知名度高、经济社会效益好的县区建设地理标志特色强县，带动县域经济发展。到2025年，全省建成15个地理标志特色强县。（省市场监管局、省农业农村厅、省工业和信息化厅、省文化和旅游厅按职责分工负责）

## （四）构建共治格局

以地理标志保护和运用为重点，着力构建企业自主、市场主导、政府推动、行业促进和社会共治的地理标志工作新格局。进一步完善政策供给，推动地理标志与特色产业发展、生态文明建设、历史文化传承和乡村振兴有机融合，加强市场监管、财政、农业农村、商务、文化旅游等多部门工作协调。完善市场主体首负责任制度，引导地理标志生产、加工、销售等环节各类市场主体健全内部管控和信息披公开。发挥行业协会在地理标志权益保护、纠纷处理、信用建设和监管等方面的作用，鼓励参与政策法规、国家标准制定，支持参与公益诉讼、专业调解、规范收费、评奖等工作。（省市场监管局、省农业农村厅、省工业和信息化厅、省商务厅、省文化和旅游厅按职责分工负责）

## 三、加强地理标志产品培育

### （五）开展"挖潜"行动

组织开展全省地理标志资源普查，建设地理标志保护申请名录。以县域为基础，围绕当地具有独特品质的产品，采集特色质量、特殊工艺、人文历史、产地环境、地理范围、发展状况等基础信息数据及代表性实物资料，完善和规范待培育地理标志资源的文献记载，建设潜在地理标志资源基础数据库。推动地理标志新产品的创新研发、特色巩固和品质提高，研究和总结新产品的人文特征、文化内涵和历史渊源，建立完善档案资料。实施地理标志资源动态管理。（省市场监管局、省农业农村厅、省文化和旅游厅、省地方志办公室按职责分工负责）

### （六）实施重点培育

强化政府资金引导和项目扶持，针对区域发展需求，重点扶持水果、蔬菜、粮食、畜禽、水产、南药、茶叶、花卉、坚果、食用油、酒类、食品、调味品、林产品、工艺品等优势特色产业，按照挖掘一批、培育一批、保护一批的原则，实施地理标志梯次培育。围绕重点联系指导名录中的地理标志，加大产业培育的指导支持力度，发挥好引领示范作用，努力打造为区域特色经济发展的"排头兵"。将地理标志培育工作纳入知识产权强市创建重点内容，重点面向粤东西北地区组织开展地理标志产品培育对口帮扶。至 2025 年，各地市地理标志产品保护申请年增长 10% 以上，以地理标志注册的商标申请数量年增长 10% 以上。指导地理标志产品申请人科学划定地理标志产品保护地域，提高地理标志产品保护效益。（省市场监管局、省农业农村厅、省文化和旅游厅按职责分工负责）

### （七）扩大用标主体规模

优化核准流程，完善核准机制，严格执行审查标准，提高核准效率，畅通使用渠道，深化地理标志产品专用标志使用核准改革。压实使用核准改革各环节主体责任，实行地理标志专用标志使用核准申请质量通报，加强地理标志产品专用标志使用审查。鼓励和指导以地理标志注册的商标注册人开展商标授权许可和备案。支持和引导符合条件的地理标志产品生产经营者申请使用专用标志。至 2025 年，地理标志专用标志使用企业数量翻倍增长，专用标志使用覆盖率达到 90% 以上。（省市场监管局牵头负责）

## 四、提升地理标志产品质量

### （八）构建先进标准体系

持续完善地理标志产业相关先进技术标准，加快构建涵盖地理标志保护、运用、管理、服务的先进标准体系。鼓励地理标志用标龙头企业加强地理标志保护关键技术标准研究，积极参与国家标准制修订，制订更加严格的地方标准或团体标准。强化地理标志产品产地政府在地理标志标准实施中的作用，每 3 年监测和评估标准实施效果。支持地理标志管理人执行地理标志标准、管理规范或规则，保障地理标志产品特色质量和品质。加强先进标准化技术的宣贯，推广应用先进技术标准。鼓励开展地理标志相关标准外文版研制，提升我省地理标志国际传播力。（省市场监管局、省农业农村厅按职责分工负责）

### （九）加强质量管控

加强地理标志产品产地自然资源和历史人文资源监管，强化地理标志产品质量控制。鼓励科研院所联合企业围绕地理标志产业链技术难题，共同开展科研攻关和专利布局。压实地理标志产品生产经营者主体责任，强化地理标志产品生产、加工、销售等环节质量监管。支持和鼓励地理标志产品生产经营者运用过程控制、产地溯源等先进管理方法和技术，提升产品质量。推动开展地理标志产品分级分类监管，探索产区等级划分和产品特色质量品级划分机制，科学合理设定分级指标和要求。（省市场监管局、省农业农村厅、省科技厅按职责分工负责）

### （十）提高检验检测能力

健全地理标志产品检验检测体系，支持梅州、湛江、清远、潮州、揭阳等地理标志资源集中地区加强专业化检验检测能力建设。在广州市南沙区、江门台山市、茂名化州市等地布局建设一批专业化地理标志检验检测服务网点；支持第三方检测机构为地理标志产品提供专业技术服务。引导企业自建地理标志产品检测实验室。地理标志原产地政府要加强应用标准、检验检测、认证等质量基础设施建设，推动构建政府监管、行业管理、生产者自律的质量保证体系。（省市场监管局牵头负责）

## 五、促进地理标志产品贸易

### （十一）打造地理标志国际贸易新高地

支持中新广州知识城搭建国际地理标志产品交易运营平台，创建省级地理标志展示推广中心，促进国际地理标志与国内市场供应链有效对接，不断提升地理标志产品国际交易能力。积极争取更多的地理标志产品纳入中外互认互保。推动引进海外地理标志产品，促进地理标志产品进出口贸易，支持地理标志产品企业开展对外贸易和投资合作。推动各级贸促会和国际商会为地理标志产品进出口开设原产地证、RCEP项下优惠原产地证绿色通道。（省市场监管局、省农业农村厅、省商务厅、省贸促会按职责分工负责）

### （十二）推动地理标志产品"走出去"

加强地理标志国际布局，指导企业通过马德里商标注册等渠道，开展地理标志关联商标海外注册。积极推动凤凰单丛、吴川月饼、英德红茶、大埔蜜柚等入选首批中欧、中泰互认互保地理标志名录的地理标志产品扩大出口，探索建设"优质产品＋专业市场＋贸易平台"地理标志国际营销模式。支持地理标志产品出口提前申报，提升通关效率，缩短在港时间，降低地理标志企业通关成本。发挥粤港澳大湾区辐射引领作用，建立广东与京津冀、长三角等区域地理标志信息沟通和贸易合作机制，深化地理标志省际交流和贸易合作。（省市场监管局、省农业农村厅、省商务厅、海关总署广东分署按职责分工负责）

### （十三）强化交易运营

持续举办"粤港澳大湾区知识产权交易博览会暨国际地理标志产品交易博览会"，加大地理标志产品交易运营力度。支持广州、梅州、湛江、清远等地市建设一批区域性地理标志运营中心，培育一批地理标志运营服务机构，为企业提供市场化、专业化运营服务。鼓励知识产权运营平台开辟地理标志运营专区，引导同一区域同一产业强化地理标志产品共同开发和运营。支持银行、保险公司等金融机构研发适合地理标志产业发展特点的信贷、保险、信托等金融产品，给予地理标志用标主体贷款贴息、保险等方面支持。（省市场监管局、省农业农村厅、省商务厅、省地方金融监管局按职责分工负责）

### （十四）加强展示推介

结合地方特色和需求，支持珠海、汕头、韶关、阳江、揭阳等市建设一批地理标志品牌展示馆和产品体验地，打造区域地理标志名片。充分利用大型展会举办地理标志品牌和产品推介活动，支持产品资源丰富的地区举办地理标志特色展会，促进地理标志产品市场流通和品牌提升。鼓励电子商务平台、展会服务平台等开设广东地理标志产品线上专区，推广网络直播、短视频等新型营销方式，推动产销购对接。支持江门、肇庆、云浮等地理标志销售集散地建设地理标志驿站，扩大省内地理标志产品销售半径与销售渠道。（省市场监管局、省农业农村厅、省商务厅按职责分工负责）

## 六、强化地理标志产品保护

### （十五）加强地理标志产品保护示范区建设

出台全省地理标志产品保护示范区建设管理办法，明确示范区建设目标、组织机构、工作任务。加快推进广东（罗定）、化橘红和英德红茶等 3 个国家地理标志产品保护示范区建设，高标准通过国家验收。积极推荐珠海、湛江、潮州等市申报建设国家地理标志产品保护示范区。支持梅州市、龙门县、郁南县、封开县、阳春市等地建设省级地理标志产品保护示范基地，为筹建国家级地理标志产品保护示范区作准备。至 2025 年，全省建设 28 个地理标志产品保护示范区。鼓励地市建设地理标志保护示范企业，推动建立全省地理标志保护示范企业名单。（省市场监管局牵头负责）

### （十六）严厉打击侵权假冒

严厉查处地理标志专用标志使用人未按地理标志产品保护标准、管理规范或相关使用管理规则组织生产的违规违法行为。定期组织地理标志保护专项行动，加强市场巡查和专项执法检查，依法严厉打击地理标志侵权假冒行为。对纳入《中欧地理标志保护与合作协定》清单等重点地理标志加强执法保护，对相同或近似产品地理标志"搭便车"行为予以规制和打击。加强地理标志领域的行政执法与民事、刑事司法衔接，全方位提高地理标志执法保护水平。鼓励地理标志管理人主动发现侵权线索，积极维权。（省市场监管局、省公安厅、省法院按职责分工负责）

### （十七）加强专用标志使用监管

建立地理标志保护检查对象随机抽查名录，健全"双随机、一公开"行政监管机制，聚焦重点地理标志产品加强行政保护。结合地理标志产品的区域性、季节性等特点，加大对示范区地理标志产品、高价值产品、热销产品和互认互保产品等在生产、销售环节违规使用地理标志专用标志的监管力度，准确引导和严格监管在营销宣传和产品外包装中使用地理标志专用标志的行为。（省市场监管局牵头负责）

### （十八）强化快速协同保护

加强地理标志产品生产集中地、销售集散地、网络平台企业总部所在地知识产权部门违法线索、监管标准、保护信息的互联互通，加强地理标志跨地区、跨部门快速协同保护。支持和鼓励在区域知识产权保护协作机制中纳入地理标志保护措施，开展联合保护行动。充分发挥省内各知识产权保护中心、快速维权中心作用，加强舆情监测和地理标志侵权假冒线索搜集报送，有效支撑相关执法部门开展联动执法。探索建立地理标志领域的信用监管联合惩戒机制，推动将地理标志产品质量管理、地理标志专用标志使用纳入知识产权信用监管。研究和探索地理标志公益诉讼。（省市场监管局、省公安厅、省法院、省检察院按职责分工负责）

## 七、加快地理标志品牌提升

### （十九）加强品牌培育

推动地理标志重点企业贯彻企业知识产权管理规范国家标准，助力企业提升地理标志品牌培育能力。引导县域地理标志行业协会、企业加强行业协作，聚焦岭南蔬果、水产、南药、茶叶、花卉等优势特色农产品和传统手工艺品，强化地理标志品牌培育。构建以地理标志证明商标、集体商标为区域公共品牌，企业自主商标为个性化品牌，"区域公共品牌＋自主品牌"协同发展的地理标志品牌发展体系，促进地理标志产业向集约化、规模化和品牌化发展。（省市场监管局、省农业农村厅、省商务厅按职责分工负责）

### （二十）深化品牌效应

推动地理标志品牌与区域产业、使用范围同步规划，做大做强"梅县金柚""清远鸡""茂名荔枝"等一批区域地理标志品牌。围绕地理标志产业支持县区和镇村建设一批商标品牌指导站，开展商标品牌注册、运用、管理、保护与推广等服务。指导地理标志行业协会和企业加强地理标志品牌建设，建立健全商标品牌管理制度，宣传推广一批地理标志产品典型案例。支持行业协会开展"粤地优品"评价，结合"粤菜师傅"工程和粤菜名厨名点举办地理标志品鉴会，引领带动高品质地理标志产品消费。（省市场监管局、省人力资源社会保障厅、省农业农村厅、省商务厅按职责分工负责）

### （二十一）拓展文化价值

推广"地理标志＋"发展模式，推动地理标志产业与文创、旅游等关联产业协同发展，支持地理标志核心产区深挖地理标志历史人文故事，推动地方开展地理标志文旅项目。推动地市结合地理标志产业统筹规划建设乡村民宿，开发特色文化乡村旅游和特色文旅产品，延伸下游产业链。支持珠海市斗门区白蕉镇、佛山市顺德区伦教街道、化州市平定镇、肇庆市鼎湖区沙浦镇、英德市英红镇、潮州市潮安区凤凰镇等地建设一批地理标志小镇，至 2025 年，建设地理标志小镇 30 个。支持行业协会开展优质地理标志品牌价值评价，研究地理标志品牌价值实现模式。推动高校、服务机构、行业协会等开展地理标志保护理论与实践研究。（省市场监管局、省文化和旅游厅、省农业农村厅按职责分工负责）

## 八、促进地理标志产业融合发展

### （二十二）推进地理标志产业园区建设

发挥农业资源优势，依托国家和省级现代农业产业园区建设地理标志产业园区，打造优势地理标志产业链，培育产业群体。引导地理标志资源、企业资源、农户资源集聚，通过产业联动、要素集聚、技术支撑、体制创新，推动建设具有规模效应和积聚效应的地理标志产业集群。至 2025 年，推动建设 10 个地理标志产业园区，探索形成一批地理标志产业园区支撑区域经济高质量发展的典型经验。（省市场监管局牵头负责）

### （二十三）构建地理标志全产业链发展体系

加强涉农企业和个体工商户分类培育，支持家庭农场组建农民合作社、合作社根据发展需要办企业。构建以地理标志产品生产为主导，带动种植、储藏、加工、运输、销售等二、三产业联动发展的全产业链发展格局，形成一批产业融合发展的企业或经济实体。发挥地理标志龙头企业领军效应，推动形成"龙头企业＋专业合作社＋农户（基地）"等多元化产业链条，推动地理标志产业规模化、集群化发展。推动地理标志产品精深加工，积极开发衍生特色产品和副产品，重点支持地理标志产业向预制菜生产、加工、销售以及下游餐饮等环节延伸产业链条。至 2025 年，新增培育 30 个产值过亿元的地理标志特色产业，3 个产值超百亿元的地理标志标杆产业。（省市场监管局、省农业农村厅按职责分工负责）

### （二十四）提升地理标志特色产业发展规模

面向地理标志企业积极培育一批国家知识产权优势示范企业，引领地理标志产业发展。支持建立地理标志产业联盟，通过信息互通、技术共享、品牌共建等方式，加强惠益共享。完善地理标志行业协会、企业、生产者等各主体之间的利益分享机制，加强技术指导、创业孵化等服务，完善配套设施，提高抗风险能力。深化地理标志关联产业研究，提升地理标志产品附加值，促进产业升级。优选一批优质地理标志产品产地，重点打造特色地理标志产品，提升地理标志产业规模和产值。（省市场监管局、省农业农村厅按职责分工负责）

## 九、夯实地理标志工作基础

### （二十五）建设数字平台

综合运用大数据、区块链、电子围栏等技术，推动建立来源可查、去向可追、责任可究的地理标志产品质量溯源系统。提高地理标志产品生产者质量管理水平，推动人工智能、大数据等新一代信息技术与地理标志特色质量管理融合，加快建立以数字化、网络化、智能化为基础的地理标志特色质量保证体系。（省市场监管局牵头负责）

### （二十六）强化服务供给

聚焦县域地理标志产业需求，引导省内高校或科研院所涉农专利技术向县镇村转移转化。依托现代农业与食品产业知识产权协同运营中心，开展现代农业知识产权运营转化、维权援助和信息服务等工作。依托省级知识产权信息公共服务平台，建设地理标志检索数据库，提高全省地理标志信息数据资源供给能力。推动各级知识产权信息公共服务节点网点公共资源和服务下沉，提升基层地理标志服务便利化水平。引导和支持知识产权专业服务机构重点面向县镇村提供专业性地理标志服务。（省市场监管局、省科技厅按职责分工负责）

### （二十七）加强人才培养

制定地理标志人才培养计划，组织知识产权行政人员、地理标志从业人员能力提升培训，开展地理标志政策宣讲和经验交流。指导县区组织专家深入镇村宣讲地理标志专业知识，推动地理标志产业新技术、新理念、新人才向镇村流动。实施地理标志运用促进能力提升项目，支持高校建立省级地理标志重点研究基地，推动校企联合建立地理标志人才培养基地。实施国际地理标志领军人才培养计划，培养地理标志国际化人才。至2025年，全省开展各类地理标志培训200场以上，培训各类人才1万人次以上。（省人力资源社会保障厅、省农业农村厅、省市场监管局按职责分工负责）

## 十、保障措施

### （二十八）加强组织领导

省市场监管局要切实发挥牵头职责，各地、各有关单位要加强组织领导，将地理标志高质量发展纳入重要议事日程，结合实际制定具体方案，完善配套政策措施，认真抓好贯彻落实。要加强沟通协调，积极争取更多国家资源和国家级试点落户广东。

### （二十九）加强资源保障

各地、各有关单位要加强资源保障，综合运用财税、投融资等相关政策，形成多元化、多渠道的资金投入体系，突出重点，优化结构，加大对地理标志工作的支持，保障地理标志产品保护区建设等重点工作落实。

### （三十）鼓励改革创新

加强改革创新，探索地理标志工作新举措、新模式、新机制，充分发挥正向激励作用，营造敢于创新、善于创新、乐于创新的良好氛围。加大宣传力度，充分利用各类媒体、各种渠道，加大对地理标志高质量发展相关政策、措施、成效的宣传。各级市场监管部门要加强统筹协调，及时掌握工作过程中出现的新情况新问题，总结推广好的经验做法，营造良好氛围。

# 广东省知识产权保护条例

(2022年3月29日广东省第十三届人民代表大会常务委员会第四十一次会议通过)

## 第一章 总 则

**第一条** 为了加强知识产权保护,激发创新活力,优化市场化、法治化、国际化营商环境,根据有关法律、行政法规,结合本省实际,制定本条例。

**第二条** 本条例适用于本省行政区域内知识产权保护及相关工作。

**第三条** 各级人民政府应当落实知识产权保护属地责任,完善知识产权保护工作机制,加强工作协调机制建设,强化知识产权保护工作队伍建设。

县级以上人民政府应当将知识产权保护工作纳入国民经济和社会发展规划,将知识产权保护经费纳入本级财政预算。

**第四条** 县级以上人民政府市场监管部门负责专利、商标、地理标志产品和商业秘密的行政保护工作。

县级以上地方著作权主管部门负责著作权的行政保护工作。

县级以上人民政府农业农村、林业部门按照各自职责负责植物新品种和农产品地理标志的行政保护工作。

新闻出版、发展改革、教育、科技、工业和信息化、公安、司法行政、财政、人力资源社会保障、商务、文化和旅游、卫生健康、广电、地方金融监管、海关、药监、中医药等负责知识产权保护的相关部门,按照各自职责做好知识产权保护相关工作。

本条第一款、第二款、第三款规定的部门,以下统称为负责知识产权保护的主管部门。

**第五条** 省人民政府应当完善知识产权战略实施工作联席会议制度,统筹推进全省知识产权创造、运用、保护、管理、服务等工作,协调解决知识产权保护工作的重大问题。

**第六条** 省人民政府应当每年发布知识产权保护白皮书,向社会公开本省知识产权保护状况。

县级以上人民政府及有关部门应当加强知识产权保护的宣传引导，组织新闻媒体通过多种形式开展知识产权保护的公益宣传，营造尊重知识价值、崇尚创新、诚信守法的知识产权保护环境。

**第七条** 省人民政府应当强化粤港澳大湾区知识产权合作机制建设，依托粤港、粤澳及泛珠三角区域知识产权合作机制，推动知识产权保护协作、纠纷解决、信息共享、学术研究、人才培养等工作，全面加强知识产权保护领域的交流合作。

省和地级以上市人民政府应当拓宽知识产权对外合作交流渠道，鼓励和支持企业、社会组织、知识产权服务机构依法开展知识产权保护国际交流合作。

**第八条** 县级以上人民政府应当按照国家有关规定对在知识产权保护工作中作出突出贡献的集体和个人给予表彰奖励。

## 第二章　行政保护

**第九条** 县级以上人民政府应当加强知识产权的源头保护，推进关键核心领域知识产权创造和储备，推动建立产业知识产权联盟和产业专利池；支持和引导自然人、法人和非法人组织依法获得知识产权，提升知识产权申请注册质量和知识产权管理效能。

负责知识产权保护的主管部门应当强化知识产权申请注册质量监管，依法查处非正常专利申请、商标恶意注册、作品著作权重复登记和恶意登记等行为。

**第十条** 负责知识产权保护的主管部门和相关部门应当加强知识产权保护智能化建设，利用大数据、人工智能、区块链等新技术，在涉案线索和信息核查、源头追溯、重点商品流向追踪、重点作品网络传播、侵权实时监测与在线识别、取证存证和在线纠纷解决等方面，创新保护方式。

**第十一条** 省和地级以上市人民政府应当建立健全知识产权分析评议机制。对涉及知识产权的重大区域和产业规划以及利用财政性资金或者国有资本设立的重大政府投资项目、重大自主创新项目、重大技术引进或者出口项目、重大人才管理和引进项目等重大经济科技活动，项目主管单位应当组织开展知识产权分析评议，防范知识产权风险。

商务和科技、农业农村、市场监管、林业等相关主管部门按照国家相关规定，开展知识产权对外转让审查工作，维护国家安全和重大公共利益。

第十二条　省人民政府应当建立和完善知识产权执法协作机制，建立统一协调的执法标准、证据规则和案例指导制度，健全知识产权违法线索通报、案件流转、执法联动、检验鉴定结果互认等制度，加强跨部门、跨地区知识产权案件的办案协作。

负责知识产权保护的主管部门和相关部门在处理知识产权违法行为过程中，发现属于其他部门主管的知识产权案件线索时，应当及时书面通报并将线索移送同级主管部门。

省人民政府应当推动建立省际间知识产权执法合作机制，互相协助做好调查取证、文书送达等工作。

第十三条　负责知识产权保护的主管部门在查处知识产权案件时，有权采取有关行政措施，当事人应当予以协助、配合，不得拒绝、阻挠。有关行政措施包括：

（一）询问有关当事人，调查与涉嫌违法行为有关的情况；

（二）对当事人涉嫌违法行为的场所实施现场检查；

（三）查阅、复制与涉嫌违法行为有关的合同、发票、账簿、电子数据以及其他有关资料；

（四）检查与涉嫌违法活动有关的物品，抽样取证；

（五）对可能灭失或者以后难以取得的证据，依法先行登记保存；

（六）依法采取相关查封或者扣押措施；

（七）对涉嫌侵犯制造方法专利权的，要求当事人进行现场演示，但是应当采取保护措施，防止泄密，并固定相关证据；

（八）法律、法规规定的其他措施。

市场监管部门应专利权人或者利害关系人的请求处理专利侵权纠纷时，可以采取前款第一项、第二项、第四项、第七项所列措施。认定专利侵权的行政裁决、仲裁裁决或者民事判决生效后，侵权人再次侵犯同一专利权的，市场监管部门可以采取前款所有措施。

第十四条　省人民政府应当建立知识产权行政保护技术调查官制度，为调查专业技术性较强的知识产权案件或者进行电子数据取证提供技术支持。

技术调查官对涉案信息负有保密义务，与案件有利害关系的，应当回避。

技术调查官的管理办法由省市场监管部门会同相关部门另行制定。

第十五条　负责知识产权保护的主管部门和相关部门应当对知识产权侵

权集中领域和易发风险区域开展行政保护专项行动，加大对重复侵权、恶意侵权、群体侵权等行为的查处和打击力度。

第十六条 市场监管部门应当推动专利快速审查机制建设，按照有关规定，为国家重点发展产业和本省战略性新兴产业等提供专利申请和确权的快速通道。

第十七条 市场监管部门应当探索创新注册商标的保护手段，加强对本省享有较高知名度、具有较大市场影响力商标的保护，指导和规范有关行业协会建立重点商标保护名录。

第十八条 著作权主管部门应当健全著作权登记制度，完善著作权网络保护和交易规则，加强对作品侵权盗版行为的监测与查处。

第十九条 市场监管部门应当加强对商业秘密保护的组织、协调、指导和监管执法工作，推动建立健全商业秘密保护体系；引导经营者建立完善商业秘密保护制度，采取签订商业秘密保密协议等措施防止泄露商业秘密。

第二十条 负责知识产权保护的主管部门、商务部门应当引导老字号商事主体通过申请专利、注册商标、登记著作权、申请地理标志产品保护以及商业秘密保护等方式维护自身合法权益，并依法查处侵犯其知识产权的违法行为。

第二十一条 县级以上人民政府及有关部门应当探索开展新领域新业态以及传统文化、传统知识等领域的知识产权保护工作，为大数据、人工智能、基因技术、互联网、赛事转播和直播、中医药等领域的知识产权保护提供必要的培训与指导。

## 第三章 行政、司法协同保护与纠纷解决

第二十二条 知识产权司法保护按照有关法律、司法解释的规定执行。

负责知识产权保护的主管部门、相关部门和司法机关建立健全知识产权保护行政执法和司法衔接机制，推动知识产权领域行政执法标准和司法立案追诉、裁判标准协调衔接。

负责知识产权保护的主管部门和相关部门在处理知识产权案件中发现犯罪线索的，应当及时向司法机关移送。

第二十三条 负责知识产权保护的主管部门、相关部门和司法机关应当加强知识产权行政执法和司法信息共享，定期通报和共享知识产权工作信息，在知识产权案件违法线索、监测数据、典型案例等方面加强信息互通。

**第二十四条** 负责知识产权保护的主管部门在处理知识产权纠纷案件时，可以依法先行调解。

负责知识产权保护的主管部门、司法行政部门应当加强知识产权纠纷调解机制建设，支持和指导知识产权保护中心、快速维权中心以及相关社会组织建立调解组织，开展知识产权纠纷调解，公平、高效处理知识产权纠纷。

负责知识产权保护的主管部门、司法行政部门应当与人民法院开展诉调对接工作，探索依当事人申请的知识产权纠纷行政调解协议司法确认制度，畅通线上线下调解与诉讼对接渠道。

**第二十五条** 市场监管部门依当事人申请，依法对专利侵权纠纷作出行政裁决。

除当事人达成调解协议或者撤回行政裁决申请的以外，市场监管部门应当在规定期限内对专利侵权行为是否成立作出行政裁决。认定侵权行为成立的，可以责令侵权人立即停止侵权行为。

行政裁决的具体程序和要求，按照国家和省的有关规定执行。

**第二十六条** 负责知识产权保护的主管部门、相关部门和司法机关应当加强知识产权快速维权机制建设，完善知识产权保护中心和快速维权中心布局，支持优势产业集聚区申报建设知识产权保护中心和快速维权中心。

经批准设立的知识产权保护中心和快速维权中心应当发挥专业技术支撑平台作用，推进知识产权快速审查、确权、维权协同保护工作。

**第二十七条** 负责知识产权保护的主管部门可以委托下级部门或者知识产权领域管理公共事务的组织处理专利侵权纠纷，可以委托下级部门对专利代理违法行为实施行政处罚。

受委托的部门或者知识产权领域管理公共事务的组织在委托范围内，以委托机关的名义实施调查和作出相关处理，不得再委托其他组织或者个人实施调查和作出相关处理。

## 第四章　社会保护

**第二十八条** 企业、高等学校、科研机构以及其他从事知识产权相关活动的单位和个人应当增强知识产权保护意识和能力，履行知识产权保护义务，接受负责知识产权保护的主管部门和相关部门的指导、监督和管理，配合行政机关的执法活动。

支持和鼓励企业、高等学校、科研机构建立健全知识产权内部管理和保护机制，设立知识产权管理部门或者岗位。

第二十九条　市场主体在开展对外投资、参加展会、招商引资、产品或者技术进出口业务时，应当及时检索、查询有关国家、地区的相关知识产权情况。

市场主体在行使知识产权时，不得滥用知识产权实施垄断行为或者不正当竞争行为。

第三十条　电子商务平台经营者应当制定平台知识产权保护规则，建立知识产权投诉举报机制，及时处理知识产权投诉举报；知道或者应当知道平台内经营者侵犯知识产权的，应当依法及时采取删除、屏蔽、断开链接、终止交易和服务等必要措施。

第三十一条　展会主办方应当制定展会知识产权保护规则，加强对参展项目知识产权状况的审查，并在招展时与参展方签订有知识产权保护条款约定的合同。

展会举办三天以上的，展会主办方应当设立展会知识产权纠纷处理机构，及时调解处理知识产权纠纷。

展会主办方应当完整保存展会的知识产权纠纷信息与档案资料，并配合行政机关、司法机关以及公证、仲裁机构调取有关信息与资料。有关信息与资料自展会举办之日起应当保存至少三年。

第三十二条　专业市场开办者应当制定市场内知识产权保护规则，与商户签订知识产权保护条款，开展相关宣传培训。

负责知识产权保护的主管部门和有关行政管理部门应当指导专业市场开办者建立健全专业市场知识产权保护机制，引导专业市场建立知识产权纠纷快速处理机制。

第三十三条　体育、文化等重大活动的主办方，应当遵守官方标志、特殊标志和奥林匹克标志保护等有关法律法规，依法规范活动中的知识产权使用行为。

第三十四条　广告经营者、发布者对涉及知识产权的广告应当按照有关法律、行政法规规定查验知识产权证明文件。对无知识产权证明文件或者证明文件不全的，广告经营者不得提供设计、制作、代理服务，广告发布者不得发布。

第三十五条　行业协会、商会、产业联盟等应当建立知识产权保护自律机制，按照章程规范成员创造、运用、保护知识产权等行为，加强对成员知识产权保护工作的监督，帮助成员解决知识产权纠纷。

第三十六条　政府投资项目、政府采购和招标投标、政府资金扶持、表彰奖励等活动涉及知识产权的，有关主管部门可以要求申请参加活动的自然人、法人和非法人组织提交未侵犯他人知识产权的书面承诺，并在签订协议时约定违背承诺的责任。

## 第五章　服务与保障

第三十七条　县级以上人民政府应当建立健全知识产权公共服务体系，推进知识产权公共服务平台和专题数据库建设，提供知识产权政策指导、检索查询、维权咨询等服务，加强信息共享。

鼓励和支持社会力量积极参与知识产权保护相关工作，提供知识产权保护服务。

第三十八条　县级以上人民政府应当依托政务服务平台和网上办事大厅优化知识产权政务服务，简化服务流程，推进知识产权相关事项集中办理、就近办理和网上办理。

第三十九条　负责知识产权保护的主管部门、商务部门应当指导有关单位及社会组织对重点行业和领域的知识产权状况、发展趋势、竞争态势，以及具有重大影响的国际知识产权事件、国外知识产权法律修改变化情况进行分析、研究，并提供知识产权领域风险预警等服务。

第四十条　负责知识产权保护的主管部门、司法行政部门建立健全知识产权维权援助工作体系，推动有条件的地区和行业成立知识产权维权援助组织，支持知识产权服务行业协会组织开展公益代理和维权援助。

鼓励保险机构结合知识产权保护、海外维权等需求开展知识产权保险业务，提高企事业单位知识产权风险应对能力。

第四十一条　建立健全海外知识产权纠纷应对指导机制，加强海外知识产权维权服务。支持知识产权公益性服务机构开展海外纠纷应对指导服务，鼓励具备能力的社会组织、代理服务机构建立知识产权海外维权工作机制，建设海外维权专家库、案例库及法律库，开展海外维权服务，引导重点产业的企业、行业协会、商会等建立知识产权海外维权联盟，鼓励社会资本设立海外维权援助服务基金，提高海外知识产权纠纷应对能力。

第四十二条　司法行政部门应当会同负责知识产权保护的主管部门加强公证电子存证技术的推广应用，指导公证机构优化服务知识产权保护的公证流程，创新公证证明和公证服务方式，依托电子签名、数据加密、区块链等技术，为知识产权维权取证等提供公证服务。

公证机构依据权利人申请对侵权行为现场取证进行保全证据公证，对互联网环境下知识产权侵权行为网上取证进行保全证据公证。

**第四十三条** 负责知识产权保护的主管部门应当推动知识产权服务业发展，加强对从事知识产权咨询、培训、代理、鉴定、评估、运营、大数据运用等服务业的培育、指导和监督，依法规范其执业行为。

知识产权服务机构应当依法开展知识产权代理、法律服务、咨询、培训等活动，恪守职业道德和执业纪律，诚实守信，依法维护委托人的合法权益。

**第四十四条** 负责知识产权保护的主管部门、司法行政部门应当按照各自职责，推动建立知识产权鉴定技术标准，指导知识产权鉴定机构加强知识产权鉴定专业化、规范化建设，为知识产权行政保护和司法保护提供专业技术支撑。

**第四十五条** 省人民政府应当建立健全知识产权保护工作考核机制，对县级以上人民政府及其负责知识产权保护的主管部门和相关部门依法履行知识产权保护工作职责的情况进行考核。

**第四十六条** 负责知识产权保护的主管部门应当推进知识产权领域信用体系建设，按照国家和省的有关规定将自然人、法人和非法人组织在知识产权领域的失信行为纳入公共信用信息。

社会信用主管部门应当会同负责知识产权保护的主管部门确定失信惩戒措施，完善知识产权失信惩戒机制。

## 第六章　法律责任

**第四十七条** 负责知识产权保护的主管部门和相关部门及其工作人员滥用职权、玩忽职守、徇私舞弊的，对直接负责的主管人员和其他直接责任人员依法给予处分；构成犯罪的，依法追究刑事责任。

**第四十八条** 对知识产权侵权行为作出的行政处罚决定或者知识产权侵权纠纷行政裁决、司法判决生效后，自然人、法人和非法人组织以相同行为再次侵犯同一知识产权的，负责知识产权保护的主管部门应当对其从重处罚。

负责知识产权保护的主管部门在查处知识产权违法行为过程中，要求当事人提供相关证据材料，当事人无正当理由拒不提供或者伪造、销毁、隐匿有关证据材料的，负责知识产权保护的主管部门根据查明的违法事实实施行政处罚时，可以对其从重处罚。

第四十九条　自然人、法人和非法人组织有下列情形之一的，三年内不得申请政府财政性资金项目及参与表彰奖励等活动：

（一）故意侵犯知识产权严重破坏市场公平竞争秩序的；

（二）有能力履行但拒不执行生效的知识产权法律文书的；

（三）侵犯知识产权构成犯罪的；

（四）有其他侵犯知识产权严重失信行为的。

第五十条　企事业单位滥用知识产权实施垄断或者不正当竞争行为，应当追究法律责任的，依照《中华人民共和国反垄断法》《中华人民共和国反不正当竞争法》及相关法律法规进行处理。

## 第七章　附　　则

第五十一条　本条例自 2022 年 5 月 1 日起施行。

# 参考文献

[1] 孟祥娟，李晓波. 地理标志保护制度存在的问题其解决［J］. 知识产权，2014（7）：61－67.

[2] 管育鹰. 我国地理标志保护中的疑难问题探讨［J］. 知识产权，2022（4）：3－17.

[3] 樊纪亮，张文妹，郑永利. 浙江省农产品地理标志产业集群化发展路径思考［J］. 农产品质量与安全，2020（6）：45－48.

[4] 曾德国，叶佩颖. 我国地理标志保护和发展的难点及对策［J］. 安徽农业大学学报（社会科学版），2015，24（2）：43－49.

[5] 世界知识产权组织. 地理标志保护模式［EB/OL］.［2024－02－04］. https：//www. wipo. int/geo_indications/en/.

[6] 吴彬，刘珊. 法国地理标志法律保护制度及对中国的启示［J］. 华中农业大学学报（社会科学版），2013（6）：121－126.

[7] 孙智. 地理标志国际保护新发展的路径分歧及我国选择［J］. 知识产权，2019（1）：88－96.

[8] 王笑冰. 国外地理标志保护的两大制度模式及国际发展［J］. 中华商标，2018（8）：48－52.

[9] 海南自由贸易港知识产权保护条例［EB/OL］.（2021－12－03）［2024－02－04］. https：//www. hainan. gov. cn/hainan/dfxfg/202112/5f5080fbbc034a3ea0fedd4b39a411bf. shtml.

[10] 王笑冰，林秀芹. 中国与欧盟地理标志保护比较研究——以中欧地理标志合作协定谈判为视角［J］. 厦门大学学报（哲学社会科学版），2012（3）：125－132.

[11] 驻欧盟使团经济商务处. 地理标志使欧盟农产品价值翻番［EB/OL］.（2020－04－24）［2024－02－04］. http：//www. mofcom. gov. cn/article/i/jyjl/m/202004/20200402958671. shtml.

[12] 孙远钊. 论地理标志的国际保护、争议与影响——兼论中欧、中美及相关地区协议［J］. 知识产权，2022（8）：15－59.

[13] Giovannucci D, Josling T E, Kerr W A, et al. Guide to geographical indications: Linking products and their origins (summary)［J］. Available at SSRN 1736713, 2009.

[14] 德夫·甘杰. 地理标志法的重构 [M]. 李静, 段晓梅, 赖晓敏, 译. 北京: 知识产权出版社, 2023: 74 - 96.

[15] 易健雄. 地理标志与"地理标志权"考辨 [J]. 法学杂志, 2007, 28 (6): 19 - 23.

[16] 新华社. 中共中央办公厅 国务院办公厅印发《关于促进小农户和现代农业发展有机衔接的意见》[EB/OL]. (2019 - 02 - 21) [2024 - 02 - 04]. https: //www. gov. cn/zhengce/2019 - 02/21/content_5367487. htm.

[17] 叶敬忠, 张明皓. 小农户为主体的现代农业发展: 理论转向、实践探索与路径构建 [J]. 农业经济问题, 2020 (1): 48 - 58.

[18] 中华人民共和国商务部. 保护工业产权巴黎公约 [EB/OL]. [2024 - 02 - 04]. http: //www. mofcom. gov. cn/aarticle/zhongyts/ci/200207/20020700032148. html.

[19] 世界知识产权组织. 制止商品来源虚假或欺骗性标记马德里协定 [EB/OL]. [2024 - 02 - 04]. https: //www. wipo. int/treaties/en/ip/madrid/index. html.

[20] 中华人民共和国商务部. 《TRIPS 协定》[EB/OL]. (2017 - 03 - 22) [2024 - 02 - 04]. http: //sms. mofcom. gov. cn/article/wtofile/201703/20170302538505. shtml.

[21] 胡常峰. 地理标志国际保护的嬗变——以里斯本协定日内瓦文本为考察对象 [J]. 甘肃政法学院学报, 2019 (6): 146 - 155.

[22] 世界知识产权组织. 《里斯本协定日内瓦文本》(2015 年) 的主要条款和好处 [EB/OL]. [2024 - 02 - 04]. https: //www. wipo. int/export/sites/www/treaties/zh/registration/lisbon/mainprovisions. pdf.

[23] 王笑冰. 关联性要素与地理标志法的构造 [J]. 法学研究, 2015, 37 (3): 82 - 101.

[24] 张志成. 地理标志保护的法理基础及相关问题研究 [J]. 中国政法大学学报, 2022 (6): 171 - 182.

[25] 中华人民共和国农业农村部公告第 623 号 [EB/OL]. (2022 - 11 - 17) [2024 - 02 - 04]. http: //www. moa. gov. cn/govpublic/ncpzlaq/202211/t20221121_6415870. htm.

[26] 农业农村部农产品质量安全监管司. 地理标志农产品保护工程典型经验 [EB/OL]. (2022 - 08 - 23) [2024 - 02 - 04]. http: //www. jgs. moa. gov. cn/gzjb/202208/t20220823_6407528. htm.

[27] 钟楚楚, 吴孟华, 余品皓, 等. 橘红与化橘红采制、炮制及功效的古今演变探析 [J]. 中国中药杂志, 2021, 46 (18): 4865 - 4874.

[28] 吴孟华, 钟楚楚, 余品皓, 等. 橘红与化橘红的古今演变探析 [J]. 中国中药杂志, 2021, 46 (3): 736 - 744.

[29] 朱伟. 地理标志与商标的冲突与协调 [J]. 公民与法 (综合版), 2011 (6): 13 - 15.

[30] 北京知识产权法院 (2020) 京 73 行初 4439 号行政判决书.

[31] 上海市第二中级人民法院 (2003) 沪二中民五 (知) 初字第 239 号民事判决书.

［32］北京市高级人民法院（2020）京行终 477 号行政判决书.

［33］亓蕾. 商标行政案件中地理标志司法保护的新动向——兼评《关于审理商标授权确权行政案件若干问题的规定》第 17 条［J］. 法律适用，2017（17）：9 - 15.

［34］知产宣. 北京市高级人民法院商标授权确权行政案件审理指南（中、英文版）［EB/OL］.（2019 - 04 - 24）[2024 - 02 - 04]. https：//bjgy.bjcourt.gov.cn/article/detail/2019/04/id/3850624.shtml.

［35］最高人民法院网. 关于审理商标授权确权行政案件若干问题的规定［EB/OL］.（2017 - 01 - 11）[2024 - 02 - 04]. https：//www.court.gov.cn/zixun - xiangqing - 34732.html.

［36］陈星. 论我国地理标志专门立法保护［J］. 社会科学家，2022（3）：130 - 137.

［37］佛山市顺德区市场监督管理局. 均安：扎实推进"均安草鲩"申请国家地理标志证明商标工作［EB/OL］.（2021 - 04 - 25）[2024 - 02 - 04]. https：//www.shunde.gov.cn/fssdscjdj/gkmlpt/content/4/4778/post_4778646.html#3933.

［38］宋昕哲. 地理标志保护中通用名称认定的独立标准［J］. 知识产权，2021（7）：61 - 70.

［39］王笑冰. 经济发展方式转变视角下的地理标志保护［M］. 北京：中国社会科学出版社，2018：96 - 97，42 - 43，69 - 70.

［40］Curzi D, Huysmans M. The impact of protecting EU geographical indications in trade agreements［J］. American Journal of Agricultural Economics，2022，104（1）：364 - 384.

［41］中华人民共和国商务部. 《区域全面经济伙伴关系协定》（RCEP）［EB/OL］.[2024 - 02 - 04]. http：//fta.mofcom.gov.cn/rcep/rcep_new.shtml.

［42］国家知识产权局. 关于就《地理标志保护中的通用名称判定指南（征求意见稿）》公开征求意见的通知［EB/OL］.（2020 - 03 - 25）[2024 - 02 - 04]. https：//www.cnipa.gov.cn/art/2020/3/25/art_75_132103.html.

［43］张今，卢结华. 商标法中地域性名称的司法认定：商标、地理标志、特有名称与通用名称之辨析［J］. 法学杂志，2019，40（2）：94 - 101.

［44］最高人民法院民事判决书（2016）最高法民再 374 号.

［45］2017 年中国法院 10 大知识产权案件［EB/OL］.（2018 - 04 - 19）[2024 - 02 - 04]. https：//www.court.gov.cn/zixun - xiangqing - 91312.html.

［46］广东省高级人民法院民事裁定书（2022）粤民申 16513 号.

［47］冀瑜，蓝张依，姜阳波. 刍议我国地理标志通用名称的认定标准——兼论《地理标志保护中的通用名称判定指南（征求意见稿）》［J］. 标准科学，2022（1）：49 - 54.

［48］杨永. 地理标志通用名称判定研究［J］. 学术探索，2021（2）：86 - 94.

［49］英德市市场监督管理局关于向社会征求《英德市英德红茶地理标志管理办法（修订）》（征求意见稿）意见的公示［EB/OL］.（2023 - 09 - 20）[2024 - 02 - 04].

http：//www.yingde.gov.cn/zwgk/tzgg/content/post_1764855.html.

[50] 茂名日报. 化州："七大行动"助力化橘红产业发展［EB/OL］.（2023－04－29）［2024－02－04］. http：//www.maoming.gov.cn/ywdt/xqdt/content/post_1168951.html.

[51] 区司法局. 解码"新会陈皮"飘香的法治之路［EB/OL］.（2023－12－01）［2024－02－04］. https：//www.xinhui.gov.cn/zwgk/xhdt/bddt/content/mpost_2987325.html.

[52] 潮州市凤凰单丛茶产业高质量发展总体规划（2021—2025年）［EB/OL］.（2023－12－01）［2024－02－04］. http：//www.chaozhou.gov.cn/attachment/0/521/521681/3821142.pdf.

[53] 李林竹, 李艳军, 陈通, 等. 凸显地脉还是诠释文脉——根脉诉求与购买目的对地理标志农产品偏好的影响［J］. 营销科学学报, 2023, 3（1）：118－136.

[54] 朱战国, 王月. 多维地理标志形象对消费者网购地理标志农产品意愿的影响——基于感知价值视角［J］. 江苏大学学报（社会科学版）, 2022, 24（2）：57－69.

[55] 张亚峰, 许可, 刘海波, 等. 意大利地理标志促进乡村振兴的经验与启示［J］. 中国软科学, 2019（12）：53－61.

[56] 周雪芳, 赵家进, 杨肖艳, 等. 云南省咖啡地理标志品牌培育现状及对策［J］. 农业与技术, 2023, 43（10）：177－180.

[57] 蒋玉, 蒲雁嫔, 丁玉莲, 等. 农产品地理标志与企业品牌的溢价及其协同效应［J］. 经济地理, 2023, 43（9）：179－186.

[58] 梅州日报. 梅县金柚产业驶入发展快车道持续释放富民效应：金果挂满枝 柚上一层楼［EB/OL］.（2022－11－15）［2024－02－04］. https：//www.meizhou.cn/2022/1115/684520.shtml.

[59] 胡铭. 基于产业集群理论的农产品地理标志保护与发展［J］. 农业经济问题, 2008（5）：26－31.

[60] 国家知识产权局. 国家知识产权局办公室关于印发《国家地理标志产品保护示范区建设管理办法（试行）》的通知［EB/OL］.（2021－02－19）［2024－02－04］. https：//www.cnipa.gov.cn/art/2021/2/19/art_2431_156861.html.

[61] 人民网. 广东：走好高质量发展之路 南粤大地谱写崭新篇章［EB/OL］.（2022－08－09）［2024－02－04］. https：//www.gdzz.gov.cn/zgxc/gdyw/content/mpost_16384.html.

[62] 中华人民共和国农业农村部. 广东省英德市以"四能"为动力 推动"四茶"高质量发展［EB/OL］.（2023－03－26）［2024－02－04］. https：//www.moa.gov.cn/xw/bmdt/202303/t20230306_6422257.htm.

[63] 肇庆怀集县坳仔镇. 投资扶贫产业, 坳仔镇300多贫困户喜获分红［EB/OL］.（2020－03－17）［2024－02－04］. http：//www.huaiji.gov.cn/zqhjazz/gkmlpt/content/2/2002/post_2002230.html#19325.

[64] 张德海, 傅敬芳, 陈超. 现代农业价值共创: 社会动员与资源编排——基于新会陈皮产业的案例观察 [J]. 中国农村经济, 2020 (8): 13-26.

[65] 梁勇. 宁夏贺兰山东麓葡萄酒旅游走廊整合开发研究 [J]. 酿酒科技, 2013 (5): 109-113.

[66] 张红梅, 宋莉, 孙红梅. 贺兰山东麓葡萄酒旅游开发模式初探 [J]. 中国林业经济, 2012 (5): 4-7.

[67] 黄慧化. 互联网视阈下地理标志农产品分销现状及对策 [J]. 农村经济与科技, 2020, 31 (5): 148-152.

[68] 王昕妍, 何万里. 陕西汉中农产品地理标志品牌提升策略研究——以城固蜜桔为例 [J]. 北方经贸, 2021 (8): 78-80.

[69] 罗建章, 何海彬. 产融结合: 从金融普惠到"产业链银行"——基于江门农商银行的"新会实践" [J]. 南方农村, 2021 (1): 9-14.

[70] 农发行广东省分行, 江门市分行联合课题组. 信贷支持新会陈皮产业发展调研 [J]. 农业发展与金融, 2021 (10): 40-43.

[71] 中华人民共和国商务部. 中欧地理标志协定 [EB/OL]. [2024-02-04]. http://ipr.mofcom.gov.cn/hwwq_2/chn_eu_gi/Agreement/CHN-EU-GI/CHN_EU_GI.html.

[72] 李蕾. 落实地理标志协定深化中欧产业合作 [J]. 中国国情国力, 2021 (4): 56-59.

[73] 那力, 魏德才. 论FTA中的地理标志与中国的选择 [J]. 江淮论坛, 2013 (4): 120-125.

[74] 赵小平. 欧盟与加拿大《综合经济贸易协定》中的地理标志条款研究 [J]. 天津师范大学学报 (社会科学版), 2018 (3): 73-80.

[75] Duvaleix S, Emlinger C, Gaigné C, et al. Geographical indications and trade: Firm-level evidence from the French cheese industry [J]. Food Policy, 2021, 102: 102118.

[76] 陈晓娟, 穆月英. 技术性贸易壁垒对中国农产品出口的影响研究——基于日本、美国、欧盟和韩国的实证研究 [J]. 经济问题探索, 2014 (1): 115-121.

[77] 崔鑫生, 连洁, 李芳. 贸易便利化对中国省级层面农产品贸易的影响——基于中国省域贸易便利化调查数据的分析 [J]. 中国农村经济, 2019 (6): 94-112.

[78] 中国质量新闻网. 浙江省杭州市西湖风景名胜区积极实施品牌战略引领"西湖龙井"高质量高品质发展 [EB/OL]. (2020-05-04) [2024-02-04]. https://www.cqn.com.cn/zj/content/2020-05/04/content_8600182.htm.

[79] 世界贸易组织. 欧洲议会和欧盟理事会关于欧盟葡萄酒、烈性酒和农产品地理标志以及农产品质量计划的法规提案 [EB/OL]. (2022-06-07) [2024-02-04]. http://gdtbt.org.cn/html/note-331096.html.

[80] 王笑冰, 万怡挺. 我国参加WTO地理标志谈判的立场和对策 [J]. 知识产权,

2010，20（1）：47-51．

［81］青海省人民法庭信息网．青海法院 2020 年度知识产权司法保护典型案例之：阿克苏地区苹果协会诉西宁某水果经营部侵害商标权案［EB/OL］．（2021-04-27）［2024-02-04］．https：//rmft．court．gov．cn/3900/ftxw/2388．jhtml．

［82］刘兆彬．光荣与梦想：让民族精品走向世界［J］．中国质量万里行，2001，12：32-41．

［83］广东省高级人民法院民事判决书，（2022）粤民终 4605 号．

［84］李宝珠，李建春，朱荣，等．标准在我国地理标志保护中的运用研究［J］．标准科学，2020（9）：56-59．

［85］巴音郭楞蒙古自治州库尔勒香梨协会．巴音郭楞蒙古自治州库尔勒香梨协会关于发布《库尔勒香梨地理标志全产业链标准体系建设指南》等十三项团体标准的通知［EB/OL］．（2023-11-15）［2024-02-04］．https：//www．ttbz．org．cn/Home/Show/65650．

［86］黄炳凯，耿献辉．地理标志农产品生产者机会主义行为治理研究——基于集体行动视角［J］．经济与管理，2022，36（2）：19-26．

［87］余南平．全球价值链背景下行业协会权力扩张与角色变化［J］．世界经济与政治，2022（9）：132-153．

［88］欧智斌，文国柱．浅析行业协会在地理标志产品产业经营中的作用［J］．商，2013（17）：399-400．

［89］最高人民法院．最高法：依法保护地理标志 严厉惩治恶意诉讼［EB/OL］．（2021-12-12）［2024-02-04］．http：//www．chinapeace．gov．cn/chinapeace/c100007/2021-12/12/content_12570184．shtml．

［90］人民日报．国家知识产权局："逍遥镇""潼关肉夹馍"无权收加盟费［EB/OL］．（2021-11-26）［2024-02-04］．http：//www．chinapeace．gov．cn/chinapeace/c100007/2021-11/26/content_12564531．shtml．

［91］亓桂梅，李梓琳，梅军霞．世界葡萄酒三大生产国的产业概况及对比分析［J］．中外葡萄与葡萄酒，2016（1）：47-51．

［92］陈富桥，胡林英，张菲．法国香槟酒地理标志保护及其对中国茶叶区域品牌管理的启示［J］．世界农业，2018（3）：50-55．

［93］董蓉晖，刘文妍．第 37525757 号"炫泡小香缤"商标异议案［J］．中华商标，2022（7）：2．

［94］欧婷，李静，杨伦庆，等．意大利地理标志行业协会价值链模式及启示［J］．合作经济与科技，2022（8）：190-192．

［95］Rangnekar D．The socio-economics of geographical indications［J］．UNCTAD-ICTSD Project on IPRs and Sustainable Development，Issue Paper，2004，8：13-15．

[96] Chappuis J M, Sans P. Actor co-ordination: governance structures and institutions in supply chains of protected designations of origin [J]. The socio-economics of origin labelled products in agri-food supply chains: spatial, institutional and co-ordination aspects. B. Sylvander, D. Barjolle and F. Arfini. Versailles, INRA-Editions, 2000 (2): 51-66.

[97] 陶冠东, 奚晓诗. 产自阳山的水蜜桃能不能叫"阳山水蜜桃"？法院：明确界限维护地理标志商标合法权益 [J]. 上海人大月刊, 2022 (12)：47.

[98] 黄小萍, 杨宇宙, 许玲燕. 西湖龙井茶产品标准发展历程及现状调查分析 [J]. 中国茶叶加工, 2023 (1)：45-50.

[99] 中国质量新闻网. 珠海十大典型案例之："鲈鱼小丸子"专用标志图案 [EB/OL]. (2022-12-02) [2024-02-04]. https://www.cqn.com.cn/ms/content/2022-12/02/content_8885949.htm.

[100] 邹苑眉. 梅州金柚产业现状及发展对策探讨 [J]. 现代园艺, 2023, 46 (11)：89-90.

[101] 李赵盼. 农户地理标志使用行为及其效应研究——以陕西猕猴桃生产为例 [D]. 陕西：西北农林科技大学, 2021 (2)：119-129.

[102] 穆守荪, 刘永军. 我国第三方检测行业现状及发展策略探讨 [J]. 质量探索, 2019 (3)：82-86.

[103] Kop P, Sautier D, Gerz A. Origin-based Products: Lessons for pro-poor market development [J]. Bulletin/Development policy & practice, 2006 (372).

[104] "海南沉香"地理标志证明商标系列产品检验检测单位正式授权 [EB/OL]. (2023-12-27) [2024-02-04]. http://m.hnslky.net/e/action/ShowInfo.php?classid=59&id=941.

[105] 检验测试中心. 药植所海南分所授权为"海南沉香"地理标志证明商标系列产品检验检测单位 [EB/OL]. (2023-12-22) [2024-02-04]. http://www.hn-implad.ac.cn/index.php?m=content&c=index&a=show&catid=16&id=843.

[106] 周晓梦. 海南日报：沉香鉴定、质量等级地方标准有依据——科学鉴定为沉香验身份 [EB/OL]. (2019-07-01) [2024-02-04]. https://www.catas.cn/contents/3217/229504.html.

[107] 孔迪. 从一宗大米案件聊聊虚假标注地理标志的法律适用 [EB/OL]. (2022-08-06) [2024-02-04]. https://mp.weixin.qq.com/s/UIFHiWRT1I7f5pIKvcEBWg.

[108] 刘丽娜. 知识产权领域公益诉讼制度构建的建议 [J]. 中国检察官, 2023 (7)：3-8.

[109] 王东, 张薇. 地理标志公益诉讼保护问题探析——以"西湖龙井"地理标志公益诉讼支持起诉案为例 [J]. 中国检察官, 2023 (6)：57-60.

［110］最高人民检察院. 最高检发布检察机关知识产权保护典型案例 8 "白蕉海鲈"地理标志保护行政公益诉讼案［EB/OL］.（2022－08－06）［2024－02－04］. https：//www. spp. gov. cn/spp/xwfbh/wsfbh/202304/t20230426_612529. shtml.

［111］上海检察. 上海浦东：支持起诉保护"南汇 8424 西瓜"［EB/OL］.（2022－07－27）［2024－02－04］. https：//www. sh. jcy. gov. cn/jcjj/ngzlc/msjc/83297. jhtml.

［112］范跃红，汤曼娜，张薇. 浙江检察机关首次支持起诉公益保护地理标志商标专用权［EB/OL］.（2021－12－16）［2024－02－04］. https：//www. spp. gov. cn/spp/dfjcdt/202112/t20211216_538965. shtml.

［113］清远检察. 清远市检察院召开知识产权暨地理标志保护新闻发布会［EB/OL］.（2023－04－25）［2024－02－04］. lhttps：//www. qyrb. com/detailArticle/21587982_87508_qyrb. html.